Blog di successo

for dummies®

Blog di successo

for dummies®

Luca Conti
Francesco Vernelli

EDITORE ULRICO HOEPLI MILANO

via Hoepli 5, 20121 Milano (Italy)
tel. +39 02 864871 – fax +39 02 8052886
e-mail hoepli@hoepli.it

www.hoepli.it

ISBN 978-88-203-7492-1

Ristampa:

4 3 2 1 0 2016 2017 2018 2019 2020

Realizzazione: Maurizio Vedovati – Servizi editoriali (info@iltrio.it)
Copertina: Sara Taglialegne

Stampa: L.E.G.O. S.p.A., stabilimento di Lavis (TN)

Printed in Italy

Gli autori

Luca Conti, classe 1975, è uno dei riferimenti più autorevoli nell'ambito del social media marketing in Italia e in Europa. Blogger fin dal 2002 con `Pandemia.info` – blog dedicato a segnalazioni, commenti e opinioni sull'evoluzione dei social media e della tecnologia – ha collaborato e collabora come giornalista freelance con testate quali *Il Sole 24 Ore*, *Il Secolo XIX*, *Class* e le sue opinioni sono state raccolte da media internazionali e nazionali quali Rai News 24, France 24, *International New York Times*, *Time Magazine*, *Panorama*, *L'Espresso*, *Glamour*, Tg1, Tg3, Sky Tg24.

Dal 2007 opera come consulente per l'uso strategico dei social media nella comunicazione e nel marketing online, con attività formative e di analisi strategica. La sua attività di blogger lo ha portato a partecipare a eventi internazionali, invitato da grandi aziende, movimenti politici e istituzioni. Tra le esperienze più significative quella in Afghanistan nel 2011 quale unico blogger italiano invitato dalla NATO per conoscere a Kabul la missione ISAF. La sua opera di divulgazione abbraccia molte piattaforme, dagli oltre dieci libri pubblicati nella collana *Web & Marketing 2.0* Hoepli, a Twitter, dove è possibile seguirlo nel racconto del fenomeno dei social media in chiave business.

Francesco Vernelli, conclusi gli studi in giurisprudenza, ha cominciato a occuparsi di informazione e comunicazione, progettando e gestendo servizi di front office e di informazione al pubblico. Mantiene da sempre una particolare attenzione alla gestione dell'accoglienza e all'animazione di comunità, alla realizzazione di processi per favorire la partecipazione e l'engagement di gruppi e community. Ha collaborato a livello nazionale con enti e aziende in attività di consulenza nel mondo del lavoro e nell'orientamento professionale, ha curato l'edizione di pubblicazioni di settore e partecipato a una trasmissione televisiva sugli stessi temi. Con il tempo, sulla scorta di un master sulla comunicazione in ambito digitale, ha ricondotto la sua professionalità alla comunicazione attraverso il Web: si occupa di formazione, seminari e workshop su comunicazione, personal branding e strategie di posizionamento sul mercato. Offre la propria consulenza a piccole imprese e liberi professionisti, adottando gli strumenti migliori per lo sviluppo della loro presenza in Rete. Altre notizie su aspetti diversi della sua vita professionale e su ciò di cui si occupa si possono trovare su `vernellifrancesco.com`.

Dedica

Una dedica particolare è per Serena. Le ho promesso più volte un aiuto per il suo blog ma ha avuto, ancora una volta, la pazienza di attendere per dare la precedenza alle "mie cose". Rimanendomi, come sempre, comunque vicina.

F.V.

Ringraziamenti

Un libro è un progetto che viene concepito molti mesi prima di prendere vita e di finire nelle vostre mani. Il primo atto di fiducia è dell'editore, che crede nell'idea e la sostiene e di questo sono grato ad Andrea Sparacino, Maurizio Vedovati e Giovanni Hoepli. Preso dalla quotidianità e dagli impegni di lavoro, senza la preziosa collaborazione di Francesco Vernelli, che ha condiviso questo percorso, la qualità e i tempi di realizzazione sarebbero stati molto diversi. Grazie Francesco! Il risultato finale è frutto anche della professionalità di Beniamino Roma e Sara Taglialegne, che meritano un ulteriore ringraziamento.

L.C.

Scrivere questo libro mi ha dato una soddisfazione particolare: pensare che possa essere di aiuto a chi decide di intraprendere i primi passi nella costruzione di un blog ha restituito un senso ancor più profondo al lavoro di scrittura. Il senso di poter essere utile a qualcun altro è decisamente un valore aggiunto al di là del successo del libro. Ringrazio ancora una volta chi si è messo a disposizione con professionalità e competenza per realizzare il libro: il curatore della collana e coautore con me di questo testo Luca Conti, la casa editrice Hoepli, Maurizio Vedovati, Andrea Sparacino, Sara Taglialegne, Beniamino Roma.

F.V.

A colpo d'occhio

Sommario

PARTE 5: IL CONTENT MARKETING PER UN SALTO DI QUALITÀ

Introduzione

L'obiettivo principale per cui la maggior parte degli italiani si collega a Internet è comunicare. Alcune conversazioni sono private, tra amici, altre riguardano passioni, opinioni, idee che abbiamo piacere di condividere con chi ci conosce e con chi non ci conosce. Grazie a questo scambio in Rete nascono nuove opportunità per lavorare, per incontrare persone, per far crescere i propri interessi. Al di là delle piattaforme social dove ognuno di noi è ospite, il blog è lo strumento che permette a tutti – persone, aziende, organizzazioni – di esprimersi e di farsi trovare sui motori di ricerca e sui social network da chi nutre un interesse per gli stessi contenuti. Per quanto qualcuno possa pensare che il blog sia uno strumento obsoleto o superato, questo libro non solo vuole dimostrare il contrario, ma vuole accompagnare il lettore nella creazione di un blog e nel suo utilizzo professionale, per raggiungere obiettivi come nessun altro strumento di comunicazione online oggi permette.

A proposito di questo libro

For Dummies è una collana di libri di grande successo pensata per "imbranati". Non c'è né da offendersi, né da preoccuparsi, perché tutti noi, autori di questo libro inclusi, siamo un po' tonti al di fuori dei temi di cui siamo più appassionati o che sono entrati a far parte del nostro bagaglio formativo nel corso degli anni. Per chi non passa ore su Internet, aprire un blog e comunicare online può sembrare una scienza oscura, per iniziati. Non è affatto così! Questo volume ha esattamente lo scopo di azzerare le barriere d'accesso e permettere a tutti di cogliere i frutti della comunicazione in Rete, a partire da un blog.

Prendere questo libro in mano e cominciare a leggerlo è stata un'ottima decisione, congratulazioni! Da questo momento state percorrendo la strada che dall'ignoranza porta alla conoscenza. Dopo aver scritto altri titoli per la collana Web & Marketing 2.0, abbiamo cercato di seguire lo stile e gli intendimenti della collana *For Dummies*: scrittura semplice, qualche battuta qua e là, concetti espressi chiaramente, senza prendersi troppo sul serio. L'obiettivo è uno solo: mettere il lettore nelle condizioni di comprendere i segreti di un blog di successo e applicarli per raggiungere la fama personale, per il successo di un'attività professionale o semplicemente per essere più autorevole nel campo delle proprie passioni.

Come illustrato più avanti, questo testo è pensato per essere letto in sequenza, a meno che non abbiate già maturato qualche esperienza con questo strumento. Tenetelo a portata di mano, sulla scrivania o sul tavolo della cucina, a fianco del vostro computer o tablet, pronto per essere consultato in caso di bisogno. Questo è un testo da usare!

Presupposti per la lettura

Ogni qualvolta un autore scrive un libro, lo fa per un pubblico a cui vuole rivolgersi. Un pubblico composto da lettori con esigenze e competenze diverse, eterogeneo quanto accomunato da un interesse specifico: approfondire lo strumento blog per utilizzarlo con successo per raggiungere i propri obiettivi. Quelle che seguono sono le supposizioni che abbiamo fatto:

- Avete probabilmente già letto un blog e siete parte attiva del Social Web, con un profilo personale su Facebook o un profilo su Twitter o su un altro social network.
- Avete un tablet o un computer, oltre a uno smartphone, con il quale navigare su Internet, e sapete quindi come usare un browser (Google Chrome, Internet Explorer, Safari, Firefox) e come scrivere con un'applicazione o con un programma di videoscrittura (Microsoft Word, Google Documenti, altro).
- Avete una passione, un interesse specifico o un'idea per aprire un blog professionale o magari lo avete già aperto, ma fino a ora avete soltanto fatto qualche esperimento.
- Non avete un blog ma lavorate per un'azienda che ha l'esigenza di comunicare in maniera innovativa e moderna o siete un professionista che vuole trovare clienti in Rete facendo leva sulle proprie competenze.

» Vi piace scrivere, siete curiosi della Rete, navigate e leggete tanto, siete attivi sui social network e vorreste fare un salto di qualità e conoscere i blog al punto da potervi proporre per scrivere contenuti per altri, aziende o editori.

Come è organizzato questo libro

Questo libro è organizzato in sette parti. Se volete leggerlo per aprire il vostro primo blog, il nostro consiglio è di cominciare dal primo capitolo e andare in ordine, fino alla fine. Se invece avete già esperienza, potete saltare un paio di sezioni e cominciare dalla quarta e quinta parte, dedicate a come estendere la community e definire una strategia per i contenuti online.

Parte 1: Un blog per avere successo online

La prima parte inserisce il blog all'interno del quadro delle opportunità offerte dalla comunicazione online e ne definisce i punti di forza rispetto alle alternative offerte dai social network. Una guida pratica suggerisce le informazioni da acquisire e le riflessioni da fare prima di cominciare, così da avere le idee chiare su obiettivi raggiungibili, risorse necessarie e competenze da acquisire, tecniche ed editoriali.

Parte 2: Il blog perfetto passo dopo passo

La seconda parte è dedicata a come muovere i primi passi cominciando da zero. Dalla scelta del nome e del dominio, fino alla piattaforma e alla grafica, gli elementi da considerare sono numerosi quanto le variabili, ma non è il caso di scoraggiarsi. Un blog di successo ha bisogno di scelte chiare, soprattutto nella fase d'impostazione, e adeguato spazio viene per questo dedicato all'architettura del blog sul piano dei contenuti (parole chiave, categorie, argomenti prioritari) e su quello della navigazione più funzionale (menù, barra laterale, bottoni vari).

Parte 3: La ricetta segreta per un post (efficace)

La terza parte vuole illustrare tutte le buone pratiche più efficaci e aggiornate su come scegliere gli argomenti del proprio blog e costruire l'articolo (da qui in avanti il post) perfetto perché venga letto, diffuso, condiviso e bene indicizzato sui motori di ricerca, senza perdere in termini di trasparenza, autorevolezza e qualità nel risultato finale.

Parte 4: Costruire una community

La quarta parte ha l'obiettivo di aiutarvi a coltivare il vostro pubblico, suggerendovi gli strumenti più indicati e le tecniche più efficaci perché i contenuti non vengano semplicemente letti, ma divengano oggetto del passaparola da parte di una community attenta, coinvolta e fidelizzata. Un blog rischia di fallire se non diventa parte di un ecosistema in cui è chiamato a partecipare e a generare valore ai suoi lettori.

Parte 5: Il content marketing per un salto di qualità

Un blog è lo strumento indispensabile per costruire e capitalizzare grazie al marketing dei contenuti. Per raggiungere questo obiettivo la quinta parte aiuta a pensare in chiave strategica, aiutando il lettore a ragionare sulle azioni da intraprendere perché il blog sia un mezzo per raggiungere il successo e non un fine. In questa sezione sono illustrate le integrazioni con altri mondi del marketing online, come l'email marketing.

Parte 6: Un blog per dare nuovo slancio al business

Un blog di successo è anche un blog che va oltre il piacere di scrivere, ma che diventa una fonte di ricavi, così da far coincidere le proprie passioni con il proprio lavoro. La sesta parte illustra, con casi pratici, le modalità attraverso cui è possibile monetizzare un blog, insieme agli usi più diffusi per integrarlo in una strategia di business, dal blog aziendale, al blog per aumentare la propria autorevolezza in Rete, fino al lavoro di blogger per soggetti terzi.

Parte 7: La sezione dei Dieci

Come tutti i libri della serie *For Dummies*, anche in questo è presente una parte che raccoglie dieci errori tra i più frequenti da evitare e dieci servizi web per potenziare il vostro blog, utili per farsi ispirare e per lavorare in maniera più efficiente.

Icone utilizzate in questo libro

Per rendere la vostra esperienza di lettura più coinvolgente e divertente, abbiamo usato alcune icone a margine delle pagine per evidenziare i concetti importanti o da ricordare. Vediamole insieme.

CONSIGLIO

Molti contenuti di questo volume sono informazioni utili da mettere in pratica, ma richiedono da parte vostra un'analisi per capire come adattarli alla vostra situazione particolare. I consigli contrassegnati da questa icona sono pratici e pensati per facilitare il vostro lavoro e mettere a frutto in tempi veloci quanto imparato.

RICORDA!

Questa icona sottolinea, come un amichevole memo, quanto è importante da non dimenticare per essere sicuri che ve ne ricordiate al momento opportuno.

ATTENZIONE

Questa icona equivale a un segnale stradale con il triangolo rosso di pericolo. Non c'è niente di cui preoccuparsi veramente, ma a volte è facile incorrere in errori che possono essere evitati riflettendo un po'. L'avvertimento in questo caso è pensato per restare in guardia e ridurre i rischi che potreste trovare nell'applicare gli insegnamenti di questo volume.

PER I PIÙ CURIOSI

A volte è necessario spiegare alcune procedure con qualche termine tecnico o da addetti ai lavori. Se sapete già cosa fare in quell'occasione o non siete avvezzi al gergo, passate oltre. Questi non sono contenuti indispensabili per beneficiare degli insegnamenti generali appresi durante la lettura.

Come proseguire

Come per molte attività che riguardano la sfera di Internet e della comunicazione online, la capacità di imparare dall'esempio degli altri e l'aggiornamento continuo sono essenziali per migliorarsi e mantenersi un passo avanti. Questo libro è un ottimo punto di partenza per chi vuole cominciare o per chi vuole capire meglio come potenziare il proprio blog per renderlo più efficace.

Se avete già un blog, probabilmente sapete quali sono i punti di forza e qual è il ruolo che il blog assume all'interno del Social Web. In questo caso, potete saltare tranquillamente la prima parte. La seconda e la terza parte sono invece le sezioni chiave per acquisire gli elementi fondamentali e andrebbero entrambe lette in sequenza.

Se avete acquisito esperienza e volete fare un salto di qualità, la quarta e la quinta parte sono pensate per ampliare il vostro pubblico e agire in maniera strategica rispetto a tutti i contenuti che pubblicherete online, inclusi quelli per promuovere il vostro blog sui social network, così da rendere più efficienti i vostri investimenti in tempo e denaro. La sesta parte è pensata per gli utenti più avanzati, che vogliono capire come declinare quanto appreso nel blogging per la comunicazione di un'azienda o per trasformare l'attività di blogger in un lavoro per curare o scrivere sul blog di terzi, editori o aziende.

Un libro, per quanto può distillare con amore e passione il sapere appreso in oltre dieci anni di blogging, è soggetto all'invecchiamento. Per essere aggiornati sulle ultime evoluzioni, il consiglio che vi diamo è di seguire i nostri blog (Luca Conti su `http://lucaconti.it` e `http://www.pandemia.info` e Francesco Vernelli su `http://vernellifrancesco.com`).

Infine, la più grande soddisfazione per un autore è vedere un lettore felice. Per questo sarà per noi un vero piacere ricevere le segnalazioni dei vostri nuovi (o rinnovati) blog con una email su `info@lucaconti.it` o su `info@vernellifrancesco.com`. Potete usare Twitter per lo stesso scopo con `@franc74` e `@pandemia`. Saremo inoltre onorati di ricevere sugli stessi canali consigli, suggerimenti e critiche per migliorare la prossima edizione.

Grazie e buona lettura.

1

Un blog per avere successo online

IN QUESTA PARTE. . .

Prenderete confidenza con il blog per capire i suoi punti di forza in una strategia di marketing online.

Inquadrerete il blog all'interno dell'universo del Social Web.

Conoscerete tutto quello che c'è da sapere prima di cominciare questa nuova esperienza.

IN QUESTO CAPITOLO

- Cosa sono i blog e chi sono i blogger
- Come leggere e informarsi con i blog
- Per aprire un blog bisogna essere motivati
- I blog sono e restano sulla cresta dell'onda

Capitolo 1

Lo strumento chiave del tuo business online

Comunicare in Rete è facile. Riuscire a emergere, in un universo in cui il volume di contenuti cresce esponenzialmente, molto meno. Il blog è lo strumento che vi consigliamo per comunicare in maniera professionale online. Vediamo insieme come funziona questo mondo, chi sono gli attori e perché i blog continuano a riscuotere successo e attenzione.

Benvenuti nel mondo dei blog

Nonostante esistano dal 1999, i blog restano più attuali che mai. Da strumento che per primo ha permesso a chiunque di pubblicare contenuti in Rete, tanto da essere considerati inizialmente dei semplici diari personali, hanno vissuto una fase di grande popolarità, con più di 200 milioni di blog attivi su scala globale, per poi ridimensionarsi e consolidarsi come mezzo di comunicazione professionale. Dall'avvento delle prime piattaforme gratuite, l'unico modo esistente, all'epoca, per partecipare alla grande conversazione online, le opportunità si sono moltiplicate, così come il pubblico sceso nella piazza virtuale a dire la propria.

Di blog oggi si parla meno di un tempo, perché non è più considerato un nuovo media e perché apparentemente è passato di moda, soppiantato dall'avvento dei social network, di Facebook e di Twitter. In realtà, analizzando il fenomeno con maggiore attenzione, scopriamo che il 25% di tutti i siti web usa WordPress come sistema di pubblicazione (CMS), ovvero la piattaforma di blogging da anni più popolare, che diventerà tra poco il nostro suggerimento per gestire il vostro blog.

PER I PIÙ CURIOSI

CMS è la sigla di *content management system* ovvero sistema di gestione di contenuti. Un CMS è un software, gratuito o a pagamento, che consente di gestire e aggiornare con facilità un sito web, pubblicando contenuti sotto forma di testo, foto, video o in altri formati. Tale software viene offerto da chi vende spazio web o può essere installato autonomamente sul proprio spazio.

Il mondo dei blog è più esteso di quanto potreste immaginare a prima vista. Sono ormai così inseriti nel DNA del Web da essere difficili da identificare per chi non ha competenze tecniche. Ciò che è importante sapere è che questo strumento resta il preferito da chi vuole costruire una propria identità online, per se stesso, per la propria azienda o per conto di terzi. Ogni altra soluzione, infatti, non consente di ottenere gli stessi risultati, con uguale flessibilità, autonomia ed efficacia sul lungo termine.

Cosa sono i blog

Un blog è uno strumento che consente di pubblicare contenuti in Rete, alla portata di tutti, certamente anche alla vostra. Sì, certamente un blog è un sito web, ma un sito web non è necessariamente un blog: ciò che cambia è il motore che gira sotto il cofano.

Quello dei blog richiede poca manutenzione, consuma poca energia e non è necessario avere la patente per guidarlo, se non prendere qualche semplice lezione di guida leggendo questo volume.

I blog sono stati i primi siti a generare automaticamente una pagina web, dotata di un link univoco per ogni nuovo articolo pubblicato. Chi naviga da lungo tempo si ricorderà che in precedenza, invece, ogni sito aveva una pagina con le news, in cui le informazioni venivano aggiunte e cancellate di volta in volta, con un unico link di riferimento. L'avvento del link univoco ha permesso ad altri siti di conversare pubblicamente, a voce alta, commentando gli articoli pubblicati da altri blog, inserendo il link dell'articolo citato, facilitando al lettore la navigazione tra i diversi articoli parte della stessa grande conversazione.

Un'altra innovazione dei blog è stata la home page con gli articoli proposti in ordine cronologico inverso, ovvero i più freschi sono inseriti automaticamente in testa alla pagina, facendo scorrere più in basso (o nelle pagine successive) gli altri. In questo modo gli articoli più recenti sono subito accessibili, con la stessa facilità con cui l'autore pubblica il proprio pensiero. La vera rivoluzione dei blog viene infatti dalla semplicità di pubblicazione. Un passo importante nella democratizzazione dei media, tanto da usare oggi l'espressione social media, per intendere le piattaforme in cui gli utenti pubblicano autonomamente i propri contenuti.

Un CMS di tipo blog permetteva e permette di pubblicare qualsiasi testo, affiancato per chi vuole da altri contenuti multimediali, utilizzando un editor di testo semplificato, immediatamente familiare per chi in vita sua abbia usato almeno una volta un programma per scrivere, come per esempio Microsoft Word. Anche per gli utenti alla prima esperienza, l'editor per inserire i contenuti consente di formattare il testo evidenziando le parole da selezionare e cliccando un bottone corrispondente al grassetto o dove inserire il link della pagina da citare. In pochi anni il fenomeno è cresciuto a dismisura, rendendo popolare il termine *blogger*.

Chi sono i blogger

Alla parola blogger si possono attribuire diversi significati. Nell'accezione più ampia, un blogger è chiunque abbia un blog e pubblichi online, su questo spazio, ciò che desidera condividere con il resto della Rete. Tutti, quindi, possiamo diventare blogger, purché abbiamo qualcosa da dire. In pochi anni sono diventati blogger studenti, casalinghe, imprenditori, giornalisti, manager, medici, politici, personaggi pubblici. Si tratta di un fenomeno trasversale.

Il termine blogger oggi viene usato con un'accezione in parte diversa, a indicare il più delle volte chi fa del blog il proprio lavoro o chi lo cura come una delle proprie attività principali, anche senza ricavarne un reddito diretto. La maggior parte dei soggetti citati nel paragrafo precedente è migrata su altre piattaforme, privilegiando Facebook per conversare con i propri amici, Twitter per entrare in contatto con il mondo dei media, YouTube per comunicare in forma visuale, Instagram per comunicare per immagini, Snapchat per stabilire una intimità il più delle volte effimera. Tutti questi utenti, pur avendo probabilmente un blog parallelo, non sono più considerati blogger perché il blog non è più il fulcro delle loro attività online.

I blogger che sono rimasti (o che hanno appena cominciato) sono quelli che investono molto del proprio tempo a produrre contenuti pubblicati per primi sul blog, per essere diffusi, promossi e replicati in seguito su altre piattaforme. Sono professionisti della comunicazione, appassionati di un tema o semplicemente persone che hanno deciso di differenziarsi rispetto alla massa con un proprio spazio personale, non necessariamente intimo, curato con la stessa dedizione di chi, amante del giardinaggio, cura con amore i propri fiori. Un'attività amatoriale, nel senso passionale del termine, che genera soddisfazione in sé o vantaggi di carattere professionale, monetizzati direttamente o indirettamente.

Un universo più ristretto e selezionato rispetto a solo qualche anno fa, ma non per questo povero di qualità o di attori. La difficoltà nell'emergere dalla massa scoraggia i meno motivati, ma promette numerose soddisfazioni a chi acquisisce nuove competenze e soprattutto non ha perso la passione con cui ha cominciato, un mese o dieci anni fa.

Come leggere i blog

Forse non ci avete mai pensato, ma probabilmente avrete letto più di un blog nella vostra vita, senza rendervene conto. Se il 25%

dei siti web utilizza WordPress e se sommiamo tutte le altre principali piattaforme (Tumblr e Medium, più tante altre), è quasi impossibile, tra un link cliccato da una segnalazione di un amico e un click su un risultato frutto di una ricerca su Google, non aver visitato un blog.

Fino al 2011 Google aveva un motore dedicato per i blog, poi inglobato dentro Google News, dove permane una sezione blog che l'utente può selezionare per filtrare i risultati delle notizie. In Italia il punto di riferimento è Liquida (`http://liquida.it`), startup sviluppata dentro il gruppo Banzai, con l'obiettivo di creare un sito d'informazione con i blog e con le notizie più popolari all'interno della blogosfera. Su scala internazionale il motore di ricerca più importante è stato per lungo tempo Technorati, poi caduto in disgrazia. L'unico della vecchia guardia che resiste ancora è Icerocket (`http://www.icerocket.com`), non male per le ricerche in inglese, non molto rilevante per quelle in italiano.

CONSIGLIO

Un modo pratico, veloce e intelligente per seguire gli aggiornamenti dei vostri blog preferiti è utilizzare un aggregatore di feed RSS come Feedly (`http://feedly.com/`). Gratuito e dotato di app per smartphone e tablet, vi permette di abbonarvi e ricevere automaticamente ogni nuovo articolo dalle vostre fonti preferite. Iscrivetevi e aggiungete una nuova fonte incollando l'indirizzo web del sito nella barra di ricerca.

Perché aprire un blog

Se avete preso questo libro in mano, probabilmente qualche idea l'avete già e aprire un blog non dovrebbe essere qualcosa di cui convincervi. Per passare al prossimo capitolo con le idee chiare, vediamo perché aprire un blog può avere molto senso, nonostante le opportunità di comunicare in Rete con altri mezzi non manchino di certo.

Blog per passione

Un motivo sufficiente per aprire un blog è coltivare una passione e farla crescere, diventando professionisti nel comunicare. No, non vi stiamo suggerendo di cambiare lavoro, anche se essere appassionati del proprio è qualcosa che consigliamo a tutti. Ci sono blogger amanti del cinema che aprono un blog per raccogliere le proprie recensioni, chi ama la cucina e pubblica le proprie ricette, chi ama viaggiare e raccontare le proprie esperienze, chi legge tanti romanzi e si diverte a recensirli su un blog. Più il blog si concentra su un argomento specifico, più sarà facile costruire un proprio pubblico e aumentare la rilevanza e la visibilità su Google. Un blog ben curato, originale e ricco di contenuti può facilmente attirare le attenzioni degli addetti ai lavori ed essere coinvolto in eventi, test di prodotti o essere invitato a conoscere meglio aziende e altri protagonisti dello stesso settore. In questo caso le entrate non sono monetarie, a meno che la visibilità sia tale e tanta da attrarre l'interesse degli investitori pubblicitari, ma la pratica resta comunque soddisfacente, perché lo scopo è in primo luogo la soddisfazione nello scrivere.

Blog per il networking

Potrebbero bastare forse Facebook e LinkedIn per gestire le proprie relazioni online e curare la propria rete di contatti. Certamente un blog non è né un surrogato, né un sostituto di un social network, ma un ottimo complemento, che può integrare le attività di relazione sulle piattaforme social, aumentando lo spessore del proprio posizionamento. I profili sui social network possono essere personalizzati in parte, ma restano abbastanza uniformi, salvo qualche immagine qua e là. Un blog può diventare il punto di riferimento da suggerire a chi voglia capire meglio chi siete, cosa vi appassiona e perché dovrebbe conoscervi meglio. Una motivazione che ben si sposa con il blog per il personal branding, che vedremo tra un attimo.

Blog per il business

Se i blog nascono e prendono vita come diari online, spesso curati da adolescenti, la loro maturità arriva quando il mondo degli affari ne coglie il potenziale e comincia a usarli per comunicare su Internet, rendendo gli autori editori di se stessi. Non è un caso se, nella tendenza generale al consolidamento della blogosfera, certamente più piccola ma più compatta e coesa, le aziende abbiano aumentato i propri investimenti, per esempio inaugurando blog per l'amministratore delegato, per linee di prodotto, per raccontare la vita interna dell'azienda, per condividere le competenze e metterle a disposizione di lettori e clienti.

Uno strumento che ben si presta a rafforzare la comunicazione business, perché trasmette senza mediazioni un messaggio tra le persone interne all'azienda e quelle esterne a essa, partner, fornitori, clienti o media che siano. Snello e facile da gestire, diventa il canale privilegiato con cui comunicare con il pubblico, senza dover dipendere da un giornalista o da un organo d'informazione che riprenda un comunicato stampa. L'azienda, insomma, diventa un editore dei propri contenuti, controllando meglio il messaggio e guadagnando spazi a un costo di gran lunga più conveniente rispetto all'acquisto di pagine di giornale o di banner pubblicitari, sempre meno efficaci nel raggiungere il vostro interlocutore.

Blog per il personal branding

Internet è il canale prioritario in cui chi cerca un candidato va a raccogliere tutte le informazioni utili a trovare il migliore o ad assicurarsi che il prescelto abbia tutte le carte in regola per far bene. Un blog diventa il biglietto da visita da mostrare a chi vi cerca sui motori di ricerca. Utilizzando il vostro nome, il blog andrà a influenzare positivamente la vostra reputazione online, finendo per occupare uno o più dei primi dieci risultati di Google per chi fa una ricerca pensando a voi. In poco tempo, se vi applicherete con costanza, potrete scalare la classifica e posizionarvi in testa. Se avete un nome comune, alla Mario Rossi, sarà un modo per farsi largo rispetto agli omonimi; se avete un nome più originale, potrebbe essere lo strumento per entrare nei risultati di Google con un risultato finalmente rilevante, che parla di voi a chi vi cerca online.

Se siete un personaggio controverso o ne curate l'immagine, il blog vi sarà d'aiuto per influenzare in positivo ciò che emerge con il vostro nome dai primi risultati di Google, eliminando altre pagine, fuori dal vostro controllo, dove le informazioni riportate non sono corrette o aggiornate. Un risultato in più, magari il primo, che fa la differenza tra un'immagine positiva e una negativa o neutra.

FIGURA 1.1 Il blog di Francesco Vernelli.

I blog sono vivi e vegeti

Ciclicamente qualche testata giornalistica specializzata annuncia ai suoi lettori la triste notizia: "il blog è morto". Credeteci, non c'è niente di più falso, anzi. Con l'aumento dei navigatori su scala globale, la diffusione di smartphone e tablet, l'abbassamento dei costi per connettersi a Internet, in una forma o in un'altra, non ci sono mai stati tanti blog attivi come oggi. Certo, non ci nascondiamo dietro a un dito: i social network, Facebook su tutti, assorbono gran parte del nostro tempo e dell'attenzione di chi naviga, soprattutto in mobilità, ma gli utenti non sono (ancora, forse) completamente assorbiti da questo fenomeno.

Non tutti i nostri interessi personali, per fortuna, sono soddisfatti dall'interazione con i nostri amici o con le persone che conosciamo già. Spesso abbiamo passioni che non sono condivise da chi ci sta più vicino, per mille ragioni che è inutile specificare, e cerchiamo informazioni o contatti con altri utenti della Rete, interrogando Google per aumentare la nostra conoscenza o cercando di comunicare con chi è affetto dal nostro stesso *virus*. I blogger sono esattamente i soggetti ideali con cui entrare in relazione per condividere una passione. Aprire un blog significa aumentare la probabilità di intercettarne altri simili a noi ed estendere la nostra rete di contatti nella direzione che più ci gratifica.

Un'identità digitale indipendente

È il segreto di Pulcinella: tutti lo sanno, ma nessuno lo dice. Un blog è l'unica soluzione per avere una presenza online autonoma e indipendente, personalizzabile e gestibile senza dover dipendere da nessuno, né sentirsi ospiti in casa altrui. In tutte le strategie d'investimento sul lungo termine, dedicare risorse allo sviluppo di spazi propri dovrebbe avere la priorità rispetto a quelle investite su spazi controllati da terzi, anche soltanto per garantirsi da rischi ed eventualità che non possiamo controllare.

Su Facebook, Twitter, Instagram, Pinterest, Snapchat siamo in balia della strategia di monetizzazione di chi possiede e di chi gestisce queste piattaforme. Se i ricavi (e il valore dato dalla società sui mercati finanziari) derivano dalla pubblicità, state certi che sul lungo termine chi influenza lo sviluppo delle piattaforme è l'inserzionista pubblicitario, in seconda battuta l'utente (in qualche caso i due possono essere alla pari, nell'interesse del futuro della piattaforma) e solo terzo arriva chi usa la piattaforma per scopi di business. Nella migliore delle ipotesi l'utente professionale, che cerca visibilità, sarà chiamato più spesso ad aprire il borsellino e investire denari in spazi promozionali, per ottenere la stessa visibilità che prima otteneva gratis, con il sudore e il tempo dedicato a produrre contenuti originali e di qualità. Se fate sul serio, il blog è lo spazio prioritario su cui concentrare le vostre attività online, con un vostro dominio.

Visibilità sui motori di ricerca

I motori di ricerca, o dovremmo meglio dire Google, restano il servizio più utilizzato dai navigatori, com'è facile comprendere.

Condividere aggiornamenti su Facebook, scambiare opinioni su Twitter, caricare una foto su Instagram o accedere a un video su YouTube: molti dei lettori si ritroveranno in queste abitudini, ma probabilmente non tutti. Se vi chiedessimo invece chi di voi ha cercato informazioni su un motore di ricerca, da computer o da smartphone, probabilmente avreste tutti la mano alzata.

Un blog ricco di contenuti, concentrato su un tema specifico, curato con passione ed energia, rappresenta la via diretta per scalare l'indice dei risultati e arrivare più presto in vetta. Gli articoli pubblicati sui blog sono generati dal CMS in una forma già pensata per dare rilevanza al contenuto. Se a questo si aggiungono alcune accortezze di carattere tecnico, che vedremo nella seconda parte, le carte in più da giocare per vincere sulla concorrenza potrebbero essere quelle decisive per emergere.

FIGURA 1.2 Il blog di Luca Conti su lucaconti.it.

Una presenza online, attiva a 360 gradi, vi consente di diversificare il rischio e moltiplicare il risultato. Un blog rende più incisiva la vostra presenza online e permette a chi vuole conversare con voi di citarvi e linkarvi da altri siti, rafforzando il vostro posizionamento agli occhi di Google. Più siti e blog parleranno di voi, inserendo un link a un articolo che avranno letto e che vorranno commentare o segnalare ai propri lettori, più la vostra autorevolezza e visibilità cresceranno di conseguenza. Il lavoro sui social network diventerà quindi un'operazione per creare una cassa di risonanza intorno al vostro blog e ai vostri contenuti, non viceversa.

Essere attivi soltanto su piattaforme controllate da terzi vi rende mezzadri digitali. Con questa espressione, coniata da Nicholas Carr, s'intende un lavoro di produzione di contenuti che genera ricavi per sé, ma soprattutto per chi gestisce la piattaforma.

IMPARARE LEGGENDO

In questo box abbiamo raccolto una piccola selezione di blog dai quali imparare qualcosa, semplicemente seguendoli e leggendo i contenuti che propongono quasi ogni giorno. Sono esempi di come il blog possa diventare un'arte, per raggiungere obiettivi diversi, personali e professionali. Ne avremmo potuti segnalare molti altri, ma il limite di spazio ce lo impedisce.

Copyblogger
`http://www.copyblogger.com/blog/`
Per un occhio al content marketing.

Problogger
`http://www.problogger.net/`
Come essere professionali e trarne un lavoro.

Voglia di terra
`http://www.vogliaditerra.com/`
Il blog come supporto per le proprie passioni.

Scripting News
`http://scripting.com/`
Il blog di Dave Winer, "natural born blogger" dal 1994.

(continua)

Minimarketing
`http://www.minimarketing.it/`
Un ottimo esempio di come curare la propria reputazione in Rete.

Un tocco di zenzero
`http://www.untoccodizenzero.it/`
Per capire quanto le immagini possano fare la differenza.

Tiziano Fogliata
`http://www.fogliata.net/`
Per trarre il meglio da WordPress dal punto di vista tecnico.

Il blog del mestiere di scrivere
`https://blog.mestierediscrivere.com/`
Perché scrivere bene e avere una comunicaizone efficace è importante.

Seth Godin
`http://sethgodin.typepad.com/`
Per quotidiani consigli da un guru del marketing.

Zen Habits
`http://zenhabits.net/`
Per dare il giusto rilievo al contenuto in una pagina minimalista.

Per conoscere altri blog tra i nostri preferiti, per longevità, esempio, qualità dell'offerta e maestria nell'uso dello strumento, vi rimandiamo a questo link, aggiornato mese dopo mese: `http://www.pandemia.info/miglioriblog`.

IN QUESTO CAPITOLO

Il blog come hub di contenuti in Rete

I social network per la diffusione sul Social Web

Condividere video, foto e immagini

Capitolo 2

Il ruolo del blog nell'universo del Social Web

I blog sono parte integrante dell'universo del Social Web, ovvero di quella parte di Internet dove sono gli utenti i veri protagonisti, pubblicando essi stessi i propri contenuti, commentando e condividendo quelli altrui, non più lettori passivi di informazioni pubblicate da editori, giornalisti e comunicatori professionisti.

Il blog come hub della presenza in Rete

Se utilizziamo la metafora dell'universo, ci piace immaginare il blog come il vostro piccolo pianeta. Un mondo completamente sotto il vostro controllo, dove siete padroni a casa vostra, curando ogni singolo aspetto come più vi piace, dalla grafica all'organizzazione delle informazioni, fino a tutti i contenuti delle pagine web che lo compongono. Un pianeta che vuole crescere, integrato in questo nuovo sistema della comunicazione globale, si dota, passo dopo passo, di alcuni satelliti, che favoriscono la diffusione dei contenuti verso nuovi orizzonti.

I satelliti sono la metafora che abbiamo pensato per indicare i profili che col tempo avrete creato sui social network e su altre piattaforme, dove poter caricare e condividere altri contenuti. Il ruolo dei satelliti è fondamentalmente stabilire una comunicazione bidirezionale tra il blog e i social network. Un'opportunità di far conoscere chi siete e cosa pubblicate a un pubblico più vasto, andandolo a incontrare nelle piazze del Web dove si ritrova più numeroso.

Con un'altra metafora, potremmo considerare il blog come la vostra casa su Internet. Una casa affacciata sulla piazza principale del paese, con la porta sempre aperta per venirvi a trovare, accogliente e confortevole, in cui conversare con voi sui temi che più vi appassionano. Siete voi a stabilire le regole e i tempi della conversazione. I social network sono invece la piazza dello stesso paese. Le persone vanno in piazza per incontrarsi e vedersi, per chiacchierare e scherzare, per discutere dell'attualità e informarsi, per ascoltare e confrontarsi. Un punto di ritrovo per i propri amici, in cui a volte è possibile farsi presentare e conoscere qualcuno che sta dicendo qualcosa di originale e interessante.

Più è professionale la vostra esigenza di comunicare, più vorrete intercettare nella piazza le conversazioni su cui avete qualcosa da aggiungere. Per far questo è necessario aprire un profilo sui social network, (una pagina su Facebook, un profilo su Twitter o altrove), equivalente a un banchetto che aprite in piazza, senza aspettare che tutti debbano scoprirvi passando davanti a casa vostra. Avere una casa è indispensabile per vivere bene. La presenza in piazza non è altrettanto indispensabile, ma aiuta a vivere meglio, ampliando le possibilità di conoscere gente interessante e di farci conoscere.

Il Social Web, dove sono le persone a pubblicare la maggior quantità di contenuti oggetto di conversazione e condivisione, può essere ricondotto a due tipologie: i social network e i social media. I primi privilegiano la relazione e i secondi ospitano anzitutto contenuti.

Diffondere contenuti: dal blog ai social network

Un blog di successo non è una monade chiusa in se stessa, isolata dal resto della Rete, anzi è proprio il contrario. Più legami attivate all'interno del Social Web, più il vostro blog crescerà d'interesse, pubblico, visualizzazioni, commenti, condivisioni e rilevanza. Un punto di partenza, insomma, da gestire con competenza e attenzione, non un punto di arrivo. Non potete ignorare gli ambienti dove le persone spendono più tempo navigando, a meno che il vostro obiettivo non sia semplicemente quello di aprire uno spazio dove comunicare, disinteressati se siano tanti o uno a leggervi.

Creare relazioni non è mai un esercizio fine a se stesso. L'obiettivo non è collezionare falsi amici o contatti con perfetti sconosciuti, ma di trovare persone con cui avete qualcosa in comune e stabilire un contatto duraturo, per far sviluppare una collaborazione o semplicemente scambiare di tanto in tanto opinioni, su un tema a voi caro. I social network nascono con questo scopo: facilitare le relazioni, permettere di rafforzare quelle già attive e crearne di nuove. Le piattaforme non sono tutte uguali, per il modo in cui sono costruite e per le funzioni che abilitano o perché le persone che le usano sono diverse, con obiettivi e abitudini differenti. Vediamo le più importanti, per valutare come muoverci.

Facebook e LinkedIn, la piazza virtuale e il mercato del lavoro

Il 90% del tempo trascorso dagli italiani sui social network è su Facebook. Per questa ragione, non usarlo per diffondere i propri contenuti equivale a un vero suicidio. Se fate parte della minoranza a cui non piace Facebook, opinione che rispettiamo in pieno, sappiate che per promuovere il vostro blog e attrarre maggiore interesse intorno ai vostri contenuti potete usare strumenti professionali (una pagina ufficiale ma non solo), senza esporvi o dover mettere in piazza il vostro privato. Un profilo personale è necessario, ma potete evitare di aggiornarlo, se non volete.

FIGURA 2.1 Il profilo LinkedIn di Francesco Vernelli.

Altrettanto importante, per chi vuole usare un blog a supporto delle proprie attività professionali, è una presenza attiva su LinkedIn. LinkedIn, infatti, si è affermato come il social network dove coltivare le proprie relazioni professionali. Nel mondo sono oltre 400 milioni gli iscritti e in Italia siamo ormai prossimi, a inizio 2016, ai 10 milioni di utenti attivi. Se il vostro blog vuole essere un complemento per rafforzare l'appetibilità del vostro profilo sul mercato del lavoro, evidenziando le competenze che potete mettere al servizio di terzi, LinkedIn non può mancare nella vostra cassetta degli attrezzi. Nel caso in cui il blog sia invece per un'azienda, sappiate che LinkedIn consente alle imprese di curare una pagina dove potreste promuovere i contenuti del vostro blog. Anche nel caso di una semplice passione, segnalare ai propri collegamenti i nuovi articoli pubblicati può arricchire il vostro profilo quanto un'attività extracurriculare di valore.

Twitter, il mondo in tempo reale

Non c'è notizia che non circoli su Twitter, a volte prima ancora di finire sulle agenzie di stampa. La popolarità di Twitter all'interno del mondo dei media non è mai diminuita nel tempo. Eppure, dopo aver superato il traguardo dei 10 anni nella primavera del 2016, Twitter ha cominciato a soffrire di una crisi d'identità e, seppur abbia oltre 300 milioni di utenti nel mondo, sembra non essere troppo interessante per il pubblico generalista.

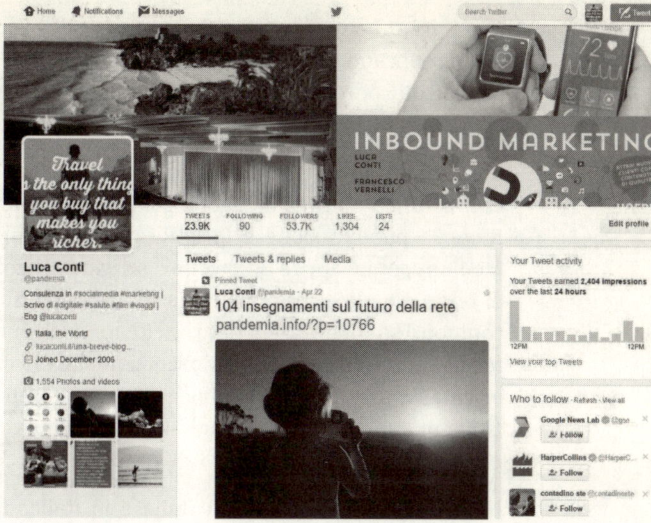

FIGURA 2.2 Il profilo Twitter di Luca Conti.

A ogni modo, è uno strumento indispensabile per promuovere e diffondere i contenuti del proprio blog. Può consentire di farlo conoscere a chiunque cerchi informazioni su Twitter con le parole chiave che costituiscono il tema principale su cui ruotano i vostri contenuti o voi stessi potete entrare in contatto e conversare con giornalisti, influencer o semplici utenti che hanno trattato o seguono con passione i vostri stessi temi. Personaggi altrimenti inaccessibili, soprattutto se ruotano intorno al mondo dei media, su Twitter sono facilmente raggiungibili e spesso disponibili come non vi sareste aspettati. Su Twitter, come in altri spazi della Rete, paga comunicare in inglese, perché gli utenti attivi in questa lingua sono enormemente più numerosi. Ciò non significa che non sia possibile trovare un pubblico attento e curioso in italiano, considerando che circa 4 milioni di nostri connazionali seguono Twitter per informarsi dalle fonti che più interessano loro.

Medium e i network di contenuti

Pur ribadendo l'importanza di avere un blog su un vostro spazio personale, completamente sotto il vostro controllo, con un vostro dominio, può essere utile attivare una *syndication* dei vostri contenuti su altri network di contenuti, come per esempio Medium.

CONSIGLIO

Con il termine *syndication* si indica la diffusione di un contenuto, replicandolo su altre piattaforme, con uno spazio dove gli articoli sono automaticamente riprodotti grazie ad alcuni automatismi.

Medium è una piattaforma fondata da Evan Williams, lo stesso che ha fondato prima Blogger e poi Twitter, con lo scopo di facilitare la pubblicazione e la lettura di contenuti di qualità. Su Medium potete aprire un profilo e scrivere articoli, con un editor di testo semplice ed efficace. Il vantaggio nel riprodurre i vostri contenuti su Medium è il network di utenti che utilizza la piattaforma, per partecipare o semplicemente alla ricerca di contenuti originali e interessanti. Pubblicare il meglio della vostra produzione in questo spazio estende il vostro pubblico e vi garantisce maggiore visibilità.

La popolarità di Medium in Italia e in italiano è ancora relativamente scarsa rispetto ai contenuti in inglese e alla scala internazionale. Ciò non significa che non possiate fare qualche esperimento e vedere cosa succede. L'obiettivo che dovrebbe guidarvi resta quello di farvi conoscere e non di sostituire il vostro spazio proprietario con una piattaforma in cui siete ospiti, graditi certamente, ma pur sempre ospiti.

WhatsApp, Telegram, Messenger e la messaggistica istantanea

La maggior parte del tempo passato dai navigatori su Internet è sul piccolo schermo di uno smartphone o di un tablet. Una porzione crescente di questo tempo è su WhatsApp o Telegram, per scambiare messaggi in tempo reale con i propri amici o per ricevere informazioni dalle fonti di cui ci fidiamo e che ci appassionano. Perché non inserire il vostro blog in questo circuito?

Questi strumenti stanno vivendo una fase di crescita esponenziale: WhatsApp ha un miliardo di utenti, Messenger di Facebook più di 900 milioni, WeChat 700 milioni e Telegram oltre 100 milioni. In Italia la più popolare si conferma WhatsApp, tallonata da Messenger. WeChat è particolarmente popolare in Asia e in Cina. Ognuna di queste applicazioni consente di creare gruppi o liste di utenti, più o meno facili da gestire, ai quali suggerire notizie con testi e link. Considerando come il tempo passato a navigare dallo smartphone superi già quello da computer, attivare una presenza su questi canali può essere un modo interessante per coltivare un pubblico di lettori appassionati.

Attrarre interesse da far convergere sul blog

Dalla nascita di YouTube, gli spazi per ospitare gratuitamente i contenuti multimediali sono cresciuti a dismisura. Oggi abbiamo a disposizione piattaforme specifiche per foto, immagini, presentazioni, documenti e molto altro. Perché non sfruttarle per farvi conoscere e generare attenzione, se non traffico in ingresso, sul vostro blog?

YouTube e il video online

Il formato video è ciò che i navigatori cercano e consumano in maniera sempre maggiore. Questa affermazione non dovrebbe stupirvi, se pensiamo come il consumo di televisione non sia mai diminuito in Italia, pur con la diffusione di Internet e il boom dei social network. Ciò che sta cambiando è il modo di consumare i video e il formato di questi contenuti. La diffusione di smartphone, phablet e tablet ha permesso da un lato di vedere filmati in mobilità o senza doversi sedere sul divano davanti al televisore di casa e dall'altro ha aperto un nuovo filone di contenuti brevi, da consumare in una pausa, come uno snack.

RICORDA!

Phablet è un neologismo frutto dell'unione di due parole: phone (telefono) e tablet. Gli smartphone con uno schermo superiore a 5 pollici vengono considerati appartenenti alla categoria dei phablet, ovvero qualcosa che sta in mezzo tra un semplice smartphone, con uno schermo più piccolo, e un tablet, che in genere non consente di telefonare e ha uno schermo non inferiore a 7 pollici.

I contenuti professionali e di altissima qualità, come serie e programmi televisivi, continuano a riscuotere grande successo, ma spesso sono visti attraverso un'applicazione su tablet. Da qui il successo dei servizi di video streaming, come Netflix, TIMVision,

Rai Replay o Sky Go, che liberano il telespettatore dalla schiavitù del palinsesto televisivo: il programma preferito si può vedere quando e dove si vuole, senza compromessi.

In aggiunta, soprattutto gli utenti più giovani hanno trovato in YouTube (e da qualche tempo anche in Facebook) il luogo dove soddisfare la voglia di nuovi contenuti, più brevi e più accessibili, realizzati da personaggi e protagonisti che non compaiono in televisione, perché di nicchia o perché in qualche modo di avanguardia.

Se tra i formati che volete pubblicare c'è anche il filmato o vi trovate a vostro agio di fronte a una telecamera, valutate concretamente l'idea di attivare un canale su YouTube o di aggiungere alla vostra pagina Facebook contenuti video originali. La fame di video, infatti, è tale e tanta che troverete senz'altro interesse per la vostra produzione.

Non vi segnaliamo altre piattaforme oltre a YouTube e Facebook (e per i più creativi Vimeo) perché questi raccolgono da soli la stragrande maggioranza del tempo passato sulle piattaforme di condivisione di video online. Non vale veramente la pena di caricare i vostri video su ulteriori canali.

Flickr, Instagram e le foto online

Ogni vostro post, perché ottenga più rilevanza e più attenzione, dovrebbe essere sempre associato a un'immagine di presentazione, con lo scopo di catturare il lettore e spingerlo a cliccare per leggere o scorrere l'articolo.

RICORDA!

Post è il termine con cui si definisce un articolo pubblicato su un blog. Potete utilizzare entrambi i termini in questo contesto. Post è inoltre il modo in cui si chiamano gli aggiornamenti pubblicati su Facebook, da non confondere con Il Post, che è un giornale online, impostato come un blog.

Per ospitare fisicamente le vostre immagini potete usare il vostro spazio web o, in alternativa, sfruttare alcune piattaforme che possono ospitare le stesse gratuitamente. Flickr è quella che per prima ha offerto questo servizio ai navigatori e oggi continua a farlo, con un terabyte di spazio gratuito (pari a 1000 Megabyte o un milione di kilobyte) ovvero tante, tantissime foto. Seppur

Flickr da qualche tempo sia caduto in disgrazia e non sia più frequentato dagli utenti di un tempo, può avere senso integrarlo nella vostra strategia di contenuti con la funzione di archivio gratuito. Se avete poi tempo di aggiungere a ogni foto un testo e una descrizione, comprensiva di link verso l'articolo cui avete aggiunto la stessa immagine, potreste ricevere visite più numerose sul vostro blog da parte di chi capiterà sull'immagine e sarà incuriosito dalla vostra presentazione.

Per gli amanti della fotografia il servizio più popolare è ora Instagram, con oltre 400 milioni di utenti attivi. Nato come un'applicazione per smartphone per condividere un momento significativo della propria vita con un'immagine pubblicata all'istante, Instagram è diventato il punto di riferimento per comunicare in forma visuale. Una presenza su Instagram può risultare interessante se tra i vostri contenuti ci sono immagini originali e di qualità; in caso contrario, emergere su Instagram oggi è piuttosto difficile, perché gli utenti e le foto pubblicate ogni giorno continuano a crescere, ma il tempo e l'attenzione degli stessi restano immutati. Uno svantaggio ulteriore di Instagram è l'impossibilità di aggiungere link nella descrizione delle immagini: i link non diventano cliccabili e un utente che volesse visitare la vostra pagina dovrebbe copiare e incollare il testo del link nel proprio browser. L'unico collegamento attivo è quello inserito nella descrizione del profilo dell'utente.

SlideShare, Pinterest e i contenuti visuali

Nell'era delle immagini, i contenuti visuali non perdono appeal e continuano a intrattenere un pubblico fedele, che li apprezza, li raccoglie e li condivide online. Come complemento al vostro blog, tra tutte le numerose piattaforme disponibili, vi suggeriamo di conoscere meglio SlideShare e Pinterest.

SlideShare, oggi parte di LinkedIn, nasce con l'obiettivo di facilitare la condivisione di presentazioni PowerPoint e documenti, in vari formati, inclusi PDF, DOC e PPT. Con il tempo è diventato il punto di riferimento per condividere contenuti di carattere professionale, ed è utile sia per imparare qualcosa di nuovo, sia per far emergere la vostra autorevolezza condividendo presentazioni realizzate per eventi dove avete partecipato o altri contenuti di carattere divulgativo.

Dal 2015 SlideShare sperimenta anche il video in formato breve, di pochi minuti, ma gli utenti comuni non sono in questo momento ancora abilitati a questa funzione. In ogni caso, se per il tema del vostro blog vi capita di produrre gli stessi contenuti sotto forma di presentazione o di infografica, SlideShare vi permette di farvi trovare da una community che cerca approfondimenti professionali e originali.

RICORDA!

Un'*infografica* è un'immagine che contiene informazioni in formato grafico e numerico. Può essere una valida alternativa per evidenziare i risultati di una ricerca riportando i principali numeri e percentuali con icone e altre immagini, semplici e stilizzate, che rendono immediatamente comprensibile il sommario della ricerca stessa. Visual.ly ha una community che condivide infografiche, utile per prendere spunto: `http://visual.ly/view`.

Pinterest, poco noto in Italia, conta oltre 100 milioni di utenti nel mondo, che lo usano come una bacheca virtuale dove raccogliere le immagini più belle, interessanti, fonte d'ispirazione tra tutte quelle trovate navigando. L'utente può creare più album, raccogliendo le immagini dalle pagine web dove ha navigato o può caricare un'immagine dal proprio computer o dispositivo mobile. In pratica è l'equivalente di chi, sfogliando riviste e giornali amava ritagliare e collezionare foto e articoli interessanti, archiviandoli per il piacere di collezionarli o per andarli a riprendere o rileggere in un secondo momento.

Su Pinterest ogni immagine collezionata contiene automaticamente un link alla pagina dove l'utente l'ha trovata. Questo significa che potreste da un lato incentivare i vostri lettori a collezionare le immagini del vostro blog su Pinterest (vedremo come fare nel Capitolo 17) e dall'altro avere voi stessi una bacheca su Pinterest con le immagini (e i link relativi) catturate dai post più rilevanti del vostro blog. Pinterest ha per lungo tempo avuto una prevalenza di utenti femminili, particolarmente appassionati ai temi della moda, del design e della cucina. Oggi è una community trasversale, dove circolano immagini di ogni tipo e su ogni tema, incluse le infografiche.

IN QUESTO CAPITOLO

- Il content marketing per diventare professionali
- Generare reddito con l'inbound marketing
- Il segreto per essere primi sui motori di ricerca
- Le competenze che servono per emergere

Capitolo 3
Tutto quello che serve prima di cominciare

Siamo quasi pronti a partire, ma prima di dare il via è bene fermarsi un attimo a ragionare, perché lo sprint sia ancora più veloce, senza inciampare al primo ostacolo, e raggiungere in scioltezza il traguardo che costituisce i vostri obiettivi.

Blog è content marketing

Un blog è uno strumento che ha vita propria, autonoma e indipendente, ma non per questo è l'unico mezzo di cui vi potete avvalere per comunicare online. Nelle pagine precedenti vi abbiamo introdotto un universo in cui, una volta stabilito il vostro blog, espandere i vostri orizzonti integrando altri strumenti. I social network e i social media sono certamente un primo approdo, ma non l'unico. Un altro importante è l'email marketing, a cui abbiamo dedicato un capitolo intero, per illustrarvi i benefici di una newsletter.

Qualsiasi siano gli strumenti che deciderete di implementare insieme al blog, ciò che conta è che ogni singolo passo sia ragionato e parte di un percorso che avete già in mente prima di iniziare il cammino. Senza rendervene conto state cominciando a ragionare in termini di content marketing ovvero di come promuovere online voi e la vostra impresa (o passione) grazie ai contenuti.

Serve una strategia

Essere professionali nell'uso di un blog significa darsi una strategia, non per perdere tempo, ma per guadagnarlo. Disegnare una strategia non è difficile e non serve essersi laureati in economia aziendale, né in altre discipline. Ciò che conta è sedersi intorno a un tavolo, con i più stretti collaboratori se il progetto non è soltanto vostro, e dedicare almeno un paio d'ore a definire gli obiettivi, sulla base delle risorse e delle competenze disponibili e, a seguire, come organizzare il lavoro, chi fa cosa e in che modo, con quale tempistica.

Ragionare in questi termini offre una marcia in più fin dal principio, perché la maggior parte dei neoblogger, spesso presa dall'entusiasmo e dalla voglia di avviare subito i motori, rischia di partire senza aver deciso prima dove andare, senza una destinazione fissata puntualmente sulla mappa e senza aver pensato a come arrivarci. Non potete correre un rischio del genere e in questo senso una strategia, concordata e condivisa con il vostro team, definita con precisione e messa nero su bianco, vi costringe a concentrare le vostre energie senza sprecare nulla.

Obiettivi da raggiungere e misurare

Una passione può restare tale o diventare un lavoro: la differenza sta nell'obiettivo che ci siamo dati in partenza. Avere degli obiettivi misurabili (e misurarli!) ci permette di capire se siamo sulla strada giusta e, in caso contrario, di migliorarci e andare avanti.

Nel 1881 George T. Doran, ripreso successivamente da Peter Drucker, coniò l'acronimo SMART (letteralmente "brillante" in inglese) per identificare 5 caratteristiche che ogni obiettivo dovrebbe avere:

- Specifico: è ristretto a un campo o a un'area d'intervento.
- Misurabile: si può legare a un numero o a un indicatore.
- Attribuibile: può essere assegnato a qualcuno.
- Realistico: oggettivamente può essere raggiunto.
- Legato al tempo: ha una scadenza entro la quale verificarne il successo raggiunto.

Le facciamo nostre.

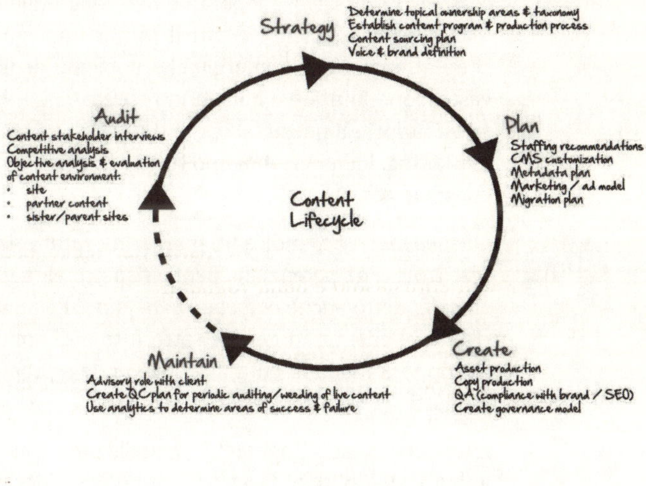

FIGURA 3.1 Il ciclo della strategia per i contenuti per il Web, in 5 fasi, dalla definizione degli obiettivi alla verifica dei risultati.

Pianificare è già metà del successo

L'entusiasmo è fantastico. Probabilmente a questo punto il vostro è ancora alle stelle, siete carichi e motivati e siamo felici per questo. Per evitare che, distratti dalle incombenze della quotidianità, l'entusiasmo scemi e il vostro blog finisca presto nel cassetto, vanificando il tempo e le energie spese per curarlo, vi consigliamo di provvedere alla pianificazione della cura e degli aggiornamenti, non perché questo debba diventare un lavoro, nell'accezione negativa del termine, ma perché diventi un passatempo utile e soddisfacente.

Una legge non scritta dei blog è che più tempo passa dall'ultima volta che avete pubblicato qualcosa, più è alto lo scalino mentale che dovrete salire per riprendere a scrivere. Tra le prime cause di morte del blog c'è lo smettere di aggiornarlo. L'antidoto per questa malattia esiste e si chiama calendario editoriale. Lo vedremo nel Capitolo 20, insieme a come misurare il valore dei contenuti già online, se un blog attivo lo avete già.

Blog è inbound marketing

Semplicemente avere degli obiettivi non basta. Per avere successo è necessario adoperarsi per raggiungerli, meglio se in maniera più efficiente e con il minor impiego di risorse, perché l'attenzione e le energie che potremo dedicare, per quanto vaste, sono limitate e non vanno sprecate. L'inbound marketing serve proprio a questo scopo e il blog è il principe dell'inbound marketing. Fidatevi: abbiamo scritto insieme un libro, proprio su questo argomento.

RICORDA!

Inbound marketing indica un marketing caratterizzato dall'essere trovati da potenziali clienti, rispetto al marketing tradizionale, detto anche *outbound marketing*, in cui un messaggio rivolto al cliente, in genere sotto forma di annuncio pubblicitario, è il modo in cui l'azienda vende e promuove i propri prodotti.

L'inbound marketing viene visualizzato con la figura di un imbuto, suddiviso in fasce orizzontali, che identificano le diverse fasi in cui l'azienda entra in contatto e comunica con il cliente, con contenuti che lo attraggono e lo fanno scendere nell'imbuto, nella parte bassa, fino a farlo diventare un cliente fedele. Un blog diventa fondamentale in una strategia di marketing online per due di queste fasi: attrarre e convertire clienti.

RICORDA!

Perché l'inbound marketing si associa a un imbuto e non a un cono o a un cilindro? Per quanto sia efficace, per qualsiasi azienda, da Apple fino al piccolo imprenditore che non ha studiato marketing, convertire in clienti tutte le persone che sono entrate in contatto con il prodotto o con l'azienda è di fatto impossibile. Più il marketing avrà successo e più il prodotto è di qualità, più l'imbuto assomiglierà a un cilindro; più il marketing sarà scadente, più l'imbuto diventerà un cono, con pochi clienti convertiti o nessuno.

FIGURA 3.2 Il concetto di inbound marketing è spesso associato a una calamita, usata come metafora per i contenuti che attraggono potenziali clienti verso l'azienda.

Attrarre

Una volta presa confidenza con il blog (e con i social network), dovreste cercare di ampliare la parte alta dell'imbuto – l'area che idealmente corrisponde alla massima quantità di potenziali clienti che siete in grado di raggiungere – per attrarre un numero più ampio di utenti, con l'obiettivo di farli scendere nella fascia successiva, in cui contare quelli che avranno dimostrato concretamente di essere interessati al vostro prodotto, compiendo un'azione specifica, che voi avrete stabilito. Questa azione, in gergo, si chiama *call to action*.

RICORDA!

Una *call to action*, letteralmente "chiamata all'azione", può essere l'invito a lasciare l'indirizzo email e il proprio nome in cambio del download di un documento di approfondimento o l'invito a iscriversi a una newsletter per ricevere ulteriori informazioni.

I contenuti del blog, se pensati e realizzati con l'ottica di offrire valore ed essere al servizio del lettore, sono la calamita che attrae i potenziali clienti verso di voi. Dai motori di ricerca o dal passaparola generato sul Social Web, questi finiscono sul vostro blog e, se soddisfatti, ritorneranno o vi chiederanno qualcosa in più. Nel caso in cui il blog rappresenti una passione, sostituite a potenziali clienti altri grandi appassionati ai vostri temi, operatori dell'informazione o nuovi soggetti con cui vorreste entrare in relazione.

CONSIGLIO

Per attrarre un numero ampio di lettori e potenziali clienti non scendete a compromessi e restate sempre all'interno del macrotema che caratterizza il vostro blog. Parlare di ciò di cui tutti parlano, andando fuori tema, vi potrebbe portare nuovo pubblico sì, ma probabilmente non interessato veramente a ciò che trattate abitualmente. L'essere in tema seleziona in partenza il pubblico o almeno ne migliora l'affinità.

Convertire

Un blog offre il meglio di sé quando è pensato esattamente a questo scopo: convertire i potenziali clienti che avete attratto. In questa fase, sta alla vostra competenza e autorevolezza convincere (in tutti i sensi) il lettore che la soluzione migliore ai suoi bisogni siete voi, con i vostri contenuti (ed eventualmente il vostro prodotto premium).

I contenuti del vostro blog potranno concorrere, insieme ad altri strumenti, a convincere il potenziale cliente a comprare il vostro prodotto o a servirsi di voi per soddisfare una sua esigenza. A seconda del modo in cui avrete deciso di monetizzare i contenuti, vorrete spingere l'utente a cliccare su un link e acquistare qualcosa, contattarvi per avere da voi una proposta commerciale o magari invitarvi a un evento esclusivo perché voi siete, agli occhi del lettore, il soggetto più influente e più competente nel vostro settore. Un lavoro difficile, che richiede sperimentazione, esperienza, pazienza e tanta dedizione. Ci arriveremo nella seconda metà del volume, dopo aver appreso tutti i rudimenti necessari.

Blog e ottimizzazione per i motori di ricerca (SEO)

Se il blog è lo strumento ideale per guadagnare posizioni sui motori di ricerca, il tutto non avviene a caso. La terza parte è interamente dedicata a distillare la ricetta per il post perfetto ovvero con tutte le caratteristiche per posizionarsi nella prima pagina dei risultati, se non al primo posto dei motori di ricerca.

L'arte della SEO si apprende un po' per volta e si deve aggiornare costantemente. Google aggiorna continuamente il suo algoritmo – la formula che determina la posizione di una pagina rispetto alle altre per qualsiasi parola chiave – affinando i criteri alla base della formula e aggiungendone di nuovi, quasi ogni giorno, senza che quasi ce ne rendiamo conto.

Per fortuna esistono numerosi blog e forum specializzati, anche in italiano, con cui potrete tenervi aggiornati. Tra tutti vi consigliamo Forum GT di Giorgio Taverniti, la community italiana più numerosa e appassionata (`http://www.giorgiotave.it`).

RICORDA!

SEO (*search engine optimization*) racchiude tutte le buone pratiche per avere il massimo punteggio nei criteri che aumentano la rilevanza di una pagina per le parole chiave con cui vogliamo venga meglio indicizzata. Non si tratta di usare alcun trucco o pratica scorretta (in gergo *Black SEO*), con il rischio concreto di essere penalizzati o banditi da Google, ma di usare la conoscenza condivisa dall'esperienza degli utenti e usarla a nostro vantaggio per essere un passo avanti rispetto alla concorrenza, agguerrita e numerosa.

Le competenze necessarie

Curare un blog richiede impegno, pazienza e alcune competenze che vi aiuteremo a sviluppare, almeno per gli elementi base, nel corso della lettura. Quelle più rilevanti per il vostro impegno di blogger sono:

- **Scrivere per il Web**: saper scrivere per il Web significa catturare l'attenzione del lettore in un tempo brevissimo e contemporaneamente sfruttare tutti gli elementi che migliorano l'indicizzazione del post e dell'intero blog sui motori di ricerca.
- **Capacità di relazione**: curare uno spazio pubblico porta naturalmente a entrare in contatto con altri utenti della Rete; avere un pizzico di talento per il networking, qualità che si può apprendere, può moltiplicare i risultati e dare enormi soddisfazioni.
- **Community management**: i lettori del vostro blog, tanti o pochi che siano, rappresentano una comunità, che va incoraggiata, sedotta, coccolata, gestita, anche nei momenti critici in cui un utente viola le regole di buona condotta e attacca voi o altri utenti.
- **Analisi dei dati**: un blog genera dati a non finire fin dalla pubblicazione del primo articolo, tra pagine viste, numero di visitatori, tasso di rimbalzo e altro. Saper analizzare queste informazioni, in gergo *web analytics*, e trarne insegnamenti per migliorare quanto pubblicato è indispensabile.
- **Gestione del tempo**: un blog richiede cura e amore, che si traducono in tempo dedicato alla creazione dei contenuti, all'aggiornamento degli strumenti, alla gestione dei commenti e dei feedback dei lettori, alla lettura di chi cita i nostri contenuti, alla promozione sul Social Web. A volte significa rinunciare a un pomeriggio di sole o a qualche ora di sonno. Tutto si risolve con tanta motivazione e un minimo di organizzazione.
- **Web design**: non è l'ultima delle competenze, ma è quella che potete delegare, soprattutto nella prima fase del vostro lavoro di attivazione del blog. Conoscere gli aspetti legati a grafica e usabilità del sito richiede competenze tecniche specifiche, ma per fortuna gli elementi essenziali sono gestibili con un click senza fatica. Ciò che richiede più impegno è la personalizzazione del blog, ma non è certo questa la vostra prima preoccupazione.

Da tenere in considerazione

Siamo finalmente pronti a passare all'azione, a partire dal prossimo capitolo, ma prima è necessario rendersi consapevoli di alcune dinamiche che quali novelli blogger dovete conoscere.

La privacy

L'Unione Europea ha emanato una direttiva, adottata anche nel nostro Paese, che impone a tutti i gestori di un sito, quindi anche a voi, di avvertire l'utente nel caso in cui il sito raccolga alcuni dati della sua navigazione. Se avete anche soltanto uno strumento per monitorare gli accessi, come Google Analytics, dovete aggiungere al vostro sito un'informativa, che vi sarà capitato di notare navigando. Niente di preoccupante e vedremo a margine del Capitolo 23 come gestire questo problema.

La responsabilità penale

Le leggi italiane valgono anche per il comportamento su Internet, che non è, in questo senso, "terra di nessuno". Ciò significa che se scrivete un articolo con contenuti diffamatori verso un'altra persona, questa può denunciarvi e farvi passare un brutto guaio. Fate attenzione a ciò che pubblicate e valutate attentamente le conseguenze: i contenuti del blog sono indicizzati su Google e quindi potenzialmente accessibili da chiunque, anche dagli individui di cui avete scritto, se avete usato il loro nome.

Fate inoltre attenzione ai commenti dei lettori, se deciderete di permettere loro di aggiungere opinioni ai vostri post. Più avanti vi suggeriremo come gestirli e moderarli, ma sappiate che un giudice potrebbe ritenervi parzialmente responsabile di quanto scritto da terzi sul vostro spazio web. La giurisprudenza in questo ambito ha dato luogo a sentenze tra loro contraddittorie, tra chi ha considerato un blog equivalente a un giornale online, con tutte le responsabilità del caso, e chi invece lo ha considerato come uno spazio pubblico di espressione in cui ognuno è responsabile per le proprie azioni, quale singolo individuo.

Pur auspicando che non vi succeda mai di dover finire in tribunale per difendervi da un reato che non avete commesso, vi consigliamo di non sottovalutare gli aspetti legali e, nel caso in cui la materia che vorrete trattare si presti a diventare oggetto dell'attenzione di avvocati, agite con prudenza, senza dimenticare mai la ragione per cui avete aperto il blog: far crescere la vostra passione o comunicare meglio in ambito professionale.

Un ultimo consiglio che vogliamo offrirvi è di essere etici fino in fondo e dichiarare ogni conflitto d'interesse. Potete farlo in una pagina dedicata, a cui fare riferimento quando necessario o aggiungendo a margine del singolo post una nota (*disclaimer*) in cui dichiarare con trasparenza se avete ricevuto un compenso o avete tratto un vantaggio dallo scrivere l'articolo, perché lo stesso promuove un prodotto che vi è stato regalato o perché parla dell'azienda per cui lavorate. Essere trasparenti è il modo migliore per mantenere e far crescere l'asset più importante da sviluppare come blogger: la fiducia in chi vi legge.

2

Il blog perfetto passo dopo passo

IN QUESTA PARTE. . .

Muoveremo i primi passi a partire dalla scelta del nome del blog e della piattaforma sulla quale ospitarlo.

Vi presenteremo WordPress, la piattaforma più completa e versatile con cui realizzare il vostro nuovo blog.

Imparerete gli elementi base di un blog, dalle pagine ai post, dalle categorie ai tag.

IN QUESTO CAPITOLO

- Il nome, primo passo dell'identità
- Descriversi meglio (la tagline)
- Questione di keyword
- Che cosa dicono gli amici?
- Registrare il proprio dominio
- Hosting gratuiti

Capitolo 4

Scegliere il nome del blog e registrare il dominio

Il mio nome è Bond, James Bond.
Le parole hanno un significato e i nomi hanno un potere.

Tutte le cose hanno un inizio, un momento magico nel quale si può dire che prendano forma, si animino. Muovere i primi passi per costruire un blog è una forma di creazione. Nonostante oggi sia piuttosto facile mettere in piedi materialmente una pagina web, non è detto che questo significhi sapere come costruire un blog.

Il blog si differenzia dalle altre tipologie di presenze online (come un profilo sui social media, per esempio) sostanzialmente per due fattori:

1. **La sua estrema personalizzazione:** anche se utilizzate una piattaforma che vi aiuti a costruire un blog in maniera guidata, il risultato finale sarà il frutto della vostra libertà di scegliere contenuti, grafica, immagini.
2. **La sua gestione:** se il blog avrà successo, se sarà visitato e otterrà gradimento dal pubblico, dipenderà solo da voi. Non avrete nessuno che provveda ad aggiornarlo, a rinfrescare la grafica o a studiare strategie per farlo funzionare. Avrete sì a disposizione tanti strumenti e applicazioni che vi potranno aiutare, ma dovrete essere voi a fare il primo passo.

Questi due fattori rappresentano e presuppongono un impegno: è fondamentale dotarsi di strumenti, conoscenze e competenze adeguate, combinandole e mettendole in pratica seguendo un percorso logico e funzionale. Questo percorso comincia ora. Partiamo!

Il nome, primo passo dell'identità

Scegliere un nome non è mai facile. Chi di voi ha un figlio o una figlia (ma anche chi non ne ha) ha avuto modo di sperimentare direttamente o indirettamente il difficile percorso che porta alla scelta di un nome. I pensieri in merito che lo accompagnano spesso sono: come suona? È troppo lungo o troppo breve? Che cosa diranno gli altri? Come apparirà quando il/la neonato/a sarà grande? Come suona abbinato al cognome? Che cosa evoca?

Forse vi sembrerà strano, ma queste sono le stesse domande che dovremmo porci nel decidere come chiamare il vostro blog. Preoccuparsi del nome da assegnargli è giusto, perché ciò che possiamo creare online è una vostra *creatura*.

Prendetevi il tempo necessario per scegliere il nome e adottate una tecnica per farlo al meglio. Utilizzate il metodo del brainstorming, ragionando attorno ai seguenti elementi:

- Tema principale trattato nelle pagine e nei post.
- Citazioni famose.
- Modi di dire e giochi di parole.
- Nomi e aggettivi che descrivano voi, il vostro pubblico, i vostri obiettivi o che semplicemente siano evocativi di una certa atmosfera.

Seppur si tratti di un lavoro per un prodotto digitale, vi consigliamo di usare la carta: scrivete tutte le idee su un unico foglio, per visualizzarle e comprenderle meglio, fare collegamenti, così da preferire alcune opzioni e scartarne subito altre. Le mappe mentali sono una versione più elaborata e strutturata per facilitarvi nella generazione di idee, con *collegamenti intelligenti*, a partire da una parola chiave messa al centro della pagina. Per esempio: se state lavorando a un blog di cucina, potreste partire dal termine "cucinare" per poi aggiungere collegamenti come "piatto", "mangiare", "ingredienti", "creatività"; a sua volta il termine "piatto" potrebbe farvi pensare a concetti come "pasta", "carne", "freddo", "caldo" e così via. Quello che dovreste ottenere alla fine è un diagramma che rappresenti a parole l'ecosistema del vostro blog. L'importante, in questa fase, è generare quante più idee e parole possibili. Probabilmente nell'abbinamento di alcune di queste si cela il nome del vostro blog.

RICORDA!

È importante che il nome sia veramente identificativo di ciò che vorrete raccontare sulle vostre pagine. Attorno al nome, che inizialmente vi sembrerà solo una parola come le altre, col tempo si aggiungeranno concetti, frasi, valori e a un certo punto il nome del blog rappresenterà una storia, forse perfino un marchio.

Descriversi meglio (la tagline)

In quel miscuglio di parole scritte sul foglio, di cui abbiamo parlato poco fa, si nasconde un altro elemento importante dell'identità del vostro blog: la *tagline*. In pubblicità la tagline è la frase che chiude l'annuncio ed è legata al prodotto pubblicizzato o, più frequentemente, al produttore. La tagline, nel caso del blog, è la frase che descrive meglio i contenuti che l'utente troverà durante la navigazione nel vostro spazio. Se vogliamo rimanere nella metafora del nome, potremmo quasi dire che la tagline è il cognome del blog. WordPress, la piattaforma per la creazione di blog che vedremo più avanti, la suggerisce come "motto". Per capire meglio possiamo rifarci a un esempio famoso: se trovate scritto "Ci sono cose che non si possono comprare, per tutto il resto c'è..." sapreste completare la frase senza difficoltà. La tagline identifica in maniera precisa un nome (o marchio) e allo stesso tempo ne definisce meglio i contenuti, sia in termini promozionali, sia di proposta del prodotto e servizio. Analogamente, dovreste trovare una tagline che racconti in maniera sintetica ciò che gli utenti possono aspettarsi dal blog. Potrete trovare le parole per la vostra tagline tra quelle scritte nel brainstorming o nella mappa mentale che avete costruito per il nome. Tornando all'esempio della cucina, la tagline di un blog su questo tema potrebbe essere: "creatività, l'ingrediente principale della nostra cucina". Le combinazioni possibili ed evocative sono quasi infinite.

ATTENZIONE

Fate attenzione a non copiare esattamente uno slogan che appartiene ad altri. Oltre ai problemi di copyright, sareste facilmente identificati come chi copia con poca originalità.

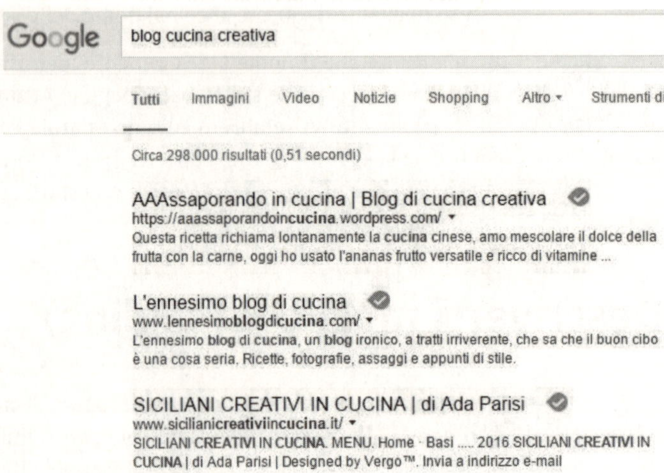

FIGURA 4.1 La ricerca di parole chiave per il blog.

Questione di keyword

Le parole uscite dal brainstorming o scritte nella mappa mentale sono le parole chiave del vostro blog: mettetele da parte perché vi torneranno utili più avanti. In questo momento ci interessa utilizzarle per verificare un altro aspetto: singolarmente o in più combinazioni potremmo impiegarle su Google alla ricerca di siti o di blog che trattano i nostri stessi argomenti per verificare che nomi hanno.

Provate digitando su Google le parole "blog", "cucina" e "creativa". Il primo risultato che appare nella nostra ricerca è un blog. Attenzione alle parole più comuni: questo esperimento vi tornerà utile per escludere termini inflazionati o per includerne e valutarne altri che non vi erano prima venuti in mente. In questo secondo caso le *nuove* parole saranno utili in seguito, quando ci troveremo a scrivere i primi post.

Che cosa dicono gli amici?

Individuate le parole giuste per *battezzare* il vostro blog, il passo successivo è fare una prova sul campo. Fate alcune ipotesi, abbinando i termini che meglio si associano alla natura del blog, per titolo e tagline, combinando una o più varianti. Ora avete bisogno di confrontarvi per un primo riscontro.

Il test che coinvolge amici o contatti più stretti è il più semplice. Chiedete loro che ne pensino e cosa si aspetterebbero di trovare in un blog con quel titolo. Se le aspettative corrispondono all'obiettivo del vostro blog, avete fatto centro: siete arrivati al titolo giusto. Se ciò che vi restituiscono sono idee e contenuti differenti da quelli che avete immaginato, provate di nuovo. Questa volta fatevi aiutare dal più creativo dei vostri contatti: invitatelo a partecipare al vostro brainstorming e ripartite grazie ai suoi spunti. Il contributo di un "esterno" sarà un arricchimento chiave per la vostra creatività.

Qualche consiglio pratico per il nome

Vi abbiamo proposto una serie di consigli per trovare il nome migliore, consapevoli che una formula magica non esiste. Oltre a quelli già dispensati, vorremmo suggerirvi qualche ulteriore piccolo consiglio:

- **Non abbiate fretta**: trovare il nome ideale potrebbe richiedere tempo e non è detto che riusciate a trovarlo al primo tentativo.
- **Non siate superficiali**: meditate sul nome scelto con ponderazione (evitate nomi troppo ironici, ammiccanti o stucchevoli).
- **Siate immediati**: il nome si dovrebbe poter ricordare in maniera facile, quasi immediata; per questo è importante che sia breve, da una a tre parole massimo; la tagline avrà lo scopo di definire successivamente l'identità del vostro spazio web.

FIGURA 4.2 L'esempio di un nome con una buona tagline di un blog.

Registrare il dominio

Il Web è strutturato come una rete di computer. Una rete strutturata in **domini** e attraverso la quale si naviga per **URL**. Proviamo a spiegare meglio questi due concetti prima di vedere a cosa servono per il vostro blog.

Un dominio (in inglese: *domain name*) è l'equivalente in Internet di un numero di telefono o di un indirizzo, anche se in realtà rappresenta qualcosa di più. Per semplificare potremmo definirlo uno spazio in cui posizionare le pagine del vostro blog (come fosse una memoria, un hard disk fisicamente lontano dal vostro PC) e in cui allo stesso tempo gli utenti possono vederle. Questo spazio va registrato: una procedura attraverso la quale voi scegliete uno spazio e qualcuno ve lo assegna, permettendo ai navigatori di raggiungerlo.

RICORDA!

Un dominio ha il carattere dell'univocità: non possono esistere due domini perfettamente uguali, e uno stesso dominio in linea di massima non può ospitare due blog o siti.

La URL è la stringa di parole da digitare nel browser per raggiungere il dominio. Solitamente si presenta così: `http://www.nomedominio.estensione`; dove la prima parte è quella che identifica la Rete (il *World Wide Web*), la prima parola dopo il punto è il vostro dominio e l'ultima, quella finale, l'estensione (equivalente al codice di avviamento postale, per rimanere nella metafora del luogo fisico). La URL è la stringa che i vostri utenti devono ricordarsi per leggere il vostro blog, o che il motore di ricerca presenta come risultato quando i navigatori cercano.

ATTENZIONE

Ogni pagina presente sul Web ha la sua URL, comprese tutte quelle del vostro blog. A ogni pagina o post sarà assegnata in maniera automatica (ma personalizzabile) una URL univoca; tecnicamente la cosa avviene aggiungendo alla URL principale, quella del dominio, ovvero una barra (/) seguito dal nome della pagina: `http://www.nomedominio.estensione/pagina`.

La registrazione del dominio può essere fatta attraverso servizi dedicati. A questo servizio è associato quello di ***hosting***. Per spiegare questo concetto possiamo tornare alla metafora dell'indirizzo fisico: registrando un dominio, ciò che state facendo è avere a vostra disposizione un indirizzo. L'hosting rappresenta la possibilità di *costruire* a quell'indirizzo la vostra casa, ovvero, fuori di metafora il vostro blog, con pagine e articoli. Il servizio di hosting è aggiuntivo e si può acquistare da soggetti diversi da quello in cui avete provveduto alla registrazione del dominio, ma, per semplicità tecnica e strategica, vi consigliamo di acquistare entrambi i servizi da un unico fornitore.

Definizione del vostro dominio

Scegliere il dominio significa selezionare la parola che sta tra il "www" e l'estensione. Quest'ultima, in qualche modo, descrive la categoria o il genere del vostro blog, la sua appartenenza geografica o a un gruppo:

- .it definisce i siti italiani (.de per la Germania, .fr per la Francia e così via).
- .com rappresenta attività di carattere internazionale (solitamente commerciali).
- .org le organizzazioni.

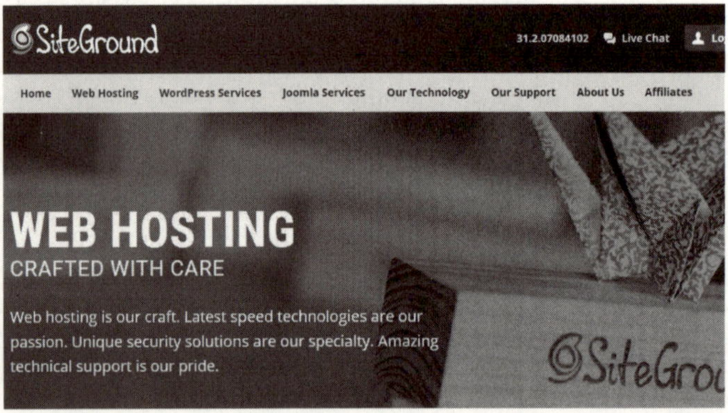

FIGURA 4.3 Siteground, un fornitore di servizi di hosting e registrazione domini più affermati.

Con la proliferazione di domini e con lo sviluppo della Rete, queste definizioni sono diventate più sfumate. Contemporaneamente sono nate nuove estensioni, per incontrare le esigenze di nuove attività: *.hotel*, *.holiday*, *.marketing* e le italiane *.casa*, *.bar*, *.pizza*. Potete scegliere l'estensione che meglio si addice al nome scelto e, soprattutto, al settore d'interesse o alla tipologia di attività nella quale il blog rientra.

ATTENZIONE

Nella prassi, l'utilizzo di estensioni creative è legato a iniziative commerciali, a volte temporanee. Difficilmente un'azienda sceglierà un'estensione che non la caratterizzi commercialmente (.com) o geograficamente (.it per l'Italia). Il blog è una cosa diversa e una certa dose di fantasia e creatività non guasta. Fate attenzione a non esagerare: valgono le stesse considerazioni fatte poco sopra circa la scelta del nome e il fatto che l'estensione rimarrà associata al nome del dominio, oltre a rappresentare un biglietto da visita del vostro blog.

Il dominio potrà essere scelto come meglio credete. Buona regola è che il nome corrisponda a quello del blog. Se avete scelto come nome del blog "La cucina delle donne" sarà importante che anche il nome del dominio sia `www.cucinadelledonne.it` (per un blog di cucina, in italiano). Se il nome del blog nasce dalla vostra attività di ricerca e brainstorming, senza limiti a quello che potete scegliere, i domini, in quanto registrati, sono univoci: se qualcuno prima di voi ha registrato `www.cucinadelledonne.it`, voi non potete fare la stessa cosa. In questo caso avete due scelte:

1. **Variare l'estensione** che, come abbiamo visto, presenta molte scelte.
2. **Variare il nome a dominio, mantenendo invariato quello del blog**; in questo caso potete utilizzare piccoli trucchi, come l'inserimento di un trattino tra una parola e l'altra (per esempio: `www.cucina-delle-donne.it`).

Tra le due, vi consigliamo la prima opzione. In entrambi i casi, la questione è che esiste già una realtà sul Web con lo stesso nome e che forse si occupa dei vostri stessi temi. La soluzione migliore è apportare una modifica che non cambi del tutto il senso del nome. Nel nostro esempio, invertendo, potremmo verificare la registrazione del sito `www.donneincucina.it`: la sostanza è la stessa ma il dominio potrebbe essere libero. A ogni modo, quanto più sarete creativi nella definizione del nome, meno si presenteranno problemi simili.

La procedura di registrazione

Per registrare il vostro blog dovrete rivolgervi al *domain registrar*, ovvero un soggetto che provvederà per voi ad attivare il dominio. Nel sito dello stesso soggetto potrete verificare se quello che volete registrare sia o meno libero. Come abbiamo già scritto, i servizi che offrono hosting danno spesso la possibilità di registrare un dominio. In Italia uno dei servizi più utilizzati per la registrazione (e anche per la verifica della disponibilità) è Register.it: dalla home page potete fare la verifica, inserendo l'ipotesi di dominio, e relativa estensione, che avete deciso di registrare. Il sistema vi dirà se è libero e vi proporrà offerte per la registrazione e per l'hosting. In genere la registrazione di un dominio costa attorno ai 10€ all'anno: considerate che servizi e promozioni possono far variare questo costo fino a renderlo quasi gratuito.

PER I PIÙ CURIOSI

Se siete davvero curiosi e il dominio che volevate registrare risulta occupato, potreste anche vedere chi lo ha registrato prima di voi. Il servizio è offerto dal sito **Whois**, raggiungibile all'indirizzo `https://who.is/`: basta inserire il dominio completo di estensione per sapere a chi appartiene, salvo il caso in cui il proprietario non si sia tutelato.

IN QUESTO CAPITOLO

Capitolo 5

Scegliere una piattaforma e l'hosting per il blog

Piattaforme per la costruzione di un blog

La registrazione del dominio avviene contestualmente alla scelta di un servizio di hosting, per ospitare fisicamente il vostro blog. Abbiamo definito l'hosting, con una metafora legata alla vita di tutti i giorni, come la casa in cui voi inserite i vostri contenuti.

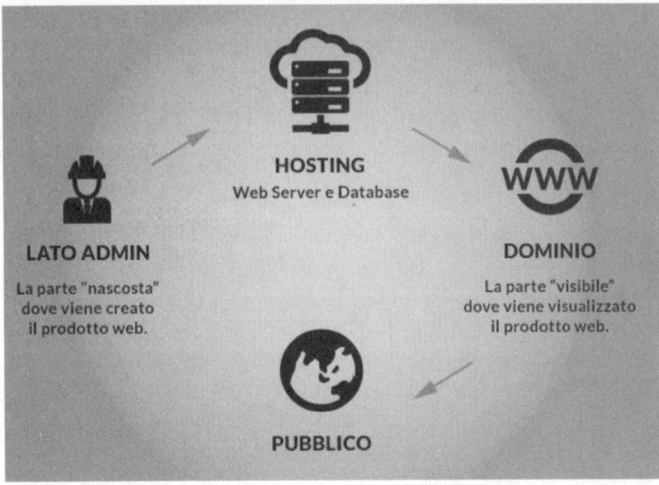

FIGURA 5.1 Il principio di funzionamento di un servizio di hosting.

Le piattaforme blog si dividono in due categorie: i servizi web pronti all'uso e i software da installare su un server (un computer). Nel primo caso basta registrarsi e creare il blog, senza sostenere alcun costo, salvo per l'acquisto di servizi aggiuntivi. Diversamente, scegliendo una piattaforma da installare su un server o in hosting, il lavoro è più lungo e leggermente più complesso, ma consente la possibilità di personalizzare totalmente il proprio blog. Col tempo si sono affermati servizi in italiano che permettono di gestire un blog gratuitamente, come AlterVista (`http://it.altervista.org/`), Blogger (`https://www.blogger.com`) e WordPress (`https://it.wordpress.com/`), per citarne alcuni tra i più popolari.

Molte aziende offrono servizi di hosting, piattaforme in cui è possibile ospitare i file che compongono le pagine del vostro blog. In questo caso si tratta di pagare una certa somma (un abbonamento annuo, frazionato o frazionabile per mese), equivalente a un noleggio. Che cosa noleggiamo concretamente? Da un punto di vista tecnico stiamo noleggiando una parte di un hard disk (disco fisso) all'interno di un server, un computer con determinate caratteristiche, che permette a voi di installare il blog e agli utenti di navigare al suo interno.

Da un punto di vista operativo, quello che dovete fare è avere una panoramica dei servizi. Navigate tra varie offerte: in questo contesto non riusciamo a dirvi quale sia la scelta migliore perché le proposte variano con una certa frequenza e quella giusta dipende dal servizio che fa più al caso vostro. Se siete alle prime armi, un piano base può essere più che sufficiente per iniziare: i costi medi sono attorno ai 50€ l'anno, a fronte dei quali avrete tutto ciò che serve per iniziare (registrazione del dominio compresa).

Tutti i servizi di hosting hanno preinstallato il sistema di gestione del vostro blog (CMS) o prevedono una procedura di installazione guidata, semplice e veloce per essere subito operativi. Laddove questo servizio non fosse presente, optate per un'offerta che la preveda (a meno che non siate supportati da qualcuno più esperto che vi aiuti a eseguire l'installazione del CMS).

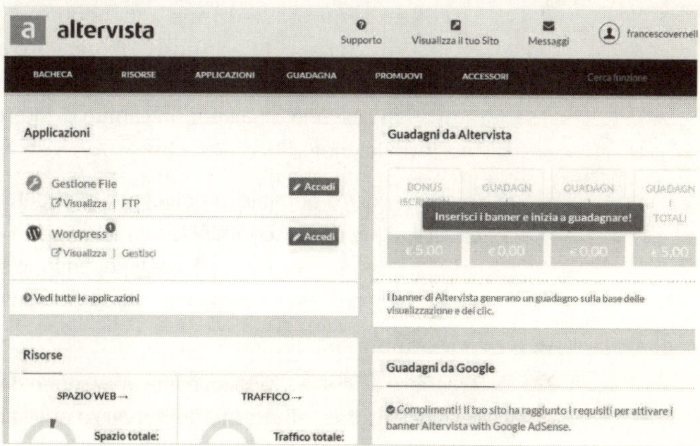

FIGURA 5.2 Il pannello di controllo di Altervista: permette la creazione di un blog.

L'adozione di un CMS, con buone funzionalità di gestione e con una semplice interfaccia utente, permette di organizzare i contenuti del sito, gestire la grafica e creare documenti senza conoscere linguaggi come HTML, XML o CSS, sigle che vedrete spesso citate in questo contesto. Si tratta di linguaggi di programmazione che non dovrete conoscere, se non per intuirne le funzionalità.

RICORDA!

HTML è un linguaggio di formattazione che descrive le modalità di impaginazione o visualizzazione grafica (layout) del contenuto, testuale e non, di una pagina web attraverso tag (specifiche) di formattazione; XML è un metalinguaggio utilizzato per creare nuovi linguaggi, atti a descrivere documenti strutturati (l'HTML ha un insieme ben definito e ristretto di tag, con l'XML è invece possibile definirne di propri a seconda delle esigenze); CSS è un linguaggio usato per definire la formattazione di documenti (HTML e XML) al fine di creare forma e grafica di come appariranno.

Cosa vi permette di fare un servizio di hosting? Innanzitutto di registrare un dominio, come abbiamo visto. Poi sarà la piattaforma per gestire il vostro blog e:

» Costruire la struttura, inserire pagine e post.

» Attivare una o più caselle di posta elettronica legate al vostro dominio (previsto solitamente dalla maggior parte dei piani) e avere un indirizzo di posta elettronica del tipo `info@cucinadelledonne.it`, oppure `carla@cucinadelledonne.it` (per voi o per altri collaboratori) e `primipiatti@cucinadelledonne.it` (attivando così una email per un campo di interesse o attività specifica del blog).

» Gestire il vostro dominio, modificando gli aspetti della privacy, creando sottodomini (`www.vegetariana.cucinadelledonne.it`) o aggiungendone di nuovi (uno stesso blog può essere raggiunto digitando due indirizzi diversi di cui avete il controllo).

» Accedere a servizi avanzati, come la gestione dei file (un "esplora risorse" all'interno del server) o quella dei database.

Una volta individuato il piano (offerta) del servizio di hosting che avete selezionato, dovrete verificare se comprende alcune caratteristiche fondamentali, prima che la vostra scelta sia definitiva.

Come funziona un CMS

I CMS per costruire blog hanno segnato una svolta nel Web perché hanno permesso a chiunque di avere un sito. Un servizio per creare un blog (come WordPress, che vedremo nelle sue principali caratteristiche nel prossimo capitolo) ha numerose funzioni, per esempio permette di:

cosa xmette di fare CMS?

» Scrivere e pubblicare un articolo (post).

» Permettere a qualcuno, oltre all'autore, di commentare (i commenti sono un elemento che differenzia un sito da un blog).

» Pubblicare immagini in maniera facile e intuitiva (in sigla si definisce WYSIWYG).

» Realizzare un archivio dei contenuti pubblicati.

» Mettere a disposizione i feed RSS.

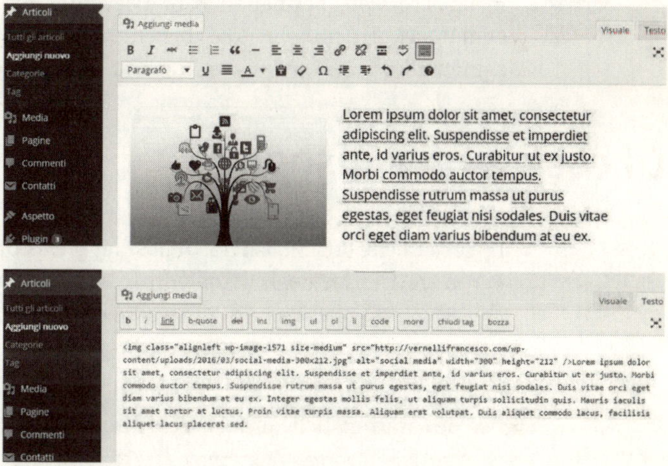

FIGURA 5.3 Come appare la modifica di un post nella versione WYSWYG (sopra) e in quella HTML (sotto).

PER I PIÙ CURIOSI

WYSIWYG è l'acronimo che sta per l'inglese *What You See Is What You Get* (quello che vedi è quello ottieni). Il termine sottintende tre significati: il primo si riferisce al problema di ottenere sulla carta testo e/o immagini che abbiano una disposizione grafica uguale a quella visualizzata sullo schermo del computer. Nel tempo, il significato dell'acronimo si è esteso per analogia ad alcune problematiche nella creazione di pagine web (questo è stato il momento in cui accanto al linguaggio HTML si è affiancato il CSS); l'ultimo significato, che ci interessa più da vicino, si riferisce agli editor HTML incorporati nelle pagine web, che permettono di modificare pagine web non dal codice, bensì come da un normale programma di videoscrittura.

Le applicazioni per fare blog sono importanti strumenti per pubblicare contenuti perché utilizzano la metodologia WYSWYG e la modalità *drag and drop*: un grande aiuto per chi non ha competenze tecniche per costruire una pagina web. Se resta utile conoscere linguaggi di programmazione HTML e CSS, questi non sono fondamentali per poter aprire un blog. Tutto quello che dovrete fare sarà cliccare sul pulsante "Pubblica" per essere online con il vostro articolo. Presa confidenza con il vostro CMS, imparerete l'utilizzo di funzioni più complesse.

RICORDA!

Un *feed RSS*, o più semplicemente feed o flusso, è un formato di file che consente di distribuire le informazioni pubblicate in un sito web, permettendo di ricevere automaticamente ogni nuovo aggiornamento a chi si è abbonato al feed con un aggregatore.

Di cosa avete bisogno

Le società che offrono servizi di hosting prevedono piani diversi. Per la trattazione degli argomenti relativi ai contenuti del blog abbiamo fatto una scelta, suggerendovi di utilizzare WordPress.

Parallelamente vi consigliamo di individuare e scegliere un hosting che permetta l'installazione di questo CMS. Nello specifico, le caratteristiche di cui avrete bisogno sono:

- Un server che abbia **Linux** come sistema operativo.
- Un web server **Apache**.
- Un database **MySQL** (un magazzino in cui vengono sistemati i post del vostro blog).
- Il linguaggio **PHP** (la modalità con la quale sono collegate tutte le parti del vostro blog).

Se il vostro hosting dichiara possibile installare WordPress, tutte queste caratteristiche sono incluse e implicite. Come abbiamo accennato in precedenza gli hosting propongono spesso la preinstallazione di WordPress sul server: a quel punto non dovrete preoccuparvi più di nulla.

Altri parametri con cui valutare le offerte di un hosting sono:

- » La possibilità, all'interno dello stesso server, di ospitare **uno o più siti** (blog): dipende da che strategia avete in mente e se nei vostri piani ci sia lo sviluppo, nel breve termine, di più blog.
- » Lo **spazio disponibile** (misurato in GB): se avete intenzione di caricare sul vostro blog molte immagini, lo spazio dovrà essere più ampio; per partire, 10 GB sono sufficienti.
- » Il **numero di visite supportate**: questo dato rappresenta il numero di visite al vostro blog che il server può gestire; espresso in numero utenti/mese, non è un dato restrittivo ma soltanto di riferimento (il numero indicativo di un piano base potrebbe essere 10mila/mese).
- » La possibilità di effettuare **backup** di tutto il vostro blog: questa opzione, spesso opzionale, si rivela importante; consente di avere una copia di sicurezza di quanto caricato sul blog; all'inizio potrà sembrarvi superflua, ma con l'aumentare dei contenuti sarà fondamentale.
- » La possibilità di attivare una o più **email** con il nome a dominio come `info@cucinadelledonne.it`.
- » La modalità e le opzioni del **servizio di assistenza**.

Tutte queste opzioni possono essere attivate in un secondo momento, cambiando il piano e pagando la differenza tra il pacchetto sottoscritto inizialmente e il servizio più performante.

PER I PIÙ CURIOSI

Se avete intenzione di realizzare un blog ricco di immagini, vi consigliamo di optare per un hosting che consenta di avere molto spazio e altri accorgimenti come quello di installare un programma apposito per la gestione delle immagini. Ce ne sono diversi e possono essere combinati con l'utilizzo del CMS (WordPress).

Hosting gratuiti

Per pubblicare il vostro blog potreste scegliere una piattaforma che permetta di fare tutto gratuitamente, in maniera guidata. Le opzioni sono molteplici e dotate delle caratteristiche più svariate. Esporle qui sarebbe troppo lungo: ne citeremo alcune come esempio, mentre vi illustriamo caratteristiche, vantaggi e svantaggi rispetto a un hosting a pagamento.

Se siete alla prima esperienza, una piattaforma gratuita potrebbe essere la scelta migliore da fare: non sarà necessario installare nulla e nemmeno preoccuparsi dell'hosting. Il vostro blog sarà ospitato, per così dire, all'interno di una piattaforma condivisa con altri.

Questo tipo di piattaforme sono simili tra loro. Per usarle dovrete registrarvi e seguire la procedura guidata di configurazione: troverete modelli grafici preimpostati, applicazioni già installate, la struttura del blog già pronta. Siti come Altervista (`it.altervista.org/`), WordPress (`www.wordpress.com`), o Blogger (`www.blogger.com`) offrono la possibilità di aprire un blog gratuitamente, senza diversità sostanziali.

Le principali differenze tra una soluzione come questa e un hosting a pagamento sono:

- La soluzione gratuita permette di registrare il proprio blog con il nome, ma il dominio sarà sempre un sottodominio di quello principale che offre il servizio; per fare un esempio, con WordPress, il nostro blog di cucina avrebbe come indirizzo `www.cucinadelledonne.wordpress.com` (lo stesso per gli altri servizi); in questo caso non possiamo scegliere l'estensione, ma soltanto il nome (quindi, "cucinadelledonne" e tutte le sue eventuali varianti).
- La soluzione gratuita offre un gestore di contenuti (CMS) simile a quello che potrete utilizzare con l'hosting a pagamento, ma spesso ridotta nelle sue funzionalità (vedremo più avanti quali e quanto queste possono fare la differenza per il successo del blog).
- La soluzione gratuita permette di abbinare, fin dall'inizio o dopo qualche tempo, la registrazione di un dominio (quindi,

nel nostro esempio, la possibilità di registrare comunque il dominio `www.cucinadelledonne.it`): rimarranno le limitazioni nell'utilizzo di funzionalità aggiuntive e nella possibilità di personalizzazione.

A ogni modo per scegliere la piattaforma gratuita più adatta alle vostre esigenze provate a verificare:

- Quanto è facile/difficile variare il design e la grafica del blog una volta fatta la prima scelta.
- Quanto è facile/difficile personalizzare il blog.
- La presenza di una community o di una modalità semplice per avere assistenza.

Non ci sentiamo di sconsigliare a priori la soluzione di una piattaforma gratuita, ma dipende dalle intenzioni con cui state creando il blog. Considerati i costi davvero contenuti – ci sono soluzioni che permettono registrazione e hosting per 15-20€ all'anno, il prezzo medio per servizi di base è di 50€ all'anno – se avete intenzione di utilizzare il blog in modo professionale, anche solo per promuovervi come appassionati di un tema o singoli professionisti, consigliamo di utilizzare una soluzione a pagamento, più versatile e con la possibilità di sfruttare tutte le opportunità che un blog professionale può offrire.

IN QUESTO CAPITOLO

Cos'è WordPress

Wordpress.com e Wordpress.org

La potenzialità dei plugin

I template

Capitolo 6

WordPress: una piattaforma completa e versatile

Cos'è WordPress

WordPress è uno strumento (o software) che permette di costruire un blog e, più in generale, di pubblicare contenuti online in maniera complessa e coordinata. Nel valutare cosa suggerirvi, abbiamo fatto una scelta di campo. WordPress non è l'unico strumento che permette di pubblicare: ce ne sono molti altri –Joomla (`www.joomla.it`) e Drupal (`www.drupal.it`), solo per citare due dei più diffusi – con funzioni e potenzialità simili. La scelta di WordPress è dovuta a due fattori:

1. **Popolarità.** Secondo i dati di un'analisi dell'agenzia indipendente W3techs (`http://w3techs.com/`), il 25% dei siti è realizzato con WordPress (contro il 2,2% di Drupal e il 2,7% di Joomla) che ha una percentuale di mercato di quasi il 60%.

2. **Facilità di utilizzo.** La sua immediatezza e la semplicità con la quale si possono creare pagine, post e utilizzare funzioni più avanzate ne fanno un gestore di contenuti di facile accesso. Quel che più è importante, la sua semplicità nulla toglie alla completezza e alla versatilità.

WordPress può essere utilizzato a più livelli di difficoltà: possiamo usare solo le funzioni di base, senza avere particolari competenze informatiche, fino a sviluppare siti più complessi, se abbiamo un bagaglio di conoscenze informatiche più completo. Questo nella pratica significa molto: potete decidere di partire con un blog "semplice" e, con il tempo (e con l'aiuto di un professionista), potenziarlo. Il *New York Times* e Justin Timberlake usano WordPress.

FIGURA 6.1 Il sito del cantante Justin Timberlake, realizzato con WordPress.

Wordpress.org e Wordpress.com

Un malinteso in cui è facile incappare è quello di confondere i due servizi offerti da WordPress: la piattaforma Wordpress.com e il gestore di contenuti WordPress scaricabile da `http://wordpress.org`.

WordPress.com è una piattaforma per il blogging. Visitando il sito `http://www.wordpress.com` potete registrarvi con una email e aprire un blog gratuitamente (vedi capitolo precedente): non dovete preoccuparvi di hosting, registrazione dominio, installazioni perché fa tutto in automatico il sistema. Per gestire questo blog utilizzerete il CMS sviluppato da WordPress, ma con una limitazione delle sue funzioni: solo alcuni temi (modelli grafici per il design del sito), nessun software aggiuntivo di terze parti. In aggiunta non potrete guadagnare con la pubblicità o utilizzare strumenti di affiliazione. La piattaforma potrà invece inserire pubblicità sul vostro blog, senza condividere con voi alcun compenso (potete però pagare un abbonamento per non far apparire questi annunci): la pubblicità è il prezzo che pagate per avere il servizio.

Il servizio offerto da WordPress.com può essere utile per fare alcune prove, prendere confidenza con l'interfaccia e muovere i primi passi. Può essere poi la scelta di chi decide di aprire un blog solo per un utilizzo *personale* o per rivolgersi a un pubblico ristretto: raccontare i propri viaggi agli amici, condividere le esperienze di tutti i giorni con chi di caro abbiamo lontano, sperimentare i primi passi nella scrittura. Se l'idea è invece creare un blog professionale, consigliamo di utilizzare WordPress su un hosting a pagamento. Con professionale intendiamo un blog per raccontare competenze e obiettivi conseguiti in ambito lavorativo, con l'intento di farci conoscere e apprezzare. Questo, a nostro modo di vedere, può accadere al professionista già affermato come al neolaureato al quale consiglieremmo senz'altro, quando sta cercando un lavoro, di aprire un blog in cui racconta quello che sa fare, per costruire una propria identità digitale completa.

Il software (CMS) WordPress si può scaricare gratuitamente dal sito `www.wordpress.org`: quello che scaricheremo sarà un file compresso che va scompattato e caricato in una specifica cartella del vostro hosting. Tecnicamente l'operazione non è difficile, ma nemmeno immediata: molto dipende dall'hosting che abbiamo scelto. Illustriamo di seguito i passi fondamentali, ma, se non siete troppo sicuri delle vostre abilità, vi consigliamo di farvi assistere da qualcuno più esperto.

Per installare WordPress sul vostro sito dovrete:

- Assicurarvi di avere nel vostro server un database MySQL (nel momento in cui acquistate lo spazio è una delle opzioni percorribili: cercatelo, aggiungetelo al vostro hosting e procuratevi nome del database, nome utente e password per l'accesso).
- Assicurarvi di avere accesso al vostro spazio tramite il protocollo FTP: si tratta della possibilità di vedere file e cartelle del vostro sito; l'accesso si può fare attraverso un software da scaricare sul PC (come FileZilla, `https://filezilla-project.org/`); procuratevi le credenziali di accesso tramite FTP tramite il vostro hosting.
- Scaricare dal sito wordpress.org il CMS WordPress: scompattate il tutto in una cartella creata appositamente nel vostro PC (chiamata magari CMS WordPress).
- Compiere una piccola modifica a un file che sta in queste cartelle e che si chiama wp-config.php: sostanzialmente all'interno di questo file dovrete cambiare le credenziali di autenticazione per il vostro database MySQL; la procedura non è particolarmente difficile ed esiste una pagina web all'interno dell'assistenza di WordPress che ve la spiega; la trovate qui: `https://codex.wordpress.org/it:Installare_WordPress`.
- Effettuare l'accesso al vostro sito tramite il client FTP (Filezilla per esempio): con la stessa modalità che utilizzate per gestire le cartelle sul vostro PC create nel vostro hosting una cartella chiamata WordPress all'interno della cartella principale.
- Trasferire tutto il contenuto della vostra cartella sul PC che avete chiamato "CMS WordPress" all'interno della cartella WordPress creata nel sito.

Se tutto è andato a buon fine, all'indirizzo `http://www.vostrosito.com/wp-admin/install.php` dovrebbe partire il procedimento d'installazione di WordPress nel vostro hosting. La procedura vi chiederà di definire nome utente e password per l'accesso al pannello di controllo del vostro blog: sceglietela e annotatevela con cura, perché da qui in poi servirà ogni qualvolta vorrete gestire il blog (l'accesso avverrà sempre attraverso il link `http://www.vostrosito.com/wp-admin`).

Completata l'installazione, avrete di fronte un sito dotato di WordPress: potrete installare tutti i temi e i plugin che volete, spaziando da quelli che servono per realizzare un giornale fino a un sito di e-commerce.

Le potenzialità dei plugin

Un valore aggiunto del CMS WordPress sono i plugin.

PER I PIÙ CURIOSI

Un *plugin* è un programma non autonomo che interagisce con un altro programma per ampliarne o estenderne le funzionalità originarie. Ad esempio, un plugin per un software di grafica permette l'utilizzo di nuove funzioni non presenti nel software principale. Potremmo paragonare i plugin alle app per smartphone: aggiungono funzionalità a WordPress e permettono di svolgere funzioni diverse all'interno del blog.

Esistono plugin per inserire in maniera più efficace le foto nel vostro blog, per collegarlo ai social network, per aggiungere moduli che consentano l'inserimento di dati da parte degli utenti, per gestire file per il download da parte degli utenti, per costruire la mappa (*sitemap*) del vostro sito, per gestire i commenti e molto altro. Esistono plugin per tutti i gusti e per tutte le esigenze: un percorso possibile è cercare una risposta a un'esigenza per il vostro browser attraverso i plugin. Se per esempio immaginate di voler inserire nel vostro sito un video in diretta, basterà cercare "streaming video" all'interno della cartella di ricerca dei plugin (disponibile nel menù del pannello di controllo di WordPress che vedremo più avanti).

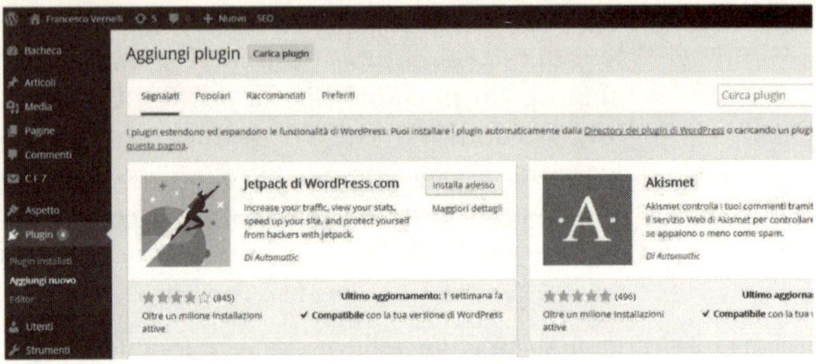

FIGURA 6.2 Il pannello di controllo di WordPress; nella colonna di sinistra il menù dei plugin.

Un modo alternativo di ricercare plugin è consultare la directory ufficiale di WordPress in italiano: `https://it.wordpress.org/plugins/`.

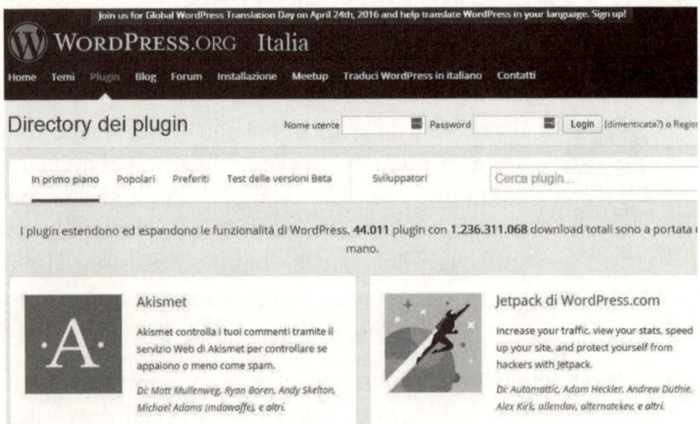

FIGURA 6.3 La directory di WordPress dedicata ai plugin.

I plugin sono continuamente aggiornati sia nella quantità (al momento quelli disponibili sono oltre 44 mila) sia nella qualità, sviluppati da programmatori che spesso ne migliorano le caratteristiche. Nel vostro pannello di controllo, alla voce "Plugin" e a quella "Aggiornamenti disponibili", verranno segnalati gli aggiornamenti che potrete installare seguendo una semplice procedura.

Qui di seguito ve ne elenchiamo e descriviamo brevemente alcuni che riteniamo interessanti. Sui forum e siti web dedicati troverete altri suggerimenti di plugin da installare. Ogni qualvolta ne scegliete uno, verificate la sua bontà prima di procedere, consultando le valutazioni di altri utenti e l'ultimo aggiornamento. Sono due informazioni che trovate nella pagina del plugin sulla banda di destra: l'aggiornamento vi permette di capire se la versione del plugin sia compatibile con quella del vostro WordPress, mentre la valutazione vi dà un riscontro da parte di altri utenti sulla sua qualità.

FIGURA 6.4 La banda di valutazione dei plugin nella libreria di WordPress.

Qui di seguito vi suggeriamo una lista di plugin. Le funzioni che assolvono sono diverse e proveremo ad anticiparle nella descrizione; alcuni vi saranno più chiari a mano a mano che proseguirete nella lettura e affronterete i temi legati alle funzioni di questi plugin.

Yoast SEO

(`https://wordpress.org/plugins/wordpress-seo/`)

Rappresenta lo standard per il vostro blog per la SEO (l'ottimizzazione del sito per i motori di ricerca): vi aiuterà a selezionare le parole chiave e vi mostrerà subito, mentre scrivete, se il vostro articolo sia in grado di essere appetibile per i motori di ricerca indicandovi passo per passo quali eventuali modifiche apportare.

Google Analytics by MonsterInsight

(`https://wordpress.org/plugins/google-analytics-for-wordpress/`)

Vi consente di connettere in maniera semplice il vostro blog alle vostre analisi statistiche e metriche del sito realizzate con Google Analytics: questo servizio vi offre un'analisi completa e dettagliata del traffico del sito, per programmare il posizionamento e la promozione su Google grazie a una serie di strumenti dedicati.

W3 Total Cache

(`https://wordpress.org/plugins/w3-total-cache/`)

Un fattore tecnico importante per il vostro blog è la velocità di caricamento (gli utenti abbandonano un sito web che impiega più di 5 secondi per caricarsi). Questo plugin permette al blog di mostrare le pagine più velocemente, ottimizzando il tempo con il quale il CMS recupera le informazioni per predisporre la pagina richiesta dall'utente: per farlo, in pratica, assembla e tiene a disposizione le pagine prima che arrivi la richiesta esterna avendole già pronte quando servono. La sua effettiva funzionalità va verificata con l'hosting che avete scelto.

WordFence Security

(`https://it.wordpress.org/plugins/wordfence/`)

WordPress, essendo molto diffuso, è molto *popolare* tra gli hacker. Per tale ragione è soggetto ad attacchi con maggior frequenza rispetto ad altri. Questo plugin garantisce un livello di sicurezza più elevato per l'accesso alla pagina di amministrazione (`vostrodominio.com/wp-login`) e predispone un monitoraggio ai file del vostro database avvisandovi di eventuali anomalie.

Floating Social Bar

(`https://wordpress.org/plugins/floating-social-bar/`)

Vi permette di aumentare le condivisioni del blog attraverso i social media. Quanto sia importante lo vedremo meglio nel Capitolo 17. Il plugin aggiunge una barra di navigazione ai vostri post con la quale condividere la pagina senza distrarre troppo il lettore dal contenuto. L'immediatezza è data dalla facilità con la quale si raggiungono i pulsanti di condivisione e dalla semplicità dell'interfaccia.

EWWW Image Optimizer

(`https://wordpress.org/plugins/ewww-image-optimizer/`)

All'importanza delle immagini dedicheremo il Capitolo 10. Il problema principale è che queste sono spesso di grandi dimensioni, rallentando il sito. Questo plugin vi aiuta ad arricchire i vostri post con immagini senza perdere in efficienza, perché le ottimizza senza togliere qualità.

SwiftypeSearch

(`https://it.wordpress.org/plugins/swiftype-search/`)

Un vantaggio in termini di usabilità del blog è la possibilità di effettuare ricerche al suo interno soprattutto quando gli articoli presenti sono numerosi. La pagina di ricerca che WordPress mette a disposizione non sempre funziona bene. Questo plugin permette di installare un piccolo motore di ricerca aggiuntivo.

BackWPup Free

(`https://wordpress.org/plugins/backwpup/`)

Questo plugin, come si può intuire dal nome, offre la possibilità di automatizzare il backup del vostro blog. In questo modo, nel caso accadesse qualcosa, avrete una copia di salvataggio che potete decidere di conservare da qualche altra parte (questa operazione è consigliabile per avere una copia in un posto diverso dall'hosting del vostro dominio; per esempio su Dropbox, `https://www.dropbox.com/it/`).

I template

I *template* sono modelli grafici (temi) che permettono di definire il design del blog. Il sistema di temi per WordPress consente di modificarne l'aspetto. Questo significa intervenire nel modo in cui gli utenti navigheranno e su quella che è la presentazione generale dei vostri contenuti.

Quando installate WordPress, ne trovate alcuni precaricati, ma l'universo dei temi è vastissimo. Anche in questo caso abbiamo due modalità per accedere alla gamma dei temi: il primo, come per i plugin, attraverso il menù nel pannello di gestione di WordPress, l'altro, invece, è la directory all'indirizzo `https://it.wordpress.org/themes/`.

Un tema per WordPress è un gruppo di file che, insieme, producono un'interfaccia grafica con un design sottostante uguale in tutto il blog (template è il gruppo di questi file). I temi (template) possono essere gratuiti o a pagamento, con la formula *freemium*: potete scaricarli e installarli gratuitamente utilizzando solo una parte delle potenzialità; per sfruttarne appieno le funzioni dovrete pagare. I temi, come vedremo nel capitolo successivo, sono il fondamento del design del vostro blog.

PER I PIÙ CURIOSI

Il *backend* di un sito web è la parte relativa all'amministrazione, dalla quale è possibile creare, modificare e gestire gli articoli e tutti gli altri contenuti del vostro blog. L'accesso al backend, di norma, è garantito tramite una procedura di identificazione (login, username e password da inserire nella URL `www.vostrosito.com/wp-admin`). Al backend di un sito web è correlato il *frontend* ovvero l'interfaccia pubblica del sito stesso, visibile a tutti coloro che lo navigheranno.

IN QUESTO CAPITOLO

La grafica del blog

Come funziona la grafica in WordPress

Scegliere un template

Installare un template

Un blog responsive

Capitolo 7

Design e aspetto grafico del blog

La grafica del blog

L'aspetto grafico del blog non è secondario. La modalità con cui confezioniamo un "prodotto" non è meno significativa del prodotto stesso: la veste grafica e il design sono la confezione con la quale proponiamo i contenuti agli utenti. La confezione è una parte importantissima del prodotto, in quanto può renderlo più bello, più facile da usare e da identificare. Il packaging promuove un prodotto perché ne comunica le caratteristiche, gli usi, i benefici e l'immagine. Una confezione adeguata può aiutare un prodotto a essere più riconoscibile sul mercato, una innovativa può migliorarne l'immagine o renderne più sicuro l'uso.

Un ragionamento analogo vale per il blog: la veste grafica influenza la prima impressione ed è quella che rimarrà più in mente ai visitatori. Considerate inoltre che, qualunque sia l'argomento trattato, sarà difficile essere originali in assoluto: probabilmente esistono già siti e blog che affrontano lo stesso tema (una ricerca su Google, ci toglie ogni dubbio). Il vostro blog sarà immerso in un mercato competitivo. In questo scenario, la veste grafica assume un'importanza strategica, componente chiave nelle tecniche di marketing.

Altro aspetto significativo, legato alla grafica e al design, è l'usabilità del sito o, meglio, quella che viene definita *user experience* (esperienza d'uso).

RICORDA!

Per *user experience* s'intende ciò che una persona prova quando utilizza un prodotto o un servizio. La qualità della user experience interviene e modifica percezioni personali come l'**utilità, la semplicità d'utilizzo e l'efficienza**. Questi parametri sono rilevabili quando un utente naviga sul vostro blog e lo farà attraverso l'aspetto grafico e il design che avrete definito.

Scegliere una veste grafica non è solo una questione estetica perché, prima di tutto, contribuisce a rendere semplice e fluida la navigazione, la ricerca di contenuti, l'interazione. Se la disposizione del menù del vostro blog fosse nascosta o la struttura troppo complessa, sarebbe difficile per l'utente navigare oltre la prima pagina; analogamente scoprirete che l'accompagnamento di un link con un'icona o un'immagine lo renderà molto più cliccato.

L'utente conoscerà il vostro blog attraverso il suo design: la qualità dell'esperienza di chi naviga influenzerà il livello di fiducia, lo porterà a compiere o meno una determinata azione, lo farà diventare o meno un lettore fedele.

Come funziona la grafica in WordPress

Seppure l'argomento possa sembrare molto tecnico, crediamo sia importante farvi conoscere almeno la dinamica di funzionamento del CMS WordPress in relazione alla possibilità di apportare modifiche alla grafica. WordPress separa forma e sostanza. Da un parte c'è il database, con tutti i vostri contenuti: testo, immagini, file che inserite attraverso la bacheca di gestione (backend). Dall'altra parte c'è la grafica con le informazioni contenute nel template, tra colori, design, barre di navigazione. Il

CMS funziona come "compositore" di queste due tipologie di informazioni, mettendo insieme contenuti e grafica per restituire il blog che vedete voi. Per farlo utilizza una serie di istruzioni, chiamate "script PHP": sono quelle che uno sviluppatore ha predisposto in fase di progettazione del software e quelle stabilite da voi nell'utilizzo del pannello di controllo. Nella figura uno schema esemplificativo del funzionamento del CMS WordPress.

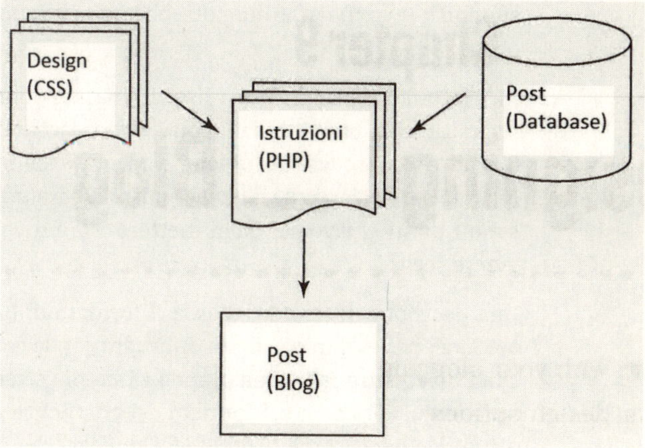

FIGURA 7.1 La struttura del CMS WordPress e il suo processo di funzionamento.

Scegliere un template

L'installazione su WordPress di un tema funzionale, adatto all'argomento trattato e ben supportato dagli sviluppatori, vi garantirà di avere un sito valido nel lungo termine, in grado di crescere e aumentare traffico e interazioni con gli utenti. Esistono temi WordPress gratuiti e a pagamento: la scelta più ovvia sarebbe optare per un tema gratuito, con alcune avvertenze in merito.

Scegliendo un tema gratuito limitate la disponibilità di scelta, pur con una ampia gamma di temi a cui attingere: sul sito di WordPress (`https://it.wordpress.org/themes/`) troverete migliaia di temi gratuiti.

ATTENZIONE

La gratuità è in realtà una particolare licenza di utilizzo chiamata GPL; per un approfondimento consultate

Wikipedia all'URL: `https://it.wikipedia.org/wiki/GNU_General_Public_License`.

Probabilmente troverete qualcosa che vi piace e che si addice perfettamente ai vostri contenuti. Spesso i limiti di un tema gratuito sono legati alla mancanza di supporto e soprattutto di sviluppo del tema stesso. Se inizialmente vi potrà sembrare poca cosa, nel momento in cui il vostro blog crescerà e vorrete aggiungere funzionalità nuove, avrete bisogno di un tema che le supporti: un tema gratuito potrebbe non rispondere più ai vostri obiettivi.

Alcuni temi a pagamento offrono una versione base gratuita: scelta utile in ottica di sviluppo, così da acquisire pratica, studiarne e conoscerne le potenzialità e decidere di pagare solo quando sarete certi che è quello giusto. Vedremo più avanti quali sono i punti chiave sui quali mettere alla prova il template che avrete scelto.

Una decisione di fondo riguarda il formato di base. Quello a tre colonne, per esempio, è il più utilizzato con le colonne di dimensioni diverse tra loro (una grande e due più strette). Dovrete poi scegliere il carattere e il formato dei post, oltre alla posizione di alcuni elementi come firma, tag e sidebar, che nel template che scaricherete sono preimpostati e non sempre modificabili a meno che non abbiate competenze di web design o non vi rivolgiate a un professionista. Per questo è utile prendere in considerazione questi elementi prima di scegliere il template, da provare prima di renderlo definitivo, come vedremo più avanti.

Nello scegliere il template, prendete in considerazione anche questi fattori:

- Verificate come e se inserire il vostro logo (se lo possedete), considerando i colori e i font disponibili e quelli del logo.
- Verificate se ci sono colori che volete evitare per particolari ragioni (per esempio somiglianza con altri blog).
- Evitate una corrispondenza grafica con blog che trattano il vostro stesso tema e già online da più tempo di voi.

Considerate con attenzione come apparirà l'intestazione nel tema che avete scelto. L'intestazione è un elemento fondamentale della grafica perché restituisce l'impressione più forte ai vostri lettori; solitamente incorpora il nome del blog, la tagline (la piccola frase che accompagna il titolo del sito o del blog) e il logo. L'intestazione è al contempo l'àncora e l'introduzione al resto del blog: àncora perché cattura l'attenzione, introduzione perché fa intuire stile e modalità con i quali i contenuti verranno presentati. Se il vostro blog fosse un negozio, l'intestazione sarebbe l'insieme di vetrina e insegna all'ingresso. La personalizzazione dell'intestazione va dalla semplice modifica del testo, alla profonda personalizzazione grafica. Gli elementi portanti dell'intestazione sono:

- Il testo, sul quale potete lavorare in termini di contenuti (titolo e tagline) e di grafica (font e posizione del titolo).
- L'immagine di sfondo che restituisce il tono e lo stile del vostro blog; in questo caso sarete chiamati a decidere sulla scala dei colori e sulla scelta di una foto o un'immagine portante.

Da ultimo, per la scelta del template più adatto vi rimandiamo alle considerazioni successive, rispetto al *design responsive* del blog.

Installare il template

La ricerca del tema deve essere accurata. Una volta scelto, si tratterà di installarlo all'interno del vostro CMS.

Il primo passo è accedere al vostro backend (pannello di controllo di WordPress) e scegliere il menù "Aspetto" e, poi, il sottomenù "Temi".

Come potete vedere dalla figura, viene evidenziato il tema attivo sul sito: il pulsante blu sopra l'immagine serve a personalizzare il tema attualmente utilizzato (lo vedremo più avanti). Per installarne uno nuovo, cliccate su "Aggiungi Nuovo": la finestra che si aprirà conterrà un campo di ricerca e una serie di opzioni. "In evidenza" sono i temi che WordPress suggerisce; "Popolari" sono i più ricercati e scaricati; "Più recenti" sono invece quelli aggiunti negli ultimi giorni; "Preferiti" raccoglie i temi sui quali avete messo la spunta come preferito; infine c'è l'opzione

"Filtro", aprendo la quale potete cercare i temi secondo alcune caratteristiche, come colore, layout, funzionalità e soggetto. Sulla destra trovate un campo per la ricerca libera, nella quale inserire il nome di un tema di cui avete sentito parlare o una parola chiave relativa a una caratteristica.

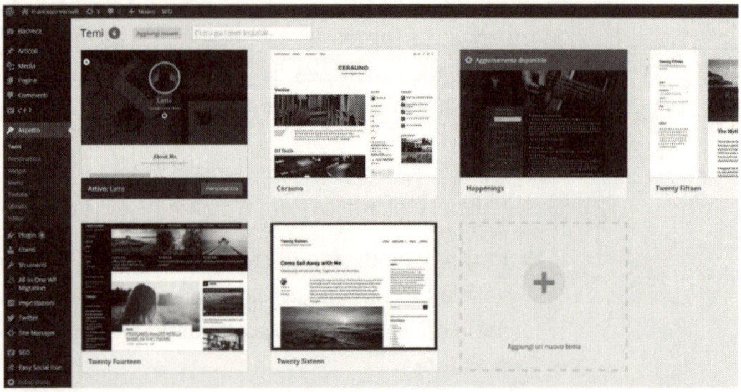

FIGURA 7.2 La finestra che si apre alla voce "Temi" del pannello di controllo di WordPress.

Una volta ricercato il tema, le operazioni da fare sono due: scaricarlo e installarlo. Prima di procedere, per ciascun tema potete valutare un'anteprima e i dettagli, che riportano alcune informazioni e la descrizione.

ATTENZIONE

Questa è la visualizzazione del tema nella sua massima potenzialità e non come, effettivamente, apparirà il vostro sito. Potrete vedere come "calzerà" sul vostro sito solo dopo averlo scaricato, grazie alla funzione "anteprima in tempo reale".

Per scaricare il tema cliccate sul pulsante blu: una procedura automatica provvederà a scaricarlo sul vostro server. Al termine potrete scegliere tra tre alternative: vederne un'anteprima in tempo reale, attivare il tema, ritornare alla pagina dell'installazione. Se la vostra scelta è definitiva, cliccate su "Attiva": il tema in uso verrà sostituito dal nuovo. Se non siete sicuri o se siete nella fase di valutazione, cliccate su "Anteprima in tempo reale": a differenza dell'anteprima precedente, questa volta il tema sarà applicato alle pagine reali e avrete un'impressione più realistica di come si presenterà il vostro sito. Tornando all'installatore di temi, potrete riprendere la ricerca, ripetendo i passi fatti fin qui.

PER I PIÙ CURIOSI

L'anteprima in tempo reale potrebbe essere un po' deludente rispetto a quanto visto in precedenza, prima di installare il tema. Le anteprime realizzate su siti "standard" son pensate appositamente per far risaltare il tema, evidenziarne le funzioni, farne conoscere gli aspetti salienti e più interessanti. L'anteprima in tempo reale sul vostro blog non ha contenuti strutturati e sta cercando un'identità.

RICORDA!

Per fare in modo che l'anteprima in tempo reale sia più realistica e per poter compiere una scelta ponderata, è consigliabile pubblicare qualche pagina, qualche post e un menù sul vostro blog, prima di passare alla scelta dei temi. Se non avete pronti i contenuti, potete utilizzare un generatore automatico, chiamato in gergo *Lorem ipsum generator*. Si tratta di un servizio web che genera paragrafi di testo di lunghezza variabile, appositamente pensati per riempire pagine di testo (uno lo trovate qui: `http://it.lipsum.com/`). Pubblicate con questo sistema due o tre pagine e qualche post, inserite al loro interno alcune immagini e impostate un menù: così facendo, avrete una bozza di struttura sulla quale applicare il tema e fare verifiche più consapevoli.

Se vorrete comprare un tema, il sito da cui lo acquisterete vi fornirà un file compresso (.zip), alla fine della procedura di acquisto. Salvatelo nel vostro PC. Sulla pagina del menù che abbiamo visto all'inizio di questo paragrafo ("Aggiungi tema") troverete il pulsante "Carica tema": cliccando avrete la possibilità di caricare il file del tema salvato nel vostro PC. Anche in questo caso dovrete attivarlo cliccando sull'apposito pulsante.

Un blog responsive

Con il termine *responsive* s'intende un sito che adotta un *Responsive Web Design*, permettendo al sito di essere visualizzato correttamente da qualsiasi dispositivo, pc, tablet o smartphone.

Perché il vostro sito dovrebbe essere responsive? Perché il traffico Internet dai dispositivi mobili è in forte crescita.

Tramite il proprio smartphone le persone parlano, sono connesse ai social network, leggono notizie, fanno acquisti, navigano. Anche Google consiglia di adottare un design di questo tipo. Per aggiornare i contenuti del vostro blog, su un sito responsive basta agire una sola volta: struttura e i contenuti si adatteranno automaticamente.

L'obiettivo è consentire un'esperienza di navigazione molto soddisfacente, perché intuitiva, semplice e fluida, da qualunque dispositivo.

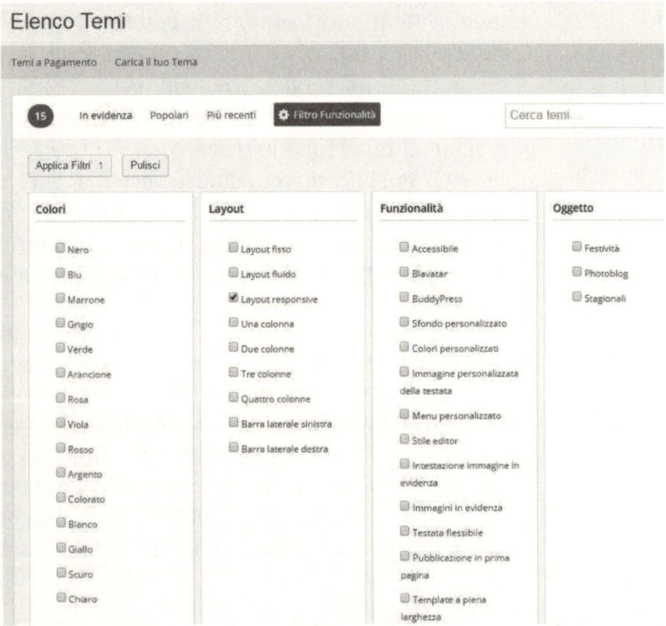

FIGURA 7.3 Il filtro funzionalità "Layout responsive" nella pagina ricerca temi.

Per realizzare un sito responsive è necessario installare un tema con questa funzionalità. Nella pagina di ricerca dei template (`https://it.wordpress.org/themes/`), tra le opzioni di ricerca, trovate quella denominata "Filtro funzionalità" e, scorrendo tra le opzioni di "Layout", spuntate la casella "Layout responsive": la ricerca filtrerà i siti con questa caratteristica.

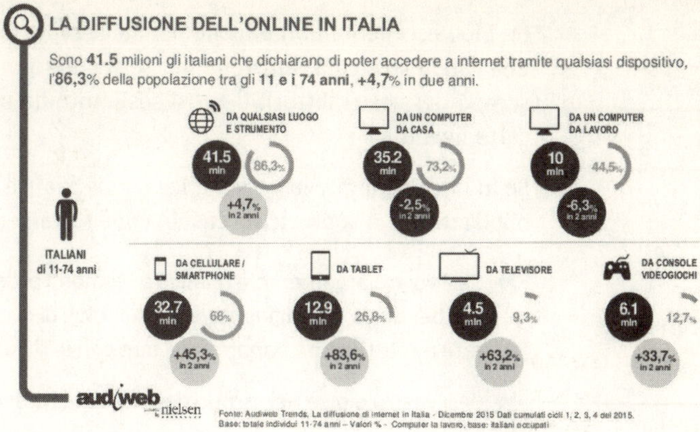

FIGURA 7.4 Dati Audiweb dicembre 2015. Oltre il 60% dei navigatori italiani utilizza un dispositivo mobile per accedere a Internet (dato in crescita del 45,2% negli ultimi due anni).

Ulteriori sviluppi

Fin qui abbiamo visto come poter fare per dare una veste grafica al vostro blog in maniera autonoma e senza investire denaro, o quasi. Le soluzioni proposte però si adattano a progetti alla loro fase iniziale: se il blog dovesse svilupparsi o se fin dall'inizio il vostro progetto è diventare un riferimento nel panorama nazionale per le tematiche trattate, sul design va fatta qualche osservazione ulteriore. In particolare è opportuno ragionare sulla personalizzazione del template che può avvenire attraverso il contributo di un web designer professionale.

Quando fare da soli e quando affidarsi a un designer professionista? Seguendo i percorsi che trovate in questo libro e aiutandovi con forum e siti web, vedrete che mettere in piedi un blog è cosa relativamente facile.

Un buon design rende più facile e immediata l'interazione. Ottenere risultati straordinari affidandovi soltanto ai temi predefiniti, senza personalizzazione, è cosa rara. Per questo il contributo di un professionista può invece influenzare positivamente i risultati del blog, facendovi ottenere un design completamente personalizzato, originale e accattivante, mediante la semplice modifica di un template esistente.

Un design unico creato da un professionista solo per il vostro blog fa la differenza tra un prodotto buono e uno eccellente. Creare un blog eccellente non è facile perché servono buoni argomenti, una solida strategia, impegno per scrivere e una profonda conoscenza dei vostri lettori. Il tutto sostenuto da una grafica di un certo livello.

Se in linea generale la personalizzazione grafica di un blog non è obbligatoria, ci sono alcuni casi in cui è fortemente consigliata:

- Se il vostro argomento è relativo a elementi prettamente visuali o dipende da immagini, come per un blog di cucina, fotografia, arte o mestieri che hanno a che fare con le illustrazioni.
- Se il vostro blog è nel campo del marketing o delle arti grafiche.
- Se la maggior parte dei blog del vostro settore (o vostri concorrenti) ha adottato design unici.
- Se il vostro contenuto è insolito o molto originale.

A completamento della parte grafica dovreste valutare la necessità di avere un logo, se ancora non esiste. Il logo è un elemento di riconoscibilità molto importante e, così come lo è per le aziende quando aprono un'attività, potrà esserlo per la vostra attività di blogger. Creare un logo richiede competenze specifiche, dunque evitate di comporli in maniera autonoma, a meno che non siate dei professionisti del settore.

IN QUESTO CAPITOLO

- La struttura del blog
- Le pagine del blog
- Il post di un blog
- Categorie e tag
- Commenti nel blog

Capitolo 8

Pagine, post e commenti

La struttura del blog

Gli elementi fondanti della struttura di un blog sono due: le pagine e i post. Quando vedremo come crearli noteremo che non ci sono molte differenze da un punto di vista operativo e per quanto riguarda le caratteristiche puramente tecniche. La differenza sostanziale sta nella *qualità* che il CMS (WordPress) attribuisce loro. Per spiegarlo ancora meglio, potremmo utilizzare la metafora di un quadro: se il vostro blog fosse un quadro, le pagine rappresenterebbero la cornice e i post la tela. Nelle pagine inserirete informazioni e contenuti che descrivono il blog e i suoi servizi in maniera diretta e descrittiva; nei post, invece, racconterete storie, illustrerete progetti, discuterete argomenti. Un'altra differenza significativa è nella temporalità. Un post è legato all'attualità, alle circostanze di un certo arco temporale; con il passare del tempo perde un po' della freschezza iniziale (non è vero in assoluto: i post che contengono opinioni generali hanno una validità più lunga, se confrontati con la prova dell'ultimo smartphone). La pagina, tendenzialmente, contiene informazioni più durature, come i contatti, la presentazione dell'autore, la descrizione del servizio offerto dal blog. C'è poi una pagina particolare in ogni blog (e in ogni sito) che tutti ormai conosciamo con il suo nome inglese: la home page. La home page è la pagina iniziale, quella che apparirà per prima quando qualcuno digiterà la URL del vostro dominio.

Le pagine del vostro blog potranno essere ordinate per gerarchia, in modo da tracciare l'ordine logico con cui disporre le informazioni importanti all'interno del sito. Vedremo più avanti come creare una gerarchia di pagine: il consiglio per ora è di realizzare una mappa delle pagine che vorrete inserire nel vostro blog e di farlo su un foglio di carta. Potete utilizzare il modello delle mappe mentali oppure un semplice diagramma. Mettete al centro (o in alto) la home page: da quella deriveranno le prime pagine (primo livello) e poi, da queste, le successive (secondo livello) e così via. Quello che otterrete sarà l'organizzazione logica del vostro sito, la stessa che comparirà poi nella sitemap.

RICORDA!

La *sitemap* (o mappa del sito) è una pagina web che elenca in maniera gerarchica tutte le pagine del sito web. Solitamente la sitemap è in un formato apposito (XML) che permette ai motori di ricerca di recuperare le informazioni presenti al suo interno e indicizzare al meglio il blog.

Il lavoro di organizzazione logica del blog non ha il solo compito di facilitare la sistematizzazione dei temi e l'organizzazione dei contenuti: è importante fare in modo che il blog si presenti nella maniera più corretta e coerente rispetto al tema di cui volete parlare.

ATTENZIONE

Questa organizzazione non è il menù di navigazione del sito. Non è detto che la pagina che sta, come logica, tra le prime dopo la home page sia tra le prime anche nel menù di navigazione. Se questa coincidenza è piuttosto consueta, non necessariamente è la regola. Il menù di navigazione, lo vedremo più avanti, ha una funzione strategica e di design che non sempre corrisponde all'organizzazione logica dei contenuti. Particolari esigenze strategiche, la necessità di valorizzare il blog con qualche accorgimento grafico e la scelta di un certo tema possono portare all'elaborazione di un menù di navigazione diverso dall'organizzazione che avete dato alle pagine.

Le pagine del blog

Una volta pronta la struttura, possiamo passare alla parte più operativa nel backend del vostro WordPress. Per aggiungere una pagina selezionate dal menù "Aggiungi pagina", nel pannello di controllo. La finestra che comparirà successivamente sarà quella che vi permetterà di costruire la vostra pagina (fig. 8.1).

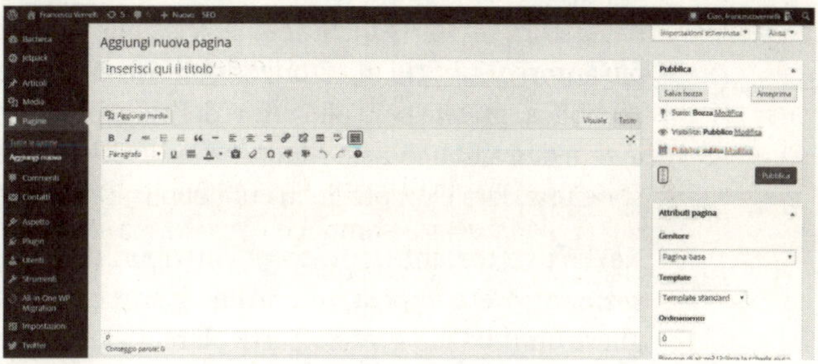

FIGURA 8.1 Il layout per la creazione di una nuova pagina su WordPress.

La prima cosa è inserire un titolo, senza fretta. Il titolo della pagina determinerà la URL della stessa e rappresenterà l'indirizzo al quale gli utenti (e i motori di ricerca) potranno raggiungerla. Se digitate nel titolo "Nuova pagina", il link che verrà automaticamente creato da WordPress sarà `www.mioblog.it/nuova-pagina`. Tratteremo più dettagliatamente tra poco quanto la titolazione delle pagine e una buona scrittura delle stesse possano essere significative per ottenere risultati più efficaci (nel Capitolo 11 vedremo in particolare come scrivere per il Web e le tecniche relative al SEO).

Potrete riprendere il titolo dallo schema costruito in fase di progettazione del blog (consultate il Capitolo 4). Questo comparirà nella sitemap del sito, mentre potrete cambiare il nome con cui verrà visualizzata la pagina nel menù (non lo consigliamo, salvo alcune eccezioni che vedremo più avanti). Sotto la stringa in cui inserire il titolo, trovate il box per contenuto, testo e immagini.

Aggiungere un'immagine è semplice: cliccando sul tasto "Aggiungi media", con il quale potrete scegliere un'immagine dal vostro computer, oppure inserendo il link di un'immagine già online in un altro sito. Tra le due opzioni, vi consigliamo di caricarla direttamente, in modo da non avere dubbi sulla disponibilità dell'immagine nel lungo termine. Per una più completa trattazione del tema relativo alle immagini e ai file multimediali vi rimandiamo al Capitolo 13.

Prima di procedere alla pubblicazione, sulla destra abbiamo altri due box su cui porre attenzione. Il primo in alto ci permette di definire alcune opzioni di pubblicazione: salvare una bozza se volete tornare a modificare la pagina (la pagina non sarà ancora visibile ai navigatori), vedere un'anteprima di come la pagina apparirà ai navigatori, metterla in "attesa di revisione" se al blog collaborano più autori con livelli di autorizzazione diversi, scegliere la visibilità (pubblica, privata solo per autori del blog, protetta se per la visione avrete definito una password). Infine avete la possibilità di impostare una data e un orario in cui pubblicare la pagina.

Nel box sottostante trovate gli "attributi della pagina". In questa sezione potete impostare l'ordine gerarchico delle pagine e scegliere un modello grafico particolare. Del primo caso fanno parte le opzioni del menù a tendina "Genitore": come dice la parola stessa, vi permette di selezionare sotto quale pagina del blog inserire quella cui state lavorando; se questo campo non viene definito, la pagina sarà una delle principali. Nel secondo menù a tendina, "Template", potrete scegliere tra uno o più design della vostra pagina. Queste opzioni dipendono dal tema che avete scelto inizialmente per il blog; alcuni template sono funzionali a inserire pagine speciali, arricchite di funzionalità.

La struttura delle pagine rappresenta la cornice del blog. Non esiste un numero minimo di pagine da creare; per rendere un blog efficace, alcune non dovrebbero mancare, anche se questa non è una regola. Segue l'elenco di quelle che secondo noi sono essenziali:

- **Home page**: la sua esistenza non è così scontata. L'abbiamo citata perché è una consuetudine abbastanza diffusa mostrare in home page gli articoli (post) più recenti. In alternativa si può pensare a una home page simile a una rivista, che presenti, estrapolandoli, articoli e pagine, e presentando una panoramica più completa di tutti gli argomenti e i servizi che il blog offre.
- **Contatti**: oltre ai riferimenti con cui entrare in contatto con l'autore del blog, può contenere un espresso invito a farlo.

- **Presentazione**: chi siete e cosa fate, una vostra presentazione semplice che possa con trasparenza definire chi è l'autore.
- **Attività**: una pagina dedicata ai servizi o alle attività specifiche del vostro blog, in cui descrivere brevemente quello di cui vi occupate o le attività in cui siete impegnati; potete scegliere se riassumere tutto in una sola pagina o crearne diverse, per ogni attività/servizio.
- **Blog**: la pagina in cui linkate, se non sono nella home page, tutti i post del vostro blog.

FIGURA 8.2 Un esempio di home page simile a una rivista.

Si possono aggiungere altre pagine a piacere, in base al progetto che avete disegnato nella fase di lancio del blog (consultate Capitolo 4).

Il post di un blog

Per la pubblicazione dei vostri post avete una procedura analoga a quella di una pagina. Le opzioni per scrivere un post sono simili a quelle della pagina: una stringa per il titolo (con la differenza di poter cambiare il link di destinazione, modificando manualmente l'ultima parte della URL cliccando su modifica, sotto il titolo, alla voce "Permalink").

La differenza sostanziale tra un post e una pagina è che il post è parte del flusso di aggiornamento del blog. Per questo varia il formato, in funzione del modello grafico che avete scelto per il vostro blog. Altra differenza è data dalle categorie e dai tagli, di cui parliamo nel prossimo paragrafo.

Nella terza parte del volume entreremo nello specifico della creazione dei contenuti interessanti. Qui ricordiamo solo alcuni aspetti importanti da tenere presente quando scrivete un post:

- Scegliete un argomento circoscritto.
- Identificate le parole chiave più importanti da citare.
- Sviluppate il testo con una lunghezza costante per tutti i post (indicativamente tra le 400 e le 800 parole; la lunghezza dentro questo intervallo dipende dal tipo di argomenti trattati).
- Chiudete, quando possibile, con un invito a intervenire e commentare per favorire la discussione e la condivisione del post.

Categorie e tag

Le categorie servono a identificare e organizzare i macrotemi di un blog. Per esempio, in un blog di tecnologia, la categoria "smartphone" sarà quella in cui inseriremo un post con la recensione dell'ultimo telefono uscito sul mercato. Un post può appartenere a più categorie: per esempio lo stesso articolo potrebbe essere inserito in "novità" e in "mobile". Le categorie dovrebbero essere ben definite e distinte. Vi aiutano a suddividere il blog in sezioni; una divisione che da ideale diventa reale, come vedremo con l'utilizzo dei menù.

Non sottovalutate la definizione delle categorie. In WordPress, dal menù, sotto la voce "Articoli" trovate "Categorie", da cui aggiungerle e modificarle. Il nostro consiglio è di definirle prima di cominciare a scrivere i primi articoli. Questo vi eviterà di dover pensare a che categoria assegnare a ogni singolo post e di improvvisare. Avrete la possibilità di lavorare meglio sulla pianificazione delle parole chiave e sull'organizzazione del sito, distribuendo in maniera equa i post, tra i vari argomenti che trattate.

Le categorie hanno una funzione interna, organizzare i post del blog e una funzione esterna ovvero illustrare l'ambito tematico. Per questa ragione è importante che siano "fedeli" alle parole chiave con cui avete deciso di posizionarvi.

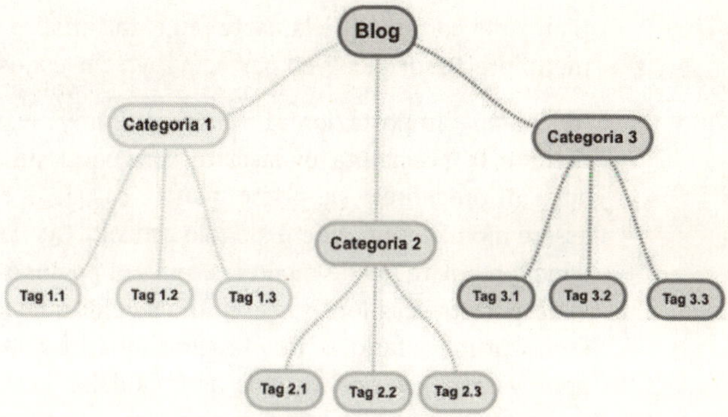

FIGURA 8.3 La mappa mentale di categorie e tag.

I tag sono altri attributi dei vostri articoli, composti da una o più parole, da inserire in un post per evidenziare i principali argomenti o semplicemente le parole chiave del testo. Se, per esempio, state scrivendo un post sui classici della letteratura italiana, potrete assegnarlo alla categoria "libri" e inserire come tag i termini più importanti e rilevanti: "petrarca", "manzoni", "dante", "romanticismo" e via dicendo. Suggeriamo di definire un massimo di tre o quattro tag per post, costituiti a loro volta da una o due parole al massimo (un buon lavoro di sintesi fa la differenza). I tag "raccontano" il contenuto dell'articolo che state taggando; se questi sono le specificazioni di un articolo, le categorie rappresentano la branca di appartenenza: i tag agiscono nel particolare, le categorie nel generale. Per creare un tag inserite una nuova parola nel campo dedicato quando scrivete l'articolo.

Tag e categorie generano pagine con gli ultimi post relativi, condivisibili e linkabili come una qualsiasi pagina web. Se organizzati con cura, tag e categorie permettono di condividere contenuti organizzati con un solo link.

PER I PIÙ CURIOSI

Tag e categorie dovrebbero essere differenti: è inutile avere una categoria "cucina" e un tag "cucina"perché raccoglieranno gli stessi articoli. Un ragionamento pensato con l'ausilio delle mappe mentali può aiutarvi a chiarire le idee.

Commenti nel blog

L'area dei commenti è la parte più caratteristica di un blog, elementi precursori del Web partecipativo che conosciamo oggi.

Nel menù "Impostazioni>Discussione" trovate la pagina da cui definire la possibilità di lasciare commenti sul blog. Le impostazioni predefinite (le prime quattro caselle di spunta) possono essere modificate per ogni singolo articolo. Quelle successive servono a regolare in che modo i commenti possono essere inseriti e visti: potrete scegliere per esempio se chi interviene debba registrarsi prima di farlo, se il commento apparirà solo dopo una vostra approvazione, se ricevere una notifica della presenza di un commento per email, l'ordine di apparizione e l'utilizzo dei commenti nidificati.

PER I PIÙ CURIOSI

Quando si commenta un articolo, i commenti vengono visualizzati l'uno sotto l'altro, in ordine di inserimento. Se si vuole replicare a un commento precedente, la risposta verrà visualizzata solo dopo l'ultimo commento inserito e non di seguito a quello a cui si voleva dare risposta, rendendo la lettura dei commenti confusionaria. La nidificazione dei commenti, invece, permette di inserire la risposta proprio sotto al contenuto a cui si voleva replicare, modificando il flusso di visualizzazione così da dare risalto all'intera conversazione generata da un singolo commento.

Nella pagina di gestione dei commenti del pannello di controllo di WordPress trovate tutti i commenti, compresi quelli in attesa di moderazione: da qui saprete chi è intervenuto, deciderete se approvare o meno il commento o classificare l'autore come spam e cestinare il contributo.

IN QUESTO CAPITOLO

- Come si naviga nel blog
- Il menù: una guida alla navigazione
- Creare un menù
- La sidebar e i widget
- I widget più comuni

Capitolo 9

Organizzare la navigazione: menù e sidebar

Come si naviga nel blog

Una domanda strategica che potreste porvi è: come arrivano gli utenti sul blog? Che cosa trovano alla loro prima visita? La "home page" non è una risposta scontata. Crescendo in popolarità, gli utenti potrebbero arrivare tramite un post condiviso sui social network, una ricerca su Google, un link trovato su qualche altro sito o blog. Non è detto che il nuovo utente arrivi digitando il vostro indirizzo nella barra del proprio browser.

Il motivo per cui dovete farvi questa domanda è legato alla navigazione del blog. Come ogni "creatura" viva, anche il blog ha un modo per rispondere alle interrogazioni degli utenti. Quando un utente arriva in un posto, come passa alla home page? Se "atterra" in una pagina promozionale, riesce a recuperare i vostri contatti? La struttura della home page gli permette di avere un quadro chiaro e completo di cosa troverà sul blog? Se cerca qualcosa di specifico, riuscirà a trovarlo facilmente e in breve tempo? C'è il rischio che all'interno del vostro blog ci si possa "perdere"?

Rispondere a queste domande significa costruire un percorso di navigazione logica all'interno del blog. L'obiettivo non è certo obbligare l'utente a fare un percorso, quanto prevedere, soddisfare al meglio le sue esigenze e allo stesso tempo rendere l'esperienza il più piacevole possibile.

Provate, come guida, a rispondere a queste domande:

- Su che cosa volete che gli utenti pongano l'attenzione quando arrivano sul blog?
- Vorreste che il blog sembri un magazine o un diario?
- Dove vorreste cliccassero con più facilità?
- C'è un'immagine che vorreste si ricordassero?
- Cosa vedono per prima cosa?
- State facendo un blog magazine che permette di vedere subito i post o un blog che mette in evidenza un certo tipo di argomenti (categorie)?

Le risposte a queste domande definiscono l'idea strategica su come è meglio organizzare grafica e navigazione, affinché i lettori seguano il percorso pensato per loro.

Il menù: una guida alla navigazione

Il menù di navigazione è un elemento fondamentale della strategia per posizionare sul Web (e sul mercato) il vostro blog. Il menù principale di navigazione (*main menu*) del sito web è parte della vostra strategia di marketing e diffusione dei contenuti. Serve a comunicare ai visitatori ciò di cui tratta il sito: è importante che ogni cosa sia al suo posto. Errori nel menù principale possono portare all'aumento del tasso di abbandono (o frequenza di rimbalzo), ovvero della percentuale di sessioni in cui gli utenti lasciano il sito dalla pagina da cui sono entrati, senza proseguire oltre, e possono penalizzarvi sui motori di ricerca.

Per organizzare un menù di navigazione efficace non ci sono regole rigide, ma è bene seguire alcune accortezze:

- **Innovare, senza perdere le abitudini**: la priorità da seguire nella navigazione è facilitare l'utente prima ancora di stupirlo. Questo vale anche per la creatività applicata alle voci del menù: sostituire la voce "contatti" con "entriamo in contatto" potrebbe non essere una buona idea.
- **Il menù principale aiuta i visitatori a capire e conoscere il blog**: pubblicate tutti i servizi al primo livello del menù invece che racchiuderli in una voce "servizi", in una serie di sottomenù a tendina.
- **Restringere il campo di scelta**: avere un menù molto lungo non è segno di completezza e varietà dei contenuti. Più scelte date a qualcuno e più tempo impiegherà per arrivare a una decisione: aiutate i visitatori, riducendo il menù. Per dare un parametro di riferimento potremmo suggerire un minimo di 3 e un massimo di 7 voci.
- **Dove finisce il menù da mobile?** Questo aspetto è importante per tutto il sito e in maniera particolare per il menù. Una delle maggiori frustrazioni per un utente che naviga nel vostro blog da un dispositivo mobile è non trovare il menù nella stessa posizione e con la medesima fruibilità che ha dal desktop. In generale il menù dovrebbe essere sempre uguale, in ogni pagina: coerenza è sinonimo di usabilità.
- **La home page non è nel menù**: la vostra home page non è necessario sia nel menù; scegliete di linkarla attraverso il logo oppure con un apposito tasto "home". Inserirla nel menù potrebbe togliere spazio a un contenuto più prioritario.
- **Nel menù non è necessario evidenziare tutto**: il menù di navigazione serve a far trovare ciò che è importante, non tutto quanto presente sul vostro sito. Con il crescere dei contenuti, avrete la tentazione di inserire ogni cosa nel menù principale, ma dovrete limitarvi, ci sono altri modi per far raggiungere

i contenuti meno importanti. In generale, più è complesso il blog, più attenta, diversificata e curata dovrà essere la navigazione al suo interno.

- **Dare indicazioni in ogni parte del blog**: che usiate le cosiddette *breadcrumbs* oppure un sistema che evidenzi il menù "attivo", l'importante è che chi naviga abbia la possibilità di orientarsi, andare avanti e indietro con consapevolezza, sapere dove trovare ciò che ha già visto.
- **Sintesi e chiarezza**: le voci del menù dovrebbero essere parole e non frasi. Chi naviga vuole arrivare subito al punto, con semplicità. Siate specifici, ma concisi.
- **Menù a discesa**: i menù a discesa o a tendina possono essere più eleganti da un punto di vista grafico, ma non facilitano la navigazione. Al contrario qualche volta possono ostacolarne la fluidità.

CONSIGLIO

Una soluzione per la visualizzazione corretta del menù dai dispositivi mobile potrebbe essere installare uno specifico plugin. In questo caso si può utilizzare WP Responsive Menu (`https://it.wordpress.org/plugins/wp-responsive-menù/`): il plugin in questione va a sovrascrivere le configurazioni del vostro menù (solo per la versione mobile) per renderlo perfettamente visibile da smartphone e tablet.

Creare un menù

Per prima cosa, aprite la pagina di configurazione dei menù. Questa si trova nel pannello di controllo, alla voce "Aspetto > Menù". Se siete qui per la prima volta, la voce da scegliere è "Crea un nuovo menù". Dovete poi assegnare un nome al menù appena generato: la cosa migliore sarebbe nominarlo in base a dove avete deciso di inserirlo (menù principale, menù nella sidebar, menù dei servizi ecc.). Per inserire voci al vostro menù potete scegliere tra quattro opzioni:

1. **Inserire una pagina del vostro blog:** la modalità più immediata e facile da comprendere; il link del menù rimanderà alla pagina inserita.

2. **Inserire un articolo del vostro blog:** questa opzione serve a linkare direttamente un articolo del blog; non è una scelta particolarmente significativa a meno che l'articolo rappresenti una pietra miliare.

3. **Inserire un link personalizzato:** alla voce del menù corrisponderà un link scelto da voi; non si tratta di inserire un link a un sito esterno ma un contenuto particolare, in evidenza, come una *landing page* che promuove un servizio specifico.

4. **Nel menù è possibile inserire una voce che rimandi a una categoria:** cliccando su questa voce si aprirà una pagina con tutti i post della categoria.

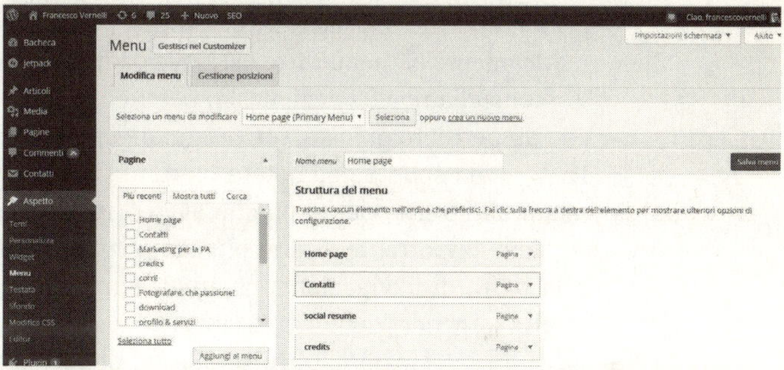

FIGURA 9.1
La pagina per la creazione del menù.

CONSIGLIO

Nella voce di menù potete inserire un link non cliccabile. Questo può essere utile quando la voce rappresenta una macro-categoria sotto la quale raggruppare le diverse voci che la compongono. Per esempio, potreste inserire nel menù principale la voce "Servizi" che in realtà non ha alcuna funzione se non comunicare all'utente che in quella parte di menù troverà l'elenco dei servizi con le relative pagine. Per questo basterà inserire la voce "Servizi" con la tipologia "Link personalizzato"; nella stringa dove è inserito il link, aggiungete poi il simbolo cancelletto ("#"). La voce "Servizi" comparirà nel menù, ma non sarà cliccabile.

Nel box più grande a destra vedrete la composizione del menù a mano a mano che aggiungerete voci. Per cambiare l'ordine e creare dei sottomenù basterà spostare, trascinandole, le varie voci. Oltre a modificare la sequenza, trascinando un elemento leggermente verso destra, potrete ordinarlo in maniera non simmetrica rispetto agli altri; in questo modo otterrete un sottomenù o una voce di secondo livello. Con la stessa tecnica potrete procedere per eventuali livelli successivi.

ATTENZIONE

Non è bene avanzare per troppi livelli di menù. Ne sono sufficienti un paio, tre al massimo: l'obiettivo è creare una navigazione fluida e veloce.

Per ciascuna voce che andrete a inserire, potete modificare l'etichetta, cioè la parola che l'utente vede nel menù. L'etichetta per le pagine prende automaticamente il nome della pagina, ma si può cambiare. Cliccando sulla piccola freccia in basso, che compare in ogni voce di menù, potete andare a modificare il nome.

Alla fine della schermata troverete due opzioni selezionabili: la prima vi permette di attivare una funzionalità che aggiunge automaticamente al menù tutte le nuove pagine che andrete a creare. Vi sconsigliamo di selezionarla, perché il menù andrebbe creato con un pensiero preciso, senza aggiungere pagine in automatico. La seconda spunta che potete mettere riguarda la posizione del menù all'interno del tema che avete scelto. Questa è un'impostazione importante. I temi più semplici hanno solitamente una sola barra di navigazione, chiamata "menù principale". I temi di ultima generazione hanno invece più menù: per esempio, un menù in intestazione in tutto al sito, oppure un menù nel *footer* o un menù secondario posto sotto quello principale. In corrispondenza della voce "Posizione del tema", troverete un menù a tendina nel quale selezionare a quale posizione dovrà essere assegnato il menù che avete creato. In base a come avete impostato la vostra pagina e in generale tutto il blog, potrete andare a comporre menù differenti per ogni posizione. Questo è un modo in più, nei blog più complessi, di organizzare i contenuti e pianificare la navigazione.

PER I PIÙ CURIOSI

Per chi ha esigenze di strutturare molti contenuti, la soluzione per una navigazione più chiara e gradevole è installare il plugin "Max Mega Menu" (`https://it.wordpress.org/plugins/megamenu/`) che permette di visualizzare le voci dei sottomenù con un'unica ampia finestra a discesa; le voci possono essere personalizzate inserendo immagini e icone per rendere più gradevole il design. Consultate il video che ne illustra le caratteristiche principali: `https://goo.gl/qw7cKT`.

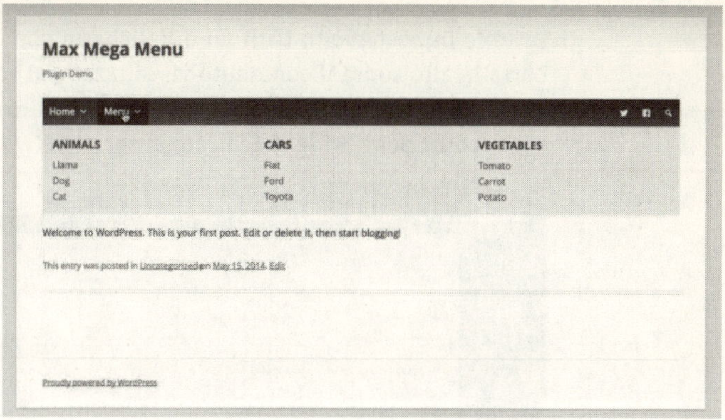

FIGURA 9.2 Un esempio di utilizzo di Max Mega Menu su WordPress.

Le sidebar e i widget

Le *sidebar* (barre laterali in inglese) sono aree della pagina personalizzabili con funzioni aggiuntive. Il numero e la posizione delle sidebar (intendiamo con questo termine anche le zone in intestazione e a fondo pagina, quando presenti) dipendono dal template che sceglierete. Le più comuni sono quelle laterali (*left* e *right*), quelle in intestazione (*header*) e quelle in fondo alla pagina (*footer*). Se vi affidate per la parte grafica a un professionista potrete concordare con lui il posizionamento e la personalizzazione.

Nelle sidebar sono ospitati i *widget*, una delle funzioni più curiose per personalizzare il vostro blog. I widget aggiungono funzionalità alla navigazione del blog e permettono di far compiere azioni aggiuntive ai vostri lettori, di evidenziare e promuovere alcuni contenuti, di visualizzare le pagine in maniera diversa. Alcuni template permettono di costruire l'intera home page attraverso widget particolari.

I widget si possono trovare già precaricati oppure essere associati a un particolare plugin: in questi casi il plugin andrà a modificare la pagina del menù widget, inserendo lì quelli aggiuntivi.

I widget si trovano nella voce di menù del vostro pannello di controllo, "Aspetto>Widget": trovate sulla sinistra i widget installati e su quella di destra le sidebar disponibili. Per inserire un widget basta trascinarlo all'interno della sidebar e rilasciarlo (un classico *drag and drop*). La freccia accanto al widget servirà a definire tutte le impostazioni. Il titolo è l'etichetta che comparirà nella barra in alto sopra il contenuto visualizzato: ci sono casi in cui il titolo può non essere inserito perché il contenuto è già esplicativo in sé (come per il widget dedicato ai social network).

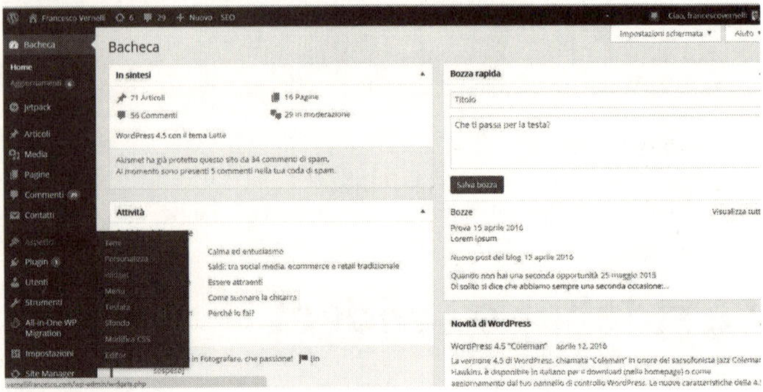

FIGURA 9.3
La pagina d'impostazione dei widget.

Un'altra impostazione del widget che si può regolare è la **visibilità**: il widget può essere reso visibile o meno definendo le condizioni, secondo un percorso logico composto di due passaggi. Il primo parametro verte sulle opzioni mostra / nascondi, il secondo parametro è relativo a categoria / autore / utente / ruolo / tag / data / pagina / termine / tassonomia. Sfruttando i due fattori potrete "giocare" diverse combinazioni anche in relazione ad altri widget.

Facciamo un esempio. Se impostate per un dato widget (widget 1) la visibilità secondo il parametro "Mostra", se "pagina" è "home page" quel widget sarà visibile soltanto nella home page del blog. Contemporaneamente potreste inserire in un altro widget della stessa sidebar (widget 2) la condizione "Nascondi" se "pagina" è "home page". Così facendo nella home page i visitatori vedranno il widget 1 che sarà sostituito dal widget 2 in tutte le altre pagine. Come potrete facilmente capire, le combinazioni sono numerose, in considerazione del fatto che il secondo parametro mostra ben 8 opzioni. Il nostro consiglio è di non realizzare combinazioni troppo complesse perché esistono altri sistemi (come i plugin) per permettere una navigazione più efficace. Per esempio è superfluo mostrare un invito all'iscrizione alla newsletter a margine della pagina in cui la promuovete e in cui quindi avete già inserito il modulo per l'iscrizione.

I widget più popolari

Alcuni widget sono molto popolari. Vediamone alcuni, cercando di scoprirne le funzionalità e il posizionamento più corretto.

Cookies policy. Da giugno 2015 qualsiasi sito web (e quindi anche un blog) per la normativa italiana deve informare gli utenti sulla presenza di cookie all'interno delle proprie pagine.

PER I PIÙ CURIOSI

I *cookie* sono file di testo che vengono salvati sul dispositivo (PC, tablet ecc.) dell'utente durante la navigazione e raccolgono dati sulla navigazione, inviati al sito web di origine nel corso di ogni successiva navigazione, oppure a un diverso sito web, in grado di riconoscere quello specifico cookie. Agiscono come una memoria per un sito web, consentendo che questo riconosca l'utente a ogni visita successiva. I cookie consentono di memorizzare le preferenze di navigazione offrendo un'esperienza più funzionale del sito e raccolgono informazioni utilizzate per il marketing.

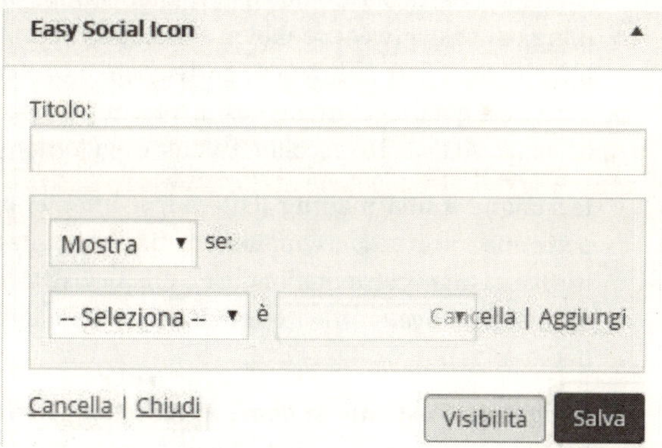

FIGURA 9.4 Le impostazioni di visibilità dei widget.

Per assolvere questo adempimento il metodo più immediato è installare un apposito plugin. Questo permetterà di mostrare un'informativa quando il nuovo utente arriva sul vostro blog. Alla prima visita comparirà un messaggio che informa chi naviga che il vostro blog fa uso di cookie e che, per continuare, è necessaria una visione consensuale. Il messaggio deve contenere un pulsante che rimandi al dettaglio delle vostre policy. Un plugin che fa tutto questo è Italy Cookies Choice che potete scaricare a questo indirizzo: `https://it.wordpress.org/plugins/italy-cookie-choices/`. Il plugin è di facile utilizzo e le impostazioni da regolare sono intuitive. Affinché assolva la sua funzione, è necessario creare una pagina che illustri le vostre politiche di gestione dei cookie. La policy illustra tipologia, funzione e utilizzo dei cookie. Per altre informazioni leggete la sezione dedicata nel Capitolo 23.

Facebook (likebox o simili): esistono widget che permettono agli utenti di visualizzare un'anteprima della vostra pagina Facebook; un notevole vantaggio in termini promozionali è che l'interazione (il "mi piace" per esempio) può avvenire direttamente dal widget. Un posizionamento suggerito è nella pagina dei contatti o in un'altra dedicata alle attività d'interazione con gli utenti. Nella home page è sufficiente inserire logo e link dei profili social in cui siete attivi.

Twitter follow, Instagram e altri social media: per questi widget valgono le indicazioni esposte per Facebook. L'utilizzo di un widget che visualizza un box può essere funzionale a evidenziare contenuti particolari. Può essere interessante inserire lo streaming dei vostri tweet se il blog si occupa di temi con una modalità *real time* (per esempio se partecipate a conferenze o incontri durante i quali aggiornate così il vostro pubblico). L'operazione ha senso se il vostro account Twitter è aggiornato con frequenza.

Iscrizione a una mailing list: widget interessante perché propone una *call to action* semplice ed efficace, invitando le persone a iscriversi alla vostra mailing list o alla newsletter. Questo widget funziona se avete attivato un sistema di email marketing (vedi Capitolo 21).

Widget per costruire la home page: esistono temi e design progettati per funzionare con i widget come elemento essenziale. Ciò che avviene è che la home page si costruisce inserendo un dato modello, aggiungendo i widget che comporranno il contenuto: in questi casi i widget sono una parte importante del blog, su cui si gioca il vostro successo. Vi consigliamo di scegliere con cura il template e di verificare in modalità non visibile al pubblico (*staging*) la sua efficacia.

3

La ricetta segreta per un post (efficace)

IN QUESTA PARTE. . .

Scriverete per il Web come i professionisti più capaci, controllando tutti gli elementi di un post efficace.

Troverete le immagini più adatte ai vostri contenuti, scoprendo le opportunità delle licenze Creative Commons.

Produrrete contenuti di qualità, con autorevolezza e trasparenza.

IN QUESTO CAPITOLO

Definire una strategia

Trovare la vostra "voce"

Il piano editoriale

Dove nascono le idee

Capitolo 10

Scegliere l'argomento per un post

Definire una strategia

I lettori del blog arriveranno sulle pagine per leggere quello che avete da dire e, quelli più vicini ai vostri argomenti, per commentare i vostri post. Un blog ben fatto riuscirà a offrire storie interessanti e avvincenti: per questo la fantasia, da non confondere con la creatività, non basta. Alla base di un buon prodotto di scrittura, come un blog, c'è una pianificazione strategica, fatta di accorgimenti e programmi, per ottenere i migliori risultati.

Per definire una strategia ci sono alcuni passaggi, non così diversi da altre pianificazioni strategiche. Per il vostro blog dovrete:

- **Definire gli obiettivi** relativi alla nicchia nella quale volete posizionare il blog; sarà necessario specificare nel dettaglio gli approfondimenti e le verticalizzazioni che vorrete approfondire.
- **Definire una linea editoriale**: è importante mettere nero su bianco la vostra ragion d'essere, perché i lettori dovrebbero preoccuparsene, perché siete voi i più qualificati a scrivere e trattare quegli argomenti.
- **Definire la sostenibilità del vostro blog**: scrivere, commentare, informarsi, e tutto quello che è necessario fare per un blog ha un costo (quello monetario diretto può essere minimale, ma il vostro tempo è prezioso). Per sostenibilità intendiamo due aspetti: trovare un modo per monetizzare le attività del blog (come vedrete più avanti nel capitolo dedicato a questo tema); pianificare il vostro tempo in relazione alla quantità di contenuti che volete produrre. Per esempio, stabilire che con il blog farete *personal branding* significa definire un numero di articoli da scrivere (3 a settimana per 10 settimane) e un risultato da ottenere (un appuntamento con un *recruiter*). Fissare obiettivi concreti, quando non avete la possibilità di monetizzare, è un modo per evitare che il blog diventi un'attività residuale per quando non avete altro da fare (non è vietato ma questo non sarebbe un blog professionale).
- **Decidere come apparire**: definire la veste grafica, come abbiamo visto nel Capitolo 7, e il vostro stile; per stile intendiamo il carattere del blog, dato dal modo di scrivere, dall'intensità con cui lo farete, dal linguaggio che utilizzerete.

Trovare la vostra "voce"

La "voce" del blog è lo stile della vostra scrittura. Questo fattore, a volte intangibile e dai contorni vaghi, rappresenta un vero e proprio carattere distintivo. Facciamo qualche esempio: i documenti burocratici hanno uno stile, seppur noioso; un racconto thriller ha un suo stile, decisamente più eccitante; una favola ne ha un altro, rassicurante. A cosa serve lo stile? Ogni stile ha una funzione e viene adottato per un preciso scopo: il documento burocratico deve rispettare le norme (dimenticando chi legge), il thriller deve tenere alta l'attenzione, la favola deve addormentare un bambino.

Ecco perché torna utile per il blog ed è necessario avere una strategia (e obiettivi) prima di definire una voce con cui raccontarli. Detto questo non fatevi inibire: datevi, per facilitarvi, una serie di regole (come rivolgervi ai vostri lettori, che argomenti trattare, se utilizzare un vocabolario più o meno ampio, se comporre frasi lunghe o corte ecc.) e preoccupatevi di non fare errori grammaticali, di costruzione sintattica, di scrittura delle parole. Non c'è nulla di meno professionale di un blog (e di uno scritto in generale) scritto con errori grammaticali o di lingua.

Detto questo, tenete presente che:

- La passione che guida la vostra scrittura sta al primo posto: scrivere un articolo deve diventare una necessità; dovreste aver voglia di raccontare qualcosa prima di mettervi alla tastiera; farlo perché obbligati da una scadenza non aiuta a rendere il contenuto interessante.
- L'argomento sul quale scrivere è il punto di partenza della discussione.
- Il tema e il titolo che date al vostro blog rappresentano già una dichiarazione del vostro stile.

Lo stile utilizzato racconta un po' voi stessi. Che cosa vorreste raccontare di voi? Quanto condividere? Esperienze personali? Opinioni politiche o religiose? Quale confine disegnereste per determinare quanto spingervi nella discussione con i vostri lettori? All'inizio di un percorso, queste domande potrebbero sembrarvi premature. In realtà è bene porsele fin da subito. D'altronde se utilizzate i social media sono domande che avreste già dovuto porvi; se non è così, questa è l'occasione giusta. Non ci sono risposte univoche e valide per tutti. Gli aspetti da considerare sono molteplici: solitamente le esperienze personali arricchiscono i racconti e li rendono vivi e appassionanti. Al contempo potreste avere vicino persone care che non gradiscono sia raccontata parte della loro vita. Utilizzare uno pseudonimo potrebbe non essere la soluzione giusta, perché il pubblico potrebbe leggere in questa scelta la volontà di nascondersi, di non essere trasparenti.

Non sono decisioni facili ed è bene meditarci su. Per superare l'impasse o quantomeno per affrontarla con maggiore snellezza vi proponiamo di:

- **Pensare prima di scrivere**: spesso la passione potrebbe farvi compiere scelte azzardate; in un blog professionale a guidarvi dovrebbe essere sempre, o quasi, una certa razionalità.
- **Postare alcuni temi altrove**: oggi la differenziazione delle piattaforme ci permette di avere profili diversi per argomenti diversi; se aprite un blog su temi relativi alle vostre competenze professionali, ma al contempo queste fanno i conti con le vostre idee politiche, esprimete le seconde in un contesto diverso.
- **Metterci la faccia e la firma**: potrà capitare di pubblicare informazioni sbagliate, ma se le avete scritte prendendovi una responsabilità personale, quando riconoscerete il vostro errore saranno pochi quelli non disponibili a perdonarvi e a continuare a leggervi.

Il piano editoriale

Realizzare un piano editoriale non è solo una cosa da grande giornale o un compito riservato a chi si occupa di media. Il piano editoriale rappresenta l'itinerario attraverso il quale il vostro blog cresce e si sviluppa. Una piccola struttura alla quale "aggrapparsi" quando vi troverete davanti a schermo e tastiera per scrivere può essere utile per un blog personale.

Un piano editoriale vi aiuta anche a dare consistenza al blog, a gestire al meglio i contenuti, a ottimizzare il tempo a disposizione. Costruitelo a vostra misura e sentitevi liberi di modificarlo nel tempo.

Vediamo con quali mosse si mette in piedi un piano editoriale:

1. **Definite una struttura che identifichi il tipo di articoli che volete scrivere (linea editoriale generale)**: il blog, come abbiamo visto parlando di categorie, può trattare argomenti diversi all'interno di uno stesso tema; il piano editoriale

differenzia questi argomenti per poterli organizzare al meglio. La struttura chiarisce quali siano la **frequenza** con la quale scriverete, la lunghezza dei post, quali gli autori (se ce ne sono diversi), quali i requisiti che devono avere i post (per esempio la tipologia di immagini).

2. **Definite la struttura di un post specifico**. Una volta pianificata la linea editoriale, passate a quella specifica di ciascun post. Per ogni articolo definite autore, formato del post (dalla linea editoriale), titolo e descrizione del contenuto, data di pubblicazione.

La programmazione di un piano editoriale non è uno sforzo da poco e richiede tempo ed energia. Questo passaggio vi aiuterà successivamente; scrivere un post può sembrare cosa semplice e immediata, ma non è così: potrà accadere che i primi nascano da soli senza sforzo; programmare vi aiuterà a superare con lo stesso slancio i momenti in cui sarà più difficile scrivere, per mancanza di idee, per tempi ristretti, per necessità di scrivere su un argomento su cui non avete documentazione sufficiente e via dicendo.

Per il calendario editoriale rimandiamo al Capitolo 20.

Dove nascono le idee

Ora che avete un metodo, si tratta di tirar fuori la creatività. Dove nascono le idee per scrivere? Più in generale, dove nascono le idee?

Il blocco dello scrittore, ma anche del blogger, del *content creator*, del social media manager, si presenta con uno schermo bianco e la mente vuota. Il blocco dello scrittore è la difficoltà o l'incapacità di cominciare, o di proseguire, la scrittura di un testo.

Le idee per scrivere possono venire quando non state scrivendo alcunché, anzi: magari state facendo jogging, guidando o facendo la doccia. Quando quell'intuizione deve passare attraverso la tastiera su uno schermo, può capitare che le cose da dire sembrino scontate, superflue, poco interessanti. Una buona idea non basta: bisogna farla crescere, svilupparla, darle una struttura ben organizzata.

I problemi relativi alle idee sono in genere di due tipi:

- Mancanza di idee, quando siete in difficoltà a trovare temi da trattare, oppure troppe idee, quando fate fatica a selezionare e scegliere, tra tante proposte, quali argomenti illustrare.
- Perfezionismo: una parte del cervello critica ogni idea e ogni frase sul nascere, inibisce ogni slancio creativo.

La preoccupazione, l'ansia, la paura di non riuscire sono altri ostacoli che impediscono di scrivere. Non avere limiti rappresenta un ostacolo alla scrittura: se sapete di avere solo due ore vi concentrerete e proverete a finire in quell'arco di tempo; se, invece, per lo stesso risultato ve ne daranno dieci, tra una cosa e l'altra le utilizzerete tutte. Per questo motivo la pianificazione può essere di aiuto anche se in maniera paradossale, perché impone scadenze.

Al di là delle cause scatenanti del blocco, quali possono essere i rimedi? Vediamone alcuni:

- **Appuntare le idee:** le buone idee raramente vengono stando seduti alla scrivania, ma nella maggior parte dei casi, quando siete "de-focalizzati", quando svolgete un'attività poco impegnativa (guidare) o un'attività fisica ripetitiva (correre, nuotare ecc.); l'importante è non lasciarle sfuggire. Creare un "archivio" di idee, raccogliendo link, post, ebook ecc. è un ottimo antidoto per non rimanere a secco.
- **Sviluppare le idee:** un'idea, appena nata, è ancora "acerba", bisogna svilupparla e farla maturare. Create una mappa mentale disegnando al centro la "parola chiave" della vostra idea, creando tante diramazioni con possibili sviluppi e "articolazioni". Completata la mappa, tenetela a portata di mano; in un secondo tempo, spesso, vengono in mente altri spunti e collegamenti preziosi. La mappa si può trasformare, se gli spunti sono molti, in un pezzo del vostro piano editoriale.
- **Programmare le idee:** la realizzazione di un piano editoriale, come abbiamo visto, può essere un antidoto contro la mancanza di idee.

Altre attività non riguardano la scrittura ma le vostre abitudini, utili a sviluppare idee nuove:

- **Introdurre cambiamenti:** cambiare l'orario in cui di solito scrivete, farlo in un luogo diverso dalla scrivania dell'ufficio o dello studio, fare l'esperienza di ambienti e contesti diversi.
- **Darsi dei limiti di tempo:** aiuta a comprimere in uno spazio temporale ristretto la vostra energia; potreste decidere che se nulla accade entro questo limite, sarà necessario cambiare versante lavorando su un altro tema o concedendosi ad attività diverse.
- **Auto-ingannarsi:** un post non troppo lungo può sembrare un lavoro insormontabile quando la mente non ci aiuta; una parte del vostro cervello in quei casi vi suggerisce di lasciar perdere perché non riuscirete a finire il lavoro; in questi casi quello che potete dirvi è "ne faccio solo una parte e poi mi fermo"; la forza di volontà a quel punto si sentirà sollevata perché lo scoglio che ha davanti non è così grande. Se siete bloccati cominciate scrivendo il titolo e la lista delle cose da comunicare: è il primo passo per portare a termine il lavoro.
- **Perdere il controllo:** in senso buono significa lasciare meno spazio all'autocensura e fare in modo che le parole che vi vengono in mente siano scritte così come le pensate; ci sarà modo, tempo e maniera per sistemare tutto, ma nel frattempo avrete scritto.
- **Seguire trucchi e consigli di un addetto ai lavori o di un professionista;** diversi siti web raccolgono consigli di questo genere. Noi vi consigliamo, fra tutti, Nuovo e utile (`http://nuovoeutile.it/`) di Annamaria Testa.

Testi e immagini devono essere congruenti e cooperare alla formazione di senso. Ma non devono essere esattamente sovrapponibili. Cioè non devono dire esattamente la stessa cosa. Pubblicare la foto di un ombrellone chiuso in una spiaggia deserta e scriverci sotto "ombrellone chiuso in una spiaggia deserta" non è una grande idea. Meglio, per esempio, scrivere sotto "dov'è finita l'estate?".

Chi volesse trovare risposte più lunghe e argomentate ai medesimi quesiti può dare un'occhiata a questi testi:

Sulla creatività (e anche sul superare i momenti di blocco): *La trama lucente* (Rizzoli, 2010).

Sulla scrittura e lo scrivere: *Farsi capire* (Rizzoli, 2009) e *Minuti scritti* (Rizzoli, 2013).

Su questi argomenti ci sono anche molti articoli in nuovoeutile.it.

Sulle relazioni tra testi e immagini: *Le vie del senso* (Carocci, 2004).

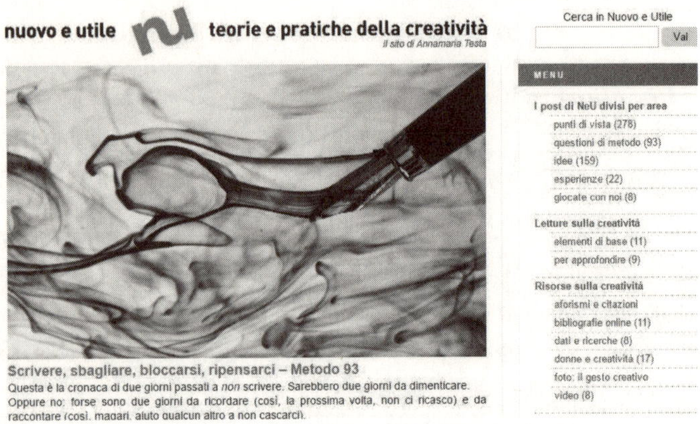

FIGURA 10.1 La home page di Nuovo e utile di Annamaria Testa.

IN QUESTO CAPITOLO

- Iniziare a scrivere
- Comporre un post
- Tipologie di post
- Il titolo
- Ottimizzazione per i motori di ricerca

Capitolo 11

Scrivere per il Web: la struttura di un post

Iniziare a scrivere

Scrivere per il Web è anche una questione di tecnica. A leggere i vostri post, ricordiamolo, saranno sia i lettori, sia i motori di ricerca. Ma quanto *piace* ai motori di ricerca ciò che scriviamo? Quanto influiscono le parole che scriviamo nel posizionamento che avremo nei motori di ricerca? Come vedremo, in realtà scrivere bene per il Web significa entrambe le cose: piacere ai lettori e piacere ai motori di ricerca.

Per iniziare a scrivere bene un post la cosa migliore da fare è quella di organizzare le idee e focalizzare alcune parole chiave relative al tema che vorrete trattare. Sulle parole chiave dobbiamo chiarire un aspetto che riguarda il posizionamento del blog nel Web. Quando aprite un blog e decidete di trattare un tema, questo dovrà essere rappresentato da un certo numero di keyword. Per posizione intendiamo sostanzialmente il risultato che ottengono gli utenti dalle ricerche quando digitano le stesse parole che noi abbiamo definito come keyword.

Se aprite un blog di cucina, tra le parole importanti troveremo "cibo", "cucina", "piatti", "pietanze", "dolci" e magari "biologico", "locale" e via dicendo. Quando un utente digita su Google una di queste parole il vostro blog in che posizione della ricerca si trova? Più accurati e attenti saranno la selezione e l'utilizzo delle parole chiave, maggiore sarà la possibilità che il vostro blog salga verso l'alto tra i risultati della ricerca.

Ogni volta che iniziate a scrivere, dovreste avere in mente le vostre keyword: la loro presenza nei post dovrebbe essere sempre assicurata. Per questo un buon post si compone attorno alle parole chiave che avete scelto per quell'argomento.

CONSIGLIO

Il posizionamento è condizionato da molti altri fattori. Le dinamiche della SEO non sono così semplici. Un buon esperto, come quello che abbiamo intervistato per questo capitolo, saprà consigliarvi al meglio per indicizzazione e posizionamento. Il nostro consiglio è di coinvolgerlo e consultarlo fin dalla nascita del blog per fare un buon lavoro sulla scelta delle keyword e sulla strutturazione delle pagine.

Nel paragrafo dedicato alla composizione di un post andremo ad analizzare più precisamente anche gli aspetti che riguardano alcuni elementi fondamentali dei vostri post. L'ultima questione su cui ci vogliamo soffermare in questo paragrafo è la lunghezza: quanto scrivere? Dipende dal tema che trattate, ma possiamo dare dei parametri. Il nostro consiglio è di non scendere mai sotto le 300/350 parole; un post più lungo può arrivare a 500 parole; uno importante allungarsi fino a 800. Suggeriamo di non andare oltre, perché rischiereste di non essere letti e di perdere l'attenzione degli utenti.

Come ultima indicazione vi forniamo alcune informazioni che forse potrebbero risultare superflue ma che è bene ricordare:

- Costruite frasi brevi, evitate le perifrasi e i giri di parole.
- In una scrittura fluida per il Web hanno poco spazio anche gli incisi e l'utilizzo delle parentesi deve essere circoscritto a poche parole e non a frasi intere.
- Il grassetto ha un significato per il lettore e una valenza per i motori di ricerca: va utilizzato soprattutto per insistere sulle keyword e su singole parole (o al massimo coppie) piuttosto che su frasi intere.
- L'utilizzo del maiuscolo è indicato solo per sigle e non per sottolineare un concetto (su questo ci sentiamo di riprendere una vecchia regola di comportamento del Web delle prime ore).

Comporre un post

Il vostro post è composto da alcuni elementi fondamentali che i motori di ricerca riconoscono. Il primo è il titolo seguito dal box in cui potete inserire il contenuto sotto forme diverse:

- Il testo vero e proprio, cioè l'elaborazione delle vostre idee in forma scritta.
- I link con i quali indicate ai vostri lettori fonti aggiuntive: possono essere interni (possono cioè rimandare a un'altra pagina del vostro blog) oppure esterni (di approfondimento e di specificazione del contenuto linkato).
- Le immagini e i file multimediali: all'interno del post è quasi obbligatorio inserire un'immagine; potete aggiungere un file multimediale di altro tipo (audio o video) ma ricordate due fattori; il primo è che se il file che inserite è molto grande ci vorrà del tempo per caricarlo e, soprattutto, potrebbe erodere lo spazio a vostra disposizione. Il secondo fattore è legato alla fluidità con la quale gli utenti potranno fruire del contenuto multimediale; video e audio rischiano di scorrere

a scatti o di partire con difficoltà, indisponendo il lettore. Vi consigliamo di gestire questi contenuti incorporandoli da siti terzi.

- Un contenuto incorporato: slide, video, file audio, podcast e in generale contenuti multimediali possono essere inseriti nel vostro blog grazie a un codice d'incorporazione. Il contenuto in questione non è ospitato sul vostro blog ma su una piattaforma che ne garantisce una fluidità maggiore. La piattaforma ospitante (YouTube, per esempio) fornisce tra gli strumenti di condivisione anche uno strumento chiamato codice d'incorporazione. Grazie a questo potete rendere visibile il vostro contenuto sulla pagina del blog senza che sia "fisicamente" presente. La procedura è piuttosto semplice: ottenuto il codice d'incorporazione (solitamente in HTML, qualcosa di simile a: <iframesrc="https://www.youtube.com/embed.../iframe>) dovete inserirlo nel post nel punto in cui volete che sia visualizzato. Per farlo, in WordPress, passate dalla modalità "visuale" a quella "testo" (selezionabile nella finestra d'inserimento testo in alto a destra, evidenziata nella Figura 11.1) e copiate e incollate il vostro codice. Tornando alla modalità "visuale", quella che solitamente utilizzate per scrivere i vostri post, vedrete che al posto del codice apparirà un segnaposto (quadrato solitamente) che rappresenta il vostro contenuto; cliccando sull'anteprima potrete visualizzare come apparirà agli utenti.

Tipologie di post

Nella costruzione del vostro blog potete scegliere tra categorie di post diversi. Ve ne presentiamo alcuni per darvi un'idea sia delle tipologie presenti che della metodologia con cui impostarli:

- **Il racconto giornaliero**: può essere di lunghezza variabile, si contraddistingue per una frequenza assidua, non richiede particolari abilità da parte di chi lo scrive, se non una passione e conoscenza del tema.

- **Il racconto strutturato**: si tratta di un post abbastanza lungo, scritto da una persona esperta dell'argomento.
- **La recensione**: è un post molto circoscritto, di una lunghezza variabile tra le 300 e le 500 battute suddivise in paragrafi stringati; scritto da chi conosce molto bene e da vicino il prodotto/servizio recensito (avendo avuto magari la possibilità di provarlo).
- **La critica, l'analisi**: di lunghezza variabile, solitamente scritta da persona informata e documentata sui temi oggetto del post; prevede che chi scrive sappia coinvolgere in maniera particolare i lettori sugli argomenti trattati.

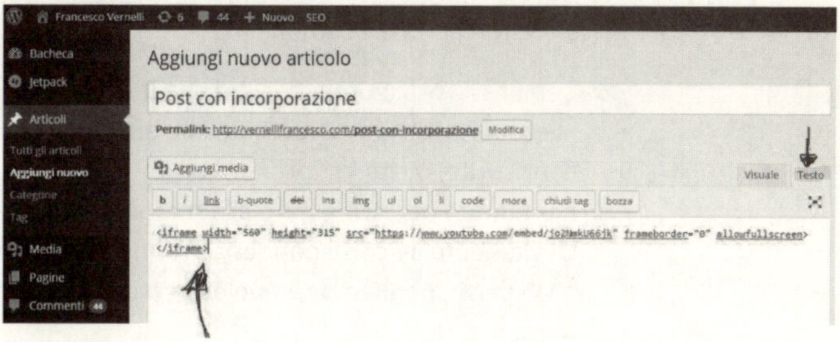

FIGURA 11.1 Inserimento del codice d'incorporazione.

- **Le istruzioni / le guide**: sono post che, se fatti con precisione, possono riscuotere molto successo; descrivono un procedimento o danno istruzioni su come svolgere un'attività; di lunghezza variabile, deve essere scritto da chi è veramente uno specialista del campo.
- **Le liste**: si tratta di quei post che hanno nel titolo un numero e presentano una lista di cose da fare o una classifica (per esempio: "i 10 modi migliori per creare un blog" o elenchi simili).

Il titolo

Il titolo del vostro post (e in misura minore quello di una pagina) ha una doppia importanza. Per prima cosa, come abbiamo visto nel Capitolo 8, rappresenterà, se non la cambiamo, la URL del post, cioè un'indicazione per i motori di ricerca che assoceranno le parole del titolo ai contenuti del post per verificare la corrispondenza tra quanto dichiarato e quanto enunciato (attraverso le keywords). In seconda battuta il titolo è il "gancio" con il quale attirate per la prima volta l'attenzione e la curiosità dei lettori.

Quella di cercare e trovare il titolo giusto è un'arte che richiede una dose di esperienza mescolata a un pizzico di creatività. Per ideare un titolo potreste procedere in queste maniere:

- Cercate il vostro titolo all'interno del post: nascosto in qualche frase, il titolo perfetto potreste già averlo scritto (inoltre, in questo modo utilizzerete le stesse parole chiave per le quali state cercando di posizionarvi).
- Cercate il vostro titolo nei libri che leggete o nei film che avete visto: utilizzare un titolo che ammicca a uno già conosciuto, o che lo riprende cambiando una o più parole, è un modo per richiamare alla memoria qualcosa già noto. Ovviamente, le corrispondenze vanno scelte con cura; alla stessa maniera possono essere utilizzati proverbi e modi di dire.
- Non ingannare il lettore: il titolo del vostro post deve restituire il senso e il contenuto completo del post. Racconta Umberto Eco nelle Postille a *Il nome della rosa*: "Il mio romanzo aveva un altro titolo di lavoro, che era l'*Abbazia del delitto*. L'ho scartato perché fissa l'attenzione del lettore sulla sola trama poliziesca e poteva illecitamente indurre sfortunati acquirenti, in caccia di storie tutte azione, a buttarsi su un libro che li avrebbe delusi".
- Provate alla fine: se non è la prima cosa che vi viene in mente, passate alla scrittura del post. Il titolo potrebbe venir fuori proprio alla fine, dopo che l'idea è stata coltivata durante la stesura e adesso è pronta a diventare un buon titolo.
- Buona la seconda: è esperienza condivisa che il primo titolo che viene in mente non è più avvincente già alla fine della stesura del post; non vi preoccupate, esiste sempre una seconda (ma anche una terza e una quarta) possibilità.

La SEO

SEO è l'acronimo inglese di *Search Engine Optimization*: è il modo in cui si costruiscono le pagine di un sito (e di un blog) perché siano più facili da trovare e indicizzare da parte dei motori di ricerca. Nella maggior parte dei casi quando le persone sentono il termine "SEO" lo associano alla scelta e alla definizione delle parole chiave, ma questo non è l'unico aspetto implicato. Ce ne sono altri che vanno considerati affinché il vostro blog sia ben catalogato dai motori di ricerca ed evidenziato al meglio nelle ricerche degli utenti.

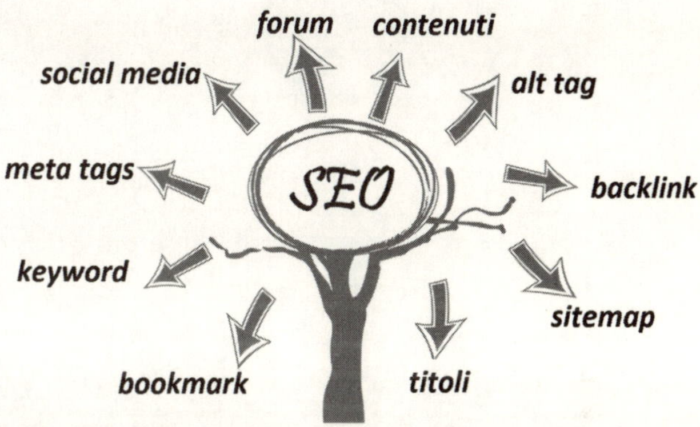

FIGURA 11.2 Di cosa si occupa la SEO.

Per la SEO, oltre le keyword sono importanti i link in ingresso nel sito e la loro qualità. Probabilmente l'aspetto più importante della SEO è la costruzione di legami che il blog sarà in grado di generare sul Web. Questo perché le relazioni con gli altri blogger e con il vostro pubblico aiutano a diffondere in maniera migliore i vostri contenuti; una buona attenzione sulla pura tecnica della SEO è sì necessaria, ma a patto che non diventi l'unico criterio con cui scrivere.

Detto questo, possiamo specificare alcuni aspetti senza addentrarci troppo nelle questioni della SEO per le quali sarebbe necessario un volume intero. Tenete a mente che Google penalizza i siti a bassa qualità: quali sono? Secondo quanto dichiarato dal motore di ricerca stesso, sono i siti che non hanno valore aggiunto per gli utenti, che riportano contenuti di altri siti, che non sono facilmente fruibili. Al contrario sono considerati di alta qualità quelli che riportano ricerche, approfondimenti, analisi. Il trucco per scrivere un articolo che sia valutato in maniera positiva dai motori di ricerca è realizzare contenuti di buona qualità, che non siano ridondanti e copiati, ma originali e autorevoli, corretti dal punto di vista grammaticale, privi di errori e affidabili nei contenuti. Come vedete, stiamo suggerendo di adottare tecniche che riguardano l'interesse e il valore dei post che andrete a produrre. Poi ci sono tecniche SEO che possono essere utilizzate ma solo in subordine a questi principi generali.

Per approfondire l'argomento in maniera completa vi consigliamo *SEO Power* di Giorgio Taverniti, Hoepli (2013).

IN QUESTO CAPITOLO

Capitolo 12

Produrre contenuti interessanti e di valore

Contenuti di valore

Il cuore centrale di un blog sono i contenuti. A dire il vero i contenuti sono al centro del Web e di tutte le attività che si possono sviluppare online: oggi, infatti, si parla sempre più spesso di *content marketing*, argomento sul quale vi invitiamo a leggere il libro di Cristiano Carriero e Luca Conti *Content Marketing, promuovere sedurre e vendere con i contenuti* (Hoepli, 2016).

Soffermiamoci su alcuni aspetti che dovrebbero "guidare" la scelta delle cose da scrivere una volta che avete aperto il blog. Cosa significa produrre e offrire contenuti di valore? La prima risposta è: **utilità**. Un contenuto è di valore se chi ne usufruisce ne trae un **vantaggio**. Detto così, può sembrare banale; proviamo ad andare più a fondo. Il vantaggio può assumere varie forme: un'informazione non facile da reperire e di cui l'utente non era a conoscenza, un'istruzione per realizzare qualcosa di pratico (un video tutorial o un elenco di istruzioni per l'uso), un regalo o un omaggio (un ebook o un codice sconto), una guida o un'assistenza per scoprire qualcosa di nuovo (un servizio o un luogo fisico). Il segreto sta nello sforzarsi di capire i gusti e gli interessi del vostro pubblico per poterli poi soddisfare al meglio.

Si passa dal piacere di scrivere per se stessi a quello di scrivere per gli altri: questo comporta tenere insieme la passione per i temi che abbiamo scelto e l'attenzione alle esigenze dei lettori. Potrà succedere, quindi, di dover "abbassare il tiro", oppure, al contrario, di dover aumentare il vostro livello di conoscenze per affrontare alcune questioni.

Inutile dire che l'essere originale (non necessariamente unico) aumenta il valore del vostro contenuto. L'originalità può essere non nel ***cosa*** ma nel ***come***. Per esempio potreste riproporre un contenuto (una semplice ricetta) attraverso un'infografica anziché con un prontuario o un video come ne sono stati già fatti molti.

Ma per essere originali non necessariamente bisogna inventare qualcosa. Si può passare attraverso un metodo sintetizzabile con queste tre azioni: **copiare** – **rielaborare** – **incollare**. Che cosa significa fare *copia & incolla* ormai lo sappiamo tutti. Nel metodo che vi proponiamo la parte importante sta nel *rielaborare*. Partiamo da un assunto verificato e che potete dare per certo: sul Web (ma forse anche nelle attività offline) è ormai davvero difficile produrre qualcosa che non sia stato già scritto, detto, realizzato. La vastità con la quale vi confrontate non vi permette di farlo eccetto alcuni casi molto rari. Ma questa enorme massa di contenuti non è altro che un'inesauribile risorsa a cui attingere: copiate! Fatelo con cura, selezionando le fonti, facendo confronti. Non è un furto se rispettate le regole che suggerisce Austin Kleon nel suo libro *Ruba come un artista* (Vallardi 2013):

- Valorizzate le fonti: dichiarate da chi avete preso spunto o semplicemente tratto ispirazione; se avete selezionato le fonti questa scelta darà ancora più valore alle vostre produzioni.
- Approfondite: non basta un aforisma per conoscere uno scrittore, bisogna leggere interi libri; date consistenza ai vostri contenuti dimostrando di conoscere a fondo ciò di cui scrivete.
- Differenziate le fonti: se "copiate" un contenuto, non fatelo approvvigionandovi da una sola fonte, analizzatene diverse e fatevi condizionare da più punti di vista.

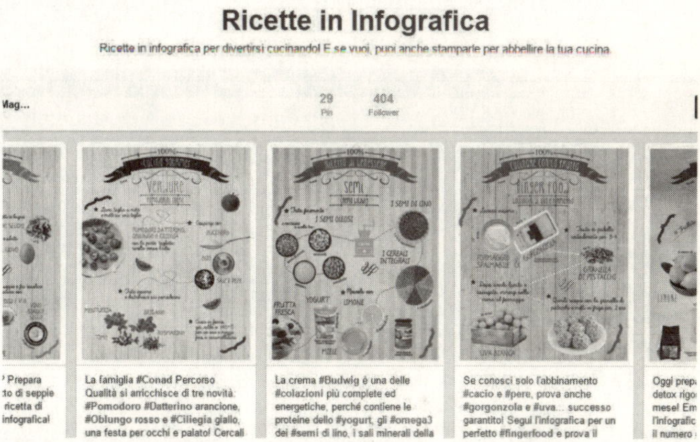

FIGURA 12.1 Le ricette in infografica di Conad (in questo caso pubblicate sul social network Pinterest).

In buona sostanza, detto in questi termini, quello che abbiamo copiato si può tradurre come "farsi una cultura" in un determinato campo o argomento. La fase successiva è la **rielaborazione**. In che cosa consiste? Sostanzialmente nella vostra capacità di riprodurre ciò che avete appreso in una maniera tutta vostra. Facciamo un esempio legato allo sport e in particolare al tennis (chi lo pratica probabilmente avrà fatto esperienza di ciò di cui stiamo per parlare). Siccome è uno sport che prevede una parte tecnica legata all'utilizzo della racchetta ci sono movimenti e posture da apprendere, e uno dei metodi per farlo è guardare qualcuno che gioca meglio, per poi provare a fare la stessa cosa. Quello che normalmente accade, però, è che, osservando un *modello* (campione di tennis, maestro) e provando a copiarlo, il risultato ottenuto non è lo stesso, ma non è detto che non impariate ugualmente a giocare a tennis. Impugnerete la racchetta in maniera differente, colpirete la pallina con effetto diverso, aggiusterete la traiettoria con un altro movimento del braccio. Tutto diverso da ciò che avete copiato, ma altrettanto efficace (perlomeno per fare qualche punto). Il processo con il quale **trasformate** ciò che avete visto nell'intento di **ripeterlo** è quello che si intende per **rielaborazione**.

CONSIGLIO

Per scoprire se i vostri contenuti sono copiati esiste un sito che confronta la pagina indicata (attraverso la sua URL) e i contenuti presenti nel Web. Il servizio si chiama Copyscape `http://www.copyscape.com/`.

FIGURA 12.2 Copyscape svela copie di contenuti.

Ritmo e frequenza

Ritmo e frequenza hanno a che fare con i tempi del vostro blog. La frequenza riguarda il rapporto che avete con l'ampio pubblico del vostro blog, il ritmo con il singolo lettore. La frequenza ha qualcosa di strategico, il ritmo qualcosa di intimo. Per fare un paragone la frequenza corrisponde a quanto tenete aperto il vostro negozio, il ritmo a come trattate ogni singolo cliente.

Il ritmo è la musica, il suono che il vostro post produce nelle orecchie di chi lo legge. Un testo per arrivare, per essere ascoltato, per emozionare, deve avere il ritmo di una canzone. Vedremo meglio più avanti che bisogna saper ascoltare per imparare a scrivere col ritmo giusto, per scegliere le parole migliori. A ogni modo nel momento in cui scrivete il vostro post siete voi a controllare il ritmo di chi legge: utilizzerete frasi più lunghe o più corte in reazione alla velocità che volete abbia il lettore; frasi di varia lunghezza per produrre la musica, il ritmo del post. Questi concetti vaghi affondano le radici in questioni molto più semplici: quanto è lunga la frase? Dove si trovano le virgole e il punto? Quante frasi ha il paragrafo? Tendenzialmente il nostro consiglio è di preferire frasi brevi, che aiuteranno a semplificare ciò che è complesso, poiché solitamente non si affronta la lettura di un post in un blog pensando di accostarsi a un'opera letteraria. L'abbondanza di punti dà al lettore tempo e spazio per comprendere. L'aspettativa è di imparare qualcosa in modo intelligente e veloce. In alcuni casi le frasi corte aiutano a scatenare potere emotivo. Facciamo un esempio riprendendo un esperimento di scrittura creativa che non è nostro (si trova in un saggio di Gary Provost dal titolo *100 modi per migliorare la tua scrittura* e lo potete leggere in inglese qui: `http://goo.gl/cPk1Eb`). Il paragrafo che segue alterna frasi brevi e frasi lunghe, e utilizza la punteggiatura in modo da comunicare, oltre alla narrazione descrittiva, anche emozioni:

"Questa frase ha cinque parole. Ecco qui altre cinque parole. Frasi di cinque parole vanno bene. Ma troppe insieme causano monotonia. Ascolta quel che sta succedendo. Lo scritto sta diventando noioso. Il suo suono ti dà voglia di dormire. È come un disco rotto. L'orecchio implora un po' di varietà. Adesso ascolta. Cambio la lunghezza delle frasi, e con essa creo la musica. Musica. Lo scritto canta. Ha un ritmo piacevole, una cadenza, un'armonia. Uso frasi corte. E uso frasi di media lunghezza. E a tratti, quando sono certo che il lettore sia riposato, lo coinvolgo in una frase di considerevole lunghezza, una frase che brucia d'energia e s'innalza con l'impeto di un crescendo, il rullo dei tamburi, il tuonante clangore dei piatti – suoni che dicono: "Ascoltami, questo è importante!".

Avete percepito il cambiamento di ritmo? Sia chiaro, questa è solo una dimostrazione. Per il vostro blog è sufficiente avere chiara la definizione di ritmo e provare a utilizzare qualcuna di queste tecniche per trovare quello giusto per voi e i vostri lettori. Passiamo ora all'altra questione che riguarda i *tempi* del post.

Uno dei quesiti più frequenti che riceviamo da chi sta aprendo un blog è: quanti articoli? La risposta è la frequenza con la quale decidete di pubblicare sul vostro blog. Il primo intento, vedrete, sarà quello di scrivere molto, una volta al giorno o di più. Anziché farsi trasportare dall'entusiasmo è preferibile provare a capire in che modo la vostra frequenza potrà essere sostenibile nel tempo. E, al contempo, cercare di comprendere quanti contenuti riesca ad assorbire il pubblico. Se in precedenza abbiamo visto che costruire un piano editoriale aiuta a rendere più efficiente la scrittura, ora vediamo come la frequenza dei vostri post può essere una strategia per raccogliere nella maniera più efficace l'attenzione dei lettori.

In questo senso vogliamo soffermarci su una questione che consideriamo molto importante: l'abitudine. Ci sono azioni e attività di ogni giorno di cui, nonostante i processi di cambiamento voluti o subiti, le persone non possono fare a meno. Possono essere legate a esigenze, ma più spesso dipendono da motivi di economia e fidelizzazione. Il primo caso, **l'economia**, è dettato dal cervello e dall'istinto, che in generale sconsigliano di tentare un cambiamento laddove l'esperienza generi gradimento. Facciamo un esempio: per un normale essere umano è più "economico" salire all'ultimo piano di un'abitazione utilizzando l'ascensore, piuttosto che fare le scale (le energie che si consumano sono inferiori e si raggiunge lo stesso risultato) anche se le scale farebbero bene al nostro benessere. Non è solo una questione di comodità, ma di calcolo, seppur inconscio. Per lo stesso motivo dobbiamo metterci a dieta forzando le nostre abitudini alimentari che sono più economiche e comode.

Il secondo caso, la **fidelizzazione**, è quel meccanismo attraverso il quale riconosciamo in un'abitudine una cosa talmente vicina al nostro sentire e alla nostra parte emozionale che facciamo fatica o proprio ci opponiamo ad abbandonarla. Il cruccio di chi non riesce a smettere di fumare, ma il piacere di frequentare gli stessi amici di sempre. In ambiti meno personali, è l'abitudine di frequentare lo stesso negozio e di acquistare lo stesso prodotto per un lungo periodo di tempo (a volte per tutta la vita). Il meccanismo è complesso e mescola molti aspetti che hanno a che fare con le nostre emozioni.

Tenendo ben presente due cardini, economia e fidelizzazione, provate a dare delle abitudini ai vostri lettori. L'aspetto positivo dell'abitudine, per quel che vi riguarda, è che vi aiuterà a mantenere senza troppi sforzi di conquista una base solida di pubblico del blog; l'aspetto negativo è che vanno mantenute nel tempo e prima di cambiarle vanno spiegate e condivise di nuovo. Se decidete di uscire con un post una volta al giorno (alla settimana, al mese) quella sarà la vostra frequenza, sulla quale sintonizzerete le consuetudini dei vostri lettori: dovrà rimanere la stessa per un bel po' di tempo. Sarà un patto non scritto e non detto che avrete con il pubblico. I contenuti dovranno avere una frequenza che vi permetta di mantenere il patto (tacito) fatto con i lettori.

Consistenza e onestà

Ci sono altri due fattori importanti per produrre contenuti interessanti e di valore: consistenza e onestà. Essere consistenti vuol dire:

- **Dimostrare le capacità**: dimostrare e portare argomenti che testimoniano le vostre competenze, conoscere bene gli obiettivi, avere chiare le motivazioni dei lettori, conoscere e sapere utilizzare gli strumenti, comunicare con chiarezza, saper scegliere gli argomenti, motivare adeguatamente il lettore, non dare mai nulla per scontato.
- **Essere coerenti**: avere la cura e l'accortezza di portare avanti le stesse motivazioni, gli stessi principi. Non significa non cambiare mai idea, ma quando avviene motivare e dare argomenti validi sulla scelta.

Più in generale essere consistenti significa aggiungere conoscenza e risolvere "problemi". Dovreste chiedervi, prima di scrivere ogni post: che cosa può imparare un lettore da quanto scrivo? Che problema posso risolvergli? Un'inversione di punto di vista che, come abbiamo accennato in precedenza, aiuta molto a entrare nei panni di chi ci legge, a non essere autoreferenziali.

L'altro elemento è l'onestà: mai scrivere bugie, mai fare promesse che non si possono mantenere. Quello che produrrete rimarrà online e potrà generare valore dopo molto tempo; alla stessa maniera una bugia o una promessa non mantenuta rimarranno lì a dimostrare la vostra inaffidabilità. L'onestà premia sempre: è molto meglio dichiarare un'incompetenza, sulla quale è possibile rimediare con studi e approfondimenti, piuttosto che vantare una conoscenza che non avete.

Fonti e riferimenti

Una nota particolare meritano le fonti. Quando scriviamo un post probabilmente prima abbiamo utilizzato delle fonti d'informazione e fatto tesoro di libri, articoli e siti web che abbiamo consultato. Un buon blog cita i riferimenti ed elenca le fonti da cui recupera informazioni. I modi per farlo possono essere:

- Inserimento di link: un link che indirizza a un approfondimento o al sito da cui avete preso una citazione è uno strumento per arricchire la navigazione del vostro blog e al contempo per fornire un riferimento di contesto. Impostate il link in modo che con il click si apra una nuova finestra piuttosto che la medesima in cui il lettore sta leggendo il blog: in questo modo l'utente non abbandonerà la navigazione della vostra pagina e se il link è inserito all'interno di una trattazione più lunga non interromperete la sua attenzione.
- Bibliografia e sitografia: potreste inserire nel vostro blog una pagina con i riferimenti di letture e siti che consultate più di frequente. La funzione di questa pagina è documentare la vostra preparazione. L'elenco di siti, soprattutto nella forma del blogroll, è un modo per attivare la Rete e allacciare contatti con altri blogger del vostro settore.
- Un post referenziale: un'altra possibilità è realizzare di tanto in tanto un post in cui citate una o più fonti e consigliate ai vostri lettori di consultarle.

È importante in qualsiasi elenco, soprattutto nel caso dei siti e di altri riferimenti che non hanno già una precisa indicazione (come per esempio la citazione della fonte per dei dati), che accanto al riferimento aggiungiate qualche considerazione rispetto all'utilizzo di quella fonte, delle ragioni per cui la ritenete importante e utile, come la consultate e cosa ci trovate. È sufficiente una piccola recensione di una o due righe al massimo.

Come scegliere le fonti da cui recuperare contenuti validi? Innanzitutto siate selettivi, astenetevi da considerazioni del tipo "più ce ne sono e meglio è". I visitatori, esattamente come ognuno di voi, tengono al proprio tempo e lo ritengono cosa preziosa: siete sicuri che vorranno perdersi tra 30 blog su temi attinenti al vostro? Forse saranno sufficienti i primi 5, i migliori per voi. Per evitare che la pagina risulti troppo scontata, potete inserire una serie di fonti minori, ma che ritenete valide seppur non abbiano un folto pubblico. Inserite fonti che sono al di là del vostro gusto: ricordate che state proponendo un vero e proprio servizio ai lettori, non state eseguendo una semplice operazione di apparenza. Sul tema della validità, come su tanti altri, è difficile dare regole o certificazioni: molto dipende dall'argomento che tratta il vostro blog. In ogni caso potreste considerare questi fattori per le fonti online:

- La rilevanza degli ultimi articoli (se si tratta di un altro sito/blog).
- Il numero di iscritti ai feed.
- Il numero dei commenti e il loro tenore.
- La posizione nelle classifiche.
- La posizione su Google in base alle keyword secondo cui dovrebbe essere posizionata.
- Il feedback di vostri lettori una volta che l'avete proposta.
- Recensioni, critiche, riferimenti di altri esperti se si tratta di articoli, pubblicazioni, riviste e libri.

Infine, vi diamo un consiglio rispetto al numero di fonti e di riferimenti da inserire nel post: devono essere abbastanza da giustificare la presenza della pagina dedicata, ma non troppe da far smarrire o confondere il lettore. Potreste iniziare con l'inserirne una decina e aumentarle col tempo e con la crescita dell'esperienza nel campo.

TIPOLOGIE DI POST DI SUCCESSO

Elenchiamo alcune caratteristiche di un post di successo. Il successo, lo vedremo più avanti, si misura soprattutto sulla quantità di condivisioni che riesce a generare. Nell'esperienza del Web ci sono alcune tipologie di post che hanno più possibilità di altri di essere condivisi. Ecco quali sono:

(continua)

Elenchi puntati

Fornire alle persone una lista di cose da fare o 10 suggerimenti per la creazione di un bel video sono i titoli e gli articoli che le persone cercano e leggono abitualmente. Fanno guadagnare tempo e sono facili da leggere, capire e visualizzare. Gli articoli strutturati a punti elenco funzionano.

Approccio negativo

La maggioranza delle persone preferisce conoscere gli errori da evitare piuttosto che ricevere indicazioni su come agire. Un post di successo può essere quindi rappresentato da contenuti che hanno un approccio negativo. Infatto, è chiaro che se vi diciamo "Non pensare al Duomo di Milano" l'unica cosa a cui penserete sarà proprio il Duomo di Milano. Concentrarsi sul non sbagliare ci aiuterà a sbagliare, eppure usando questo approccio potreste essere sorpresi dall'aumento di traffico sul post. Provate!

Infografica

L'infografica è un contenuto che ha avuto una crescita esponenziale. Consente di presentare dati e informazioni complesse attraverso l'uso di testi e immagini. Fornisce un'idea chiara e articolata in un'unica rappresentazione visiva ed è uno dei contenuti più condivisi.

Contenuti di qualità

"*Content is King*", recita una nota citazione di Bill Gates. Scegliete un argomento e fate una ricerca su Google. Partite dagli articoli migliori e riproponete una sintesi ai lettori, oppure inserite parti di un articolo interessante integrandolo con vostre considerazioni, ricordandovi sempre di citare la fonte e di inserire un link (è il miglior modo con cui potete ringraziare l'autore dei contenuti originali). Così, avrete permesso ai lettori del vostro blog di risparmiare tempo e fatica.

Ricordatevi infine di limitare al massimo la percentuale di contenuto ripreso da altri siti, per favorire una migliore indicizzazione sui motori di ricerca.

(continua)

Come fare per...

È incredibile vedere come le persone reagiscano positivamente quando si forniscono loro istruzioni semplici da mettere in pratica, indicando da dove cominciare e come procedere lungo il percorso. Su questo si basa per esempio il successo di molti tutorial di YouTube. Pochi e semplici passi possono veramente aiutare chi legge a trovare e ad applicare la soluzione che stava cercando.

Notizie e aggiornamenti

Aiutate i vostri lettori a trovare rapidamente informazioni sulle ultime novità del loro settore, notizie relative alla città in cui vivono o a livello internazionale. In questo caso è fondamentale essere sempre attenti, informarsi, aggiornarsi ed essere tra i primi a pubblicare la notizia. Sul Web ogni informazione invecchia molto in fretta.

Ricerche

Riportare dati tratti da ricerche universitarie o derivati da diverse fonti, raccolti in un articolo ben strutturato, fornisce al vostro blog l'autorevolezza necessaria per suscitare l'interesse di lettori di cultura medio-alta, dirigenti d'azienda o imprenditori.

Case history

Le ricerche sono interessanti, ma i casi reali rappresentano la prova concreta che una certa cosa funziona. Raccontare *case history* e storie di successo aiuta il vostro blog a calarsi nella realtà.

Contenuti "evergreen"

Se è vero che il Web richiede notizie sempre fresche e nuove, questa frenesia informativa può portare a dimenticare di sfruttare l'efficacia di un contenuto postato due anni prima e ancora attuale. Perché quindi non condividerlo nuovamente, rilanciandolo ai propri lettori? Buona pratica è aggiornare l'articolo anteponendo al testo precedente una serie di nuove informazioni. Questo vi consentirà di riproporlo nella home page, favorendone ulteriormente l'indicizzazione sui motori di ricerca.

(continua)

Recensioni di applicazioni e risorse utili

Gli utenti sono costantemente alla ricerca di strumenti e applicazioni che rendano la vita più facile. Aiutate i vostri lettori a trovare plugin, applicazioni e strumenti che possano supportarli nelle loro attività su Internet prendendo spunto dalla vostra esperienza personale.

Soluzioni

Fornite le istruzioni passo passo su temi che ritenete cruciali per il vostro settore. Le indicazioni dedicate alla soluzione di problemi danno un valore aggiunto ai vostri contenuti e i lettori ne saranno entusiasti.

Dati e statistiche

Contenuti che illustrano statistiche e dati recenti sono sempre una scelta che produce click e stimola l'interazione. Le persone sono incuriosite perché vogliono sapere chi sono i migliori in un certo campo.

IN QUESTO CAPITOLO

- Come inserire un'immagine
- Realizzare un'immagine
- Immagini e testo, la giusta combinazione
- Dove trovare le immagini
- Diritti d'autore e Creative Commons

Capitolo 13

Le immagini: come trovarle e utilizzarle

Il Web, un oceano di immagini

Se è vero che il Web rappresenta la rivincita della scrittura, non si può comunque negare che il linguaggio principe che lo caratterizza sia quello delle immagini.

Le immagini, infatti, possono aiutare a interpretare le situazioni, fino a ingannare; e sono proprio i contenuti multimediali, immagini e video, ad attirare maggiormente l'attenzione dei lettori sui siti e sui social. Ecco, quindi, che le immagini, e i contenuti multimediali più in generale, possono sortire lo stesso effetto sui post del vostro blog.

Il Web è una riserva di immagini pressoché infinita: per un blogger questo rappresenta una fonte e un mondo con cui confrontarsi. Possiamo davvero aggiungere immagini interessanti e originali in questo contesto? In realtà forse è più facile farlo con le immagini che con il testo: il costo di produzione di una foto è notevolmente più basso di quello di un testo. A patto di conoscere tecniche e strumenti per realizzarla al meglio.

Le immagini che potete trovare online e utilizzare sono di diversi tipi:

- **Icone:** potete utilizzarle per evidenziare un particolare e soprattutto per invitare il lettore a cliccare su un preciso contenuto; possiamo dire che il loro fine prevalente è quello di fare da segnalazione per un link o un riferimento sul quale volete attirare l'attenzione. Per esempio è preferibile utilizzare un'icona per indicare il vostro profilo su un social network oppure per segnalare un'azione diversa che l'utente può realizzare sulla pagina, come mostrare i vostri contatti. Le icone vanno utilizzate tenendo ben presente le loro caratteristiche grafiche; il nostro consiglio è di farne comunque un utilizzo moderato e di inserirle con appositi plugin e widget che, in un tema predefinito, non vanno a modificare l'aspetto e l'equilibrio grafico complessivo. Esistono piattaforme dedicate alla creazione di icone personalizzate come, per esempio, IconMonstr (`http://iconmonstr.com/`).
- **Foto:** le foto sono il contenuto visuale di maggior valore per il vostro blog. Vedremo più avanti come ottenere delle immagini efficaci, soprattutto se combinate con il testo giusto. Rispetto alle foto, considerate la qualità, sia in senso tecnico che per le emozioni che riescono a suscitare. Il nostro consiglio è quello di avere particolare cura nella selezione delle immagini o di crearsele in autonomia come indichiamo poco sotto.
- **Disegni:** sono poco diffusi nei blog perché necessitano di qualcuno che se ne occupi in maniera specifica. I disegni e le illustrazioni però regalano un tocco di originalità in più e possono anche sottolineare uno stile; se il disegno è nella forma di vignetta, sottolinea meglio i punti chiave del vostro articolo.

Come inserire un'immagine

Potremmo dividere l'inserimento delle immagini in due fasi: la prima è quella di upload nel vostro hosting (libreria); la seconda quella d'inserimento delle stesse in articoli e post. Per aggiungere un'immagine alla vostra libreria di WordPress andate al menù "Media" e poi "Aggiungi nuovo". A questo punto è sufficiente caricare dal vostro PC l'immagine che vi serve. Con il sistema "multifile" potete caricare più immagini in una volta sola. In questo modo le immagini che vi servono saranno a vostra disposizione nella libreria del vostro WordPress.

ATTENZIONE

Ricordatevi di nominare le immagini in maniera coerente rispetto al loro posizionamento nella pagina e al contenuto che esprimono. Se i vostri file di immagini hanno come nome un codice (per esempio, IMG122345.jpg o simili) rinominatele rispetto al loro contenuto (per esempio, spiaggia.jpg oppure con una parola chiave, "keyword.jpg").

Per aggiungere l'immagine all'interno del post o della vostra pagina procedete scegliete il pulsante "Aggiungi media" (in alto a sinistra sopra la finestra in cui inserite il testo): a questo punto potete effettuare una serie di scelte. Sulla banda di sinistra avete la possibilità di:

- **Inserire il file:** potete scegliere il file dalla vostra libreria oppure caricarne uno nuovo seguendo la stessa procedura che abbiamo visto poco sopra.
- **Creare una galleria:** il sistema vi chiede di scegliere più file che verranno composti in un'unica galleria che comparirà secondo modalità di visualizzazione che potete scegliere, una volta selezionate le foto, nella pagina successiva alla voce "impostazioni galleria".
- **Porre un'mmagine in evidenza:** l'immagine scelta verrà utilizzata per rappresentare il vostro post o la vostra pagina (secondo le modalità che illustreremo fra poco).
- **Inserire da URL:** per inserire un'immagine che non è presente nella vostra libreria ma si trova in una URL diversa; questa modalità, seppur snella perché permette di saltare

alcuni passaggi, non consente però di avere il controllo delle immagini (a meno che la URL in cui è l'immagine non sia gestita da voi).

Con questa formula di base WordPress non garantisce risultati molto efficaci da un punto di vista grafico. Un passo avanti in tal senso può essere fatto utilizzando la soluzione dell'**immagine in evidenza**, dopo aver verificato che il tema scelto la supporti. Quasi ogni tema di WordPress che si rispetti (gratuito o a pagamento) sfrutta le immagini in evidenza. Si tratta di immagini che potete caricare normalmente, ma che, attraverso un particolare procedimento, potete abbinare a una pagina articolo. Nella maggior parte dei casi sono sfruttate come anteprime all'interno della home page: in una lista di notizie o in una serie di ultimi lavori. A livello grafico, stimolano l'interesse del visitatore, spingendolo ad approfondire l'argomento. Usarle è molto facile: all'interno dell'articolo o della pagina in questione, in basso a destra troverete il pannello "Immagine in evidenza" attraverso il quale potete scegliere quella che avete precedentemente caricato o caricarne una con la solita procedura. In base al template grafico che state utilizzando, l'immagine in evidenza apparirà in un'area specifica del sito (solitamente in home page o nella pagina in cui scorrono gli articoli del vostro blog). Vi consigliamo di controllare e verificare il risultato o la documentazione del tema che avete scelto prima di utilizzare questa modalità per caricare correttamente le immagini.

FIGURA 13.1 La home page di IconMonstr con cui è possibile creare icone personalizzate per il vostro blog.

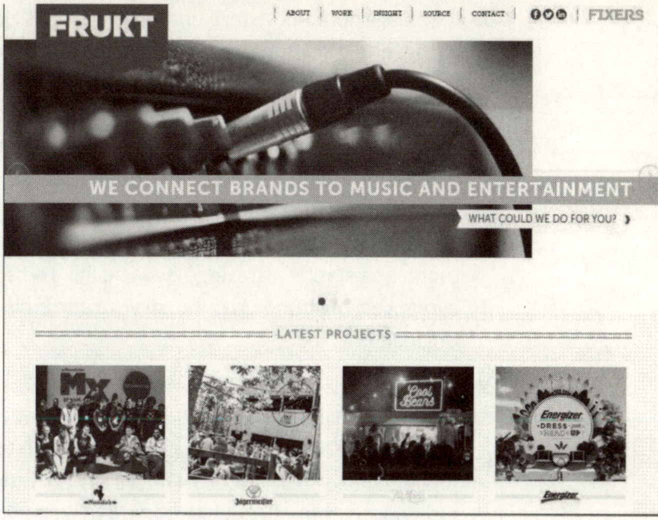

FIGURA 13.2 Frukt che sfrutta le immagini in evidenza per comporre la home page.

Realizzare un'immagine (fare una fotografia)

Più avanti vedremo come recuperare immagini dal Web sia in modalità copyleft che copyright. Un modo sicuro per assicurarsi immagini originali e libere da problematiche legate ai diritti d'autore è quello di produrle voi stessi. L'autenticità di un'immagine che realizziamo da soli, inoltre, vale molto in termini di interesse da parte dei lettori e di autorevolezza per l'autore. Produrre una buona immagine è una questione creativa e di conoscenza di qualche trucco per scattare la foto in modo che possa risultare professionale. Per farlo, entro certi limiti, non è necessario avere un'attrezzatura particolare, ma elenchiamo di seguito alcuni accorgimenti utili:

- Scegliere il soggetto: ogni foto deve essere evocativa e al tempo stesso descrittiva. Chiarite prima cosa volete comunicare con l'immagine e selezionate di conseguenza il soggetto; per esempio per raccontare il mare potreste scegliere le onde, una spiaggia, una sdraio e un ombrellone, una conchiglia, un castello di sabbia.

- Cambiare punto di vista: il primo istinto è posizionarsi davanti al soggetto e scattare frontalmente quello che vogliamo far vedere; non è sbagliato in assoluto, ma una foto è più attraente se racconta un punto di vista originale; potete inquadrare il soggetto di tre quarti oppure adottare un'altra prospettiva. Per esempio, se decidete di fotografare un paesaggio con una montagna, anziché farlo in posizione eretta provate ad abbassarvi e scattate una foto in cui la montagna si vede attraverso qualche filo d'erba che è in terra: avrete così restituito un punto di vista ancor più naturale e originale.
- Non posizionare il soggetto principale al centro: c'è una regola non scritta, detta regola dei terzi, che impone di non mettere il soggetto principale della foto al centro della stessa; il concetto fondamentale della regola dei terzi è che per ottenere una fotografia correttamente bilanciata, il soggetto non dovrebbe (quasi) mai essere inquadrato al centro dell'immagine: renderebbe il risultato statico e noioso; in un equilibrio complessivo della foto, risulterebbe schiacciato se l'intento è quello di renderlo più evidente. Non importa che stiate fotografando un paesaggio, un cane o la vostra famiglia: la regola vale praticamente sempre.
- Controllare luce e riflessi: controllate la superficie del soggetto che state per fotografare e fate attenzione che non ci siano riflessi e che la luce sia sufficiente a illuminare tutte le parti della foto.
- Catturare un particolare: un trucco per essere più evocativi è quello di sottolineare un particolare con la vostra foto, a volte senza la completezza dell'immagine; si può fotografare una porta inquadrando solo la serratura o la maniglia. Il concetto è lo stesso della sineddoche, che vuole che il tutto sia raccontato da un particolare.

Chiaramente questi semplici e immediati consigli non faranno di voi dei fotografi professionisti. E, soprattutto, un blog professionale avrà bisogno di inserire foto di qualità, che potrete ottenere solo con la collaborazione di un fotografo esperto: questo sarà ancora più importante se il blog racconta la vostra attività professionale.

PER I PIÙ CURIOSI

Esistono software per migliorare lo scatto originale con filtri, aggiustamenti e modifiche tali da rendere la foto più efficace. Ve ne consigliamo qualcuno. Il primo è la Google Nik Collection, una suite di sei applicativi per modificare le vostre foto, fino a poco fa a pagamento ma ora gratuita (`https://www.google.com/intl/it/nikcollection/`). Per una modifica più avanzata, potete utilizzare Gimp (`https://www.gimp.org/`). Con un unico programma vi sarà possibile ritagliare, mettere filtri, inserire scritte, applicare effetti e molto altro.

Immagini e testo, la giusta combinazione

La combinazione di testo e immagini è una costante imprescindibile di una comunicazione efficace. La possibilità di associare un'immagine funzionale a un testo altrettanto accattivante è un vantaggio competitivo molto importante per un blog che vuole essere di successo. Come ha affermato Annamaria Testa nell'intervista che vi proponiamo come contenuto extra per gli iscritti alla newsletter (consultate la pagina iniziale del libro), "testi e immagini devono essere congruenti e cooperare alla formazione di senso".

Ci permettiamo di aggiungere che le immagini sono il carburante energetico del vostro testo. Supponete, per esempio, di doverne trovare una che si addica alla frase "Calma ed entusiasmo". Verso cosa vi orientereste? Potreste scegliere la foto di una posizione dello yoga per trasmettere il senso di tranquillità; oppure quella di un funambolo per trasmettere il senso di equilibrio; o ancora quella di un corridore, stanco ma sorridente, per il senso di appagamento. Quale di queste immagini è la più corretta? In realtà la risposta dipende dall'emozione che volete suscitare nel lettore per fargli meglio comprendere il senso profondo delle vostre parole.

Per trovare un'immagine efficace per il vostro post o per la vostra pagina vi suggeriamo di lavorare per associazioni di idee: partite dal concetto principale che volete esprimere e poi provate a fare dei collegamenti, ad analizzare le vostre sensazioni, perlustrando ricordi ed esperienze. Lavorate sulle parole cercando dei sinonimi e utilizzateli per fare ricerche della vostra parola chiave. Se siete alla ricerca di un'immagine che rappresenti e rafforzi la vostra idea di entusiasmo orientatevi verso raffigurazioni che rispondano alle parole chiave "ardore", "passione", "esaltazione", "impeto": avrete il doppio vantaggio di trovare una maggiore quantità di immagini e di inserire le stesse per un significato, del vostro testo, diverso.

FIGURA 13.3 La combinazione di testo e immagini "Calma ed entusiasmo".

Dove trovare le immagini

Come abbiamo già detto in precedenza, una buona scelta è quella di creare voi stessi le immagini di cui avete bisogno.

Tuttavia, questo metodo è adatto a una serie circoscritta di occasioni come, per esempio, il racconto di momenti vissuti in prima persona o la documentazione di fatti e notizie di cui siete testimoni (situazioni in cui l'autenticità del momento è un valore maggiore della qualità tecnica della foto).

In altri casi, invece, avere la possibilità di utilizzare una foto professionale è una strategia preferibile. Se si tratta di immagini di vostri prodotti, ingaggiate un professionista per realizzarle: una buona foto fa una differenza sostanziale.

Soprattutto quando si inizia a costruire un blog, non sempre si ha la possibilità di utilizzare foto professionali su misura. Esistono però siti web nei quali trovare un buon numero di immagini di tipo professionale, in alcuni casi gratuitamente. Le immagini che trovate online sui siti elencati qui di seguito potranno essere utilizzate secondo i termini e le condizioni permessi dal diritto d'autore o dalle licenze Creative Commons (a questo proposito, consultate il box a fine capitolo).

Foter (`http://foter.com/`)

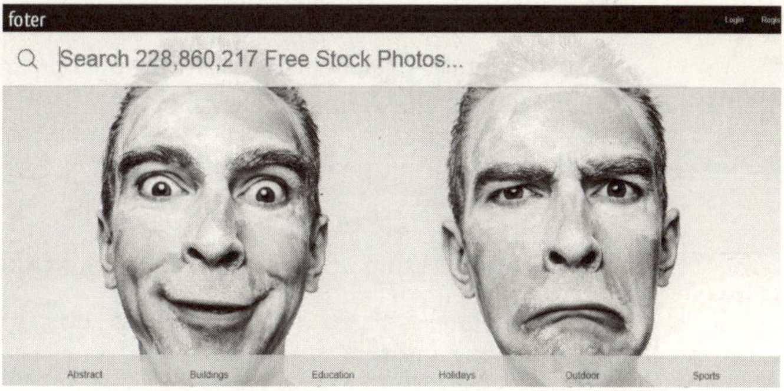

FIGURA 13.4 Foter.

Stockup
(`http://www.sitebuilderreport.com/stock-up`)

FIGURA 13.5 Stockup.

Pixabay (`https://pixabay.com/en/`)

FIGURA 13.6 Pixabay.

Qui di seguito un elenco di altri siti che offrono immagini gratuite con buona o alta definizione:

- Unsplash: `https://unsplash.com/` (ricerca per parole chiave).
- Raumrot: `http://raumrot.com/` (ricerca per categoria).
- Kaboompics: `http://kaboompics.com/#` (ricerca per parole chiave).
- Freeimages: `https://freeimages.red/` (ricerca per parole chiave).
- StockSnap.io: `https://stocksnap.io/` (ricerca per parole chiave).
- Splitshire: `http://www.splitshire.com/` (ricerca per parole chiave).
- Pexels: `https://www.pexels.com/` (ricerca per parole chiave).
- Isorepublic: `http://isorepublic.com/` (ricerca per parole chiave).

PER I PIÙ CURIOSI

Anche su Google potete trovare foto da utilizzare per il vostro blog, ma fate attenzione. Verificate sempre che l'immagine non sia protetta da diritti d'autore ed eventualmente applicare la licenza secondo i termini previsti dalle Creative

Commons. Inoltre una questione che riguarda Google è quella legata alle parole chiave. Se scegliete una delle prime immagini trovate con la vostra keyword, è probabile che questa sia già stata adottata da altri. Per essere più originali vale la pena di affidarsi ad altre fonti o, perlomeno, di effettuare la ricerca con parole chiave alternative.

Diritti d'autore

Si possono utilizzare le immagini che si trovano su Internet? È legale duplicare una foto trovata su un sito e riutilizzarla? Le fotografie sono tutelate dalla legge sul diritto d'autore (L. 22 aprile 1941, n. 633) in base a quanto disposto dagli artt. 87 e ss., a meno che non manifestino un particolare valore creativo: nel qual caso si ricade nella disciplina prevista per le "opere fotografiche".

Come prima cosa è necessario comprendere entro che termini un'immagine sia considerata una "fotografia" e, in quanto tale, sia disciplinata dagli articoli della legge. La nozione che l'art. 87 individua è: sono considerate fotografie ai fini dell'applicazione delle disposizioni di questo capo le immagini di persone o di aspetti, elementi o fatti della vita naturale e sociale, ottenute col processo fotografico o con processo analogo, comprese le riproduzioni di opere dell'arte figurativa e i fotogrammi delle pellicole cinematografiche. Non sono comprese le fotografie di scritti, documenti, carte di affari, oggetti materiali, disegni tecnici e prodotti simili. Nell'espressione "processo analogo" si estende la tutela alle foto digitali.

Al fotografo spettano alcuni diritti esclusivi di utilizzazione economica dell'opera che l'art. 88 elenca come "diritto esclusivo di riproduzione"; ogni esemplare deve contenere le seguenti indicazioni: il nome del fotografo o dei datori di lavoro o del committente (dunque di chi detiene i diritti di utilizzazione economica), la data dell'anno di produzione e il nome dell'autore dell'opera d'arte fotografata.

Nel caso in cui tali informazioni manchino, la loro riproduzione – a norma del comma 2 dell'art. 90 – non è considerata abusiva. Per quanto riguarda, pertanto, l'utilizzazione su Internet di immagini fotografiche trovate in altri siti possiamo provvisoriamente tracciare una prima indicazione: laddove esse contengano le indicazioni suddette è possibile la loro utilizzazione in altri siti solo nel caso in cui si sia ottenuta l'autorizzazione del fotografo; se tali indicazioni non sono presenti tale obbligo non sussiste e la riproduzione può avvenire senza problemi. Inoltre, laddove le foto siano state pubblicate su giornali o altri periodici, ed esse concernano persone, fatti d'attualità o di pubblico interesse, la riproduzione in questo caso è lecita dietro il pagamento al fotografo – sempre che sia noto e la foto riporti le indicazioni di cui all'art. 90.

Il diritto esclusivo sulle fotografie – in base all'art. 92 – dura vent'anni dalla produzione dell'immagine, cioè dal momento in cui è stata scattata. Altro genere di protezione hanno le opere fotografiche alle quali viene riconosciuto un elevato grado di creatività. Difatti la tutela non è subordinata ad alcuna formalità e ha la durata non di venti anni dalla produzione, come per le fotografie, ma fino al settantesimo anno successivo alla morte dell'autore. Tali opere sono espressamente citate dall'art. 2, punto 7, della l.d.a. come oggetto di protezione da parte della legge. Pertanto non ricadono nella disciplina degli artt. 87 e ss., relativa alle "fotografie semplici" ma nella più ampia tutela che la legge prevede per tutte "le opere dell'ingegno di carattere creativo".

Sul grado di creatività non è possibile tracciare dei parametri oggettivi e dunque, laddove sorga controversia, spetta al giudice prendere di volta in volta una decisione in merito appellandosi al gusto e alle tendenze dello specifico momento storico-artistico, rispetto al mezzo espressivo della fotografia. Una particolare disciplina è prevista per i ritratti (art. 96 e ss.). Innanzitutto esistono delle norme a tutela del diritto d'immagine del soggetto ritratto; infatti l'art. 96 prevede l'obbligo, per chiunque voglia esporre, riprodurre e mettere in commercio il ritratto di una persona, di chiederne preventivamente il consenso. Il consenso non occorre se il soggetto è noto e neanche se è fotografato in virtù di qualche ufficio pubblico che ricopre, o per ragioni di giustizia o di polizia, oppure per scopi scientifici, didattici, culturali, o perché la riproduzione è legata a fatti, avvenimenti, cerimonie di pubblico interesse o svolte in pubblico (art. 97).

Anche nei casi di esclusione appena esposti è necessario il consenso laddove l'esposizione o la messa in commercio rechi pregiudizio alla reputazione e al decoro della persona ritratta (art. 97, comma 2). Inoltre è da sottolineare che seppure il soggetto ritratto è un personaggio pubblico la sua immagine non può essere utilizzata, senza autorizzazione, per fini diversi dal dare notizie o informazioni su tale personaggio. Cioè, volendo fare un esempio pratico non lontano dalla realtà di molte pagine web, non è possibile utilizzare immagini di calciatori, modelle, attori, politici, per propagandare o pubblicizzare prodotti o servizi, in maniera diretta o indiretta.

Trattando immagini con programmi di editing grafico, è possibile modificare una foto in ogni suo aspetto. È possibile cambiare i colori, sgranare l'immagine, aggiungere o togliere luce o contrasto, modificare i soggetti, sostituirli con altri e moltissime altre possibilità. Seguendo le norme sopra esposte, se s'intende lavorare su una foto di altri e poi riprodurla è necessario richiedere il consenso dell'autore. Il problema è: chi è l'autore della foto una volta che ha subito delle modifiche di un certo rilievo? Infatti, ogni qualvolta in cui all'opera altrui si aggiunga un proprio significativo apporto creativo si viene a realizzare un'opera comune. Qualcosa di distinto rispetto all'opera originale.

CREATIVE COMMONS

Le licenze Creative Commons (CC) consentono di modificare i termini di copyright da "tutti i diritti riservati" ad "alcuni diritti riservati"; non sono un'alternativa al copyright, ma consentono di adattarne le condizioni per soddisfare al meglio le esigenze degli autori di opere creative. Le licenze CC si sono rivelate da subito un ottimo strumento per consentire la circolazione dei contenuti, pur assicurando all'autore la garanzia di paternità. Insomma, un sistema geniale per rimanere padri delle proprie opere e, nello stesso tempo, farle conoscere in Rete. L'intenzione è di evitare i problemi creati dalle attuali leggi sul copyright per la diffusione e la condivisione delle informazioni. Il progetto fornisce vari tipi di licenze libere, le licenze Creative Commons, appunto, che i detentori dei diritti di copyright possono utilizzare quando pubblicano le proprie opere nel Web.

(continua)

Come funzionano

I Creative Commons danno a chiunque, dai creatori individuali alle grandi compagnie e istituzioni, un modo semplice e standardizzato di garantire il rispetto dei permessi sul diritto d'autore ai propri lavori. Tutte le licenze Creative Commons hanno caratteristiche in comune. Ogni licenza aiuta i creatori che detengono i diritti d'autore a permettere a terzi di copiare, distribuire e compiere alcuni usi delle loro opere, perlomeno non commercialmente. Ogni licenza Creative Commons assicura ai licenziatari di ricevere i crediti che meritano per il loro lavoro. Ogni licenza Creative Commons è effettiva in tutto il mondo e permane ed è applicabile fino a che il diritto d'autore esiste.

Come si usano

Un licenziatario Creative Commons (chi utilizza una licenza Creative Commons) risponde a poche semplici domande mentre sceglie la licenza: concedere l'uso commerciale o meno, permettere opere derivative o meno, mettere all'utilizzatore gli stessi termini di licenza. Le licenze CC non intaccano le libertà che la legge garantisce agli utenti di opere creative protette dal copyright; chi utilizza l'opera deve dar credito a chi l'ha creata, mantenere le informazioni di copyright su tutte le copie dell'opera e il link alla licenza dalle copie dell'opera.

Ecco le tipologie di licenze:

Attribuzione CC BY

Permette a terzi di distribuire, modificare, ottimizzare e utilizzare l'opera come base, commercialmente, a patto che sia dato credito per la creazione originale. È raccomandata per la diffusione e l'uso massimo di materiali coperti da licenza.

Attribuzione – Condividi allo stesso modo CC BY-SA

Permette a terzi di modificare, ottimizzare e utilizzare l'opera come base, commercialmente, a patto che sia dato il credito per la creazione

(continua)

originale; autorizza inoltre le nuove creazioni con i medesimi termini. È la licenza usata da Wikipedia.

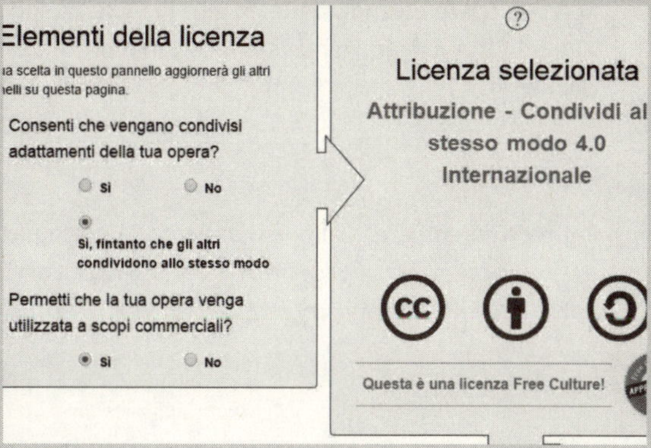

FIGURA 13.7
Due dei riquadri per scegliere le opzioni di licenza sul sito Creative Commons.

Attribuzione – Non opere derivate CC BY-ND

Permette la ridistribuzione, commerciale e non, fintanto che viene trasmessa intera e invariata, attribuendo il credito.

Attribuzione – Non commerciale CC BY-NC

Permette a terzi di modificare, ottimizzare e utilizzare l'opera come base per altre non commerciali, le nuove opere dovranno attribuire il credito ed essere non commerciali.

Attribuzione – Non commerciale – Condividi allo stesso modo CC BY-NC-SA

Permette a terzi di modificare, redistribuire, ottimizzare e utilizzare l'opera come base non commerciale, attribuendo il credito e licenziando le nuove creazioni mediante i medesimi termini.

(continua)

Attribuzione – Non commerciale – Non opere derivate CC BY-NC-ND

Questa licenza è la più restrittiva, poiché permette a terzi solo di scaricare le opere e condividerle ad altri fini, attribuendo il credito, ma vietando che vengano modificate in alcun modo o utilizzate commercialmente.

Praticamente

Per licenziare una vostra opera andate alla pagina `http://creativecommons.org/choose/?lang=it` e selezionare le opzioni che il sistema vi fornisce per definire la vostra licenza.

4 Costruire una community

IN QUESTA PARTE. . .

Conoscerete gli strumenti per ascoltare il vostro pubblico, così da servirlo al meglio.

Saprete gestire i commenti per incoraggiare i lettori a conversare e partecipare.

Integrerete il blog con i social network per moltiplicare il passaparola, avvalendoci quando utile di un guest blogger.

IN QUESTO CAPITOLO

Ascoltare prima di scrivere

Le community

Analizzare il contesto

Frequentare altri blog

Sviluppare la conversazione

Capitolo 14

Mettersi in ascolto del proprio pubblico

Ascoltare prima di scrivere

Una regola fondamentale di chi comunica è porsi in ascolto prima di esprimere contenuti. Questa regola vale anche per il vostro blog. Per non rischiare di esprimere contenuti marginali o che non interessano è importante ascoltare che cosa ha da dire il vostro pubblico di riferimento. L'operazione è simile a quella che fanno le aziende quando decidono di posizionarsi in un mercato: prima di avviare un'attività cercano di avere punti di riferimento che riguardano il contesto e i futuri clienti; fanno ricerche e analisi di mercato per sapere se le ipotesi che avevano in mente sul proprio business hanno un riscontro effettivo sui potenziali acquirenti. Quel che fa di un blogger un buon blogger è la capacità di mettersi in ascolto dei lettori prima di scrivere. Avere le idee più chiare sui contenuti espressi dal proprio pubblico è utile per non andare fuori tema o per non rischiare di riproporre contenuti già espressi senza aggiungere alcuna novità (neanche nella forma).

Le community

Una community è un insieme di persone con un interesse incentrato su un determinato argomento, che si confrontano tra loro attraverso una rete digitale (Internet). Una community non è necessariamente vincolata a un luogo o a un paese di provenienza; chiunque può partecipare ovunque si trovi lasciando messaggi su forum, partecipando a gruppi, attraverso chat e programmi di instant messaging. Una comunità virtuale può rimanere unicamente tale, oppure estendersi nel mondo fisico, permettendo l'incontro dei suoi appartenenti.

Gli elementi fondamentali sono un gruppo di individui, degli interessi condivisi e un mezzo di comunicazione in grado di far interagire i soggetti in modo più o meno sincrono. Si possono definire community tutti i luoghi, virtuali e non, dove si producono discussioni e contenuti volti a migliorare, innovare e condividere argomenti d'interesse comune.

Nel "Communities Manifesto" (`http://www.slideshare.net/SGarfield/communities-manifesto`) vengono definiti 5 punti per cui si costituisce una community:

- **Condividere nuove idee e suggerimenti pratici.**
- **Innovare attraverso il brainstorming.**
- **Riutilizzare soluzioni già adottate da altri utenti.**
- **Collaborare attraverso discussioni aperte.**
- **Imparare dagli altri membri della community.**

Tre le tipologie di community a cui un neoblogger dovrebbe partecipare:

- **Forum di discussione:** è uno strumento di comunicazione asincrono, in cui le discussioni e le relative risposte da parte degli utenti (in alcuni casi previa registrazione) non si sviluppano in tempo reale. Un diffuso utilizzo dei forum avviene, per esempio, per condensare conoscenze e aiutare gli utenti su argomenti tecnologici o informatici, oppure per raccogliere opinioni su argomenti letterari, musicali, politici.
- **Mailing list:** vi si accede in genere tramite un programma di posta elettronica o via Web (tramite browser). È come ricevere comunicazioni postali periodiche con possibilità di contribuire e spedirle a un gruppo di indirizzi.
- **Wiki:** è un sito web (o una collezione di documenti ipertestuali) che viene aggiornato dai suoi utilizzatori e i cui contenuti sono sviluppati in collaborazione da tutti coloro che vi hanno accesso. La modifica dei contenuti è aperta, nel senso che il testo può essere modificato da tutti gli utenti procedendo non solo per aggiunte, ma anche modificando ciò che hanno scritto gli autori precedenti (ne è un esempio Wikipedia).

Per un blogger essere presente in questi canali, anche solo come spettatore, è un'attività fondamentale e preparatoria per la scrittura dei post. Farlo significa informarsi sugli argomenti e studiare il modo per proporli.

Scegliere quali community frequentare dipende molto dall'argomento che avete scelto e dai temi che decidete di trattare nel vostro blog. La diffusione delle community è così ampia che è quasi impossibile non trovarne almeno una di riferimento per il vostro tema.

Analizzare il contesto

Il vostro blog non ha possibilità di successo se non incontra i gusti e le preferenze di chi vi accede. Il vostro pubblico sarà variegato e composto da persone diverse per età, settore di competenza, preparazione e altri fattori: ciò non vuol dire che ogni cosa che andrete a proporre andrà bene per tutti. Dovrete segmentare gli utenti rispetto a questi parametri e provvedere a due azioni:

- » Produrre contenuti interessanti e molto focalizzati su un segmento di pubblico.
- » Individuare l'audience principale del blog e scrivere post che possano risultare utili per questa parte di pubblico.

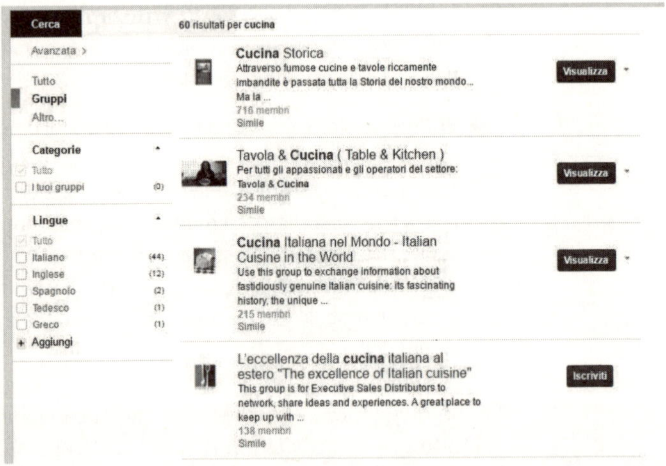

FIGURA 14.1 Il risultato della ricerca tra i gruppi di LinkedIn che hanno come argomento la cucina.

Facciamo un esempio. Ponete che il blog si occupi di cucina e che vogliate diventare una guida fidata per gli operatori di settore. Il vostro pubblico sarà composto da persone qualunque interessate di cucina, dai ristoratori ai produttori di cibi e bevande, e così via. A questo punto per fare in modo che il blog sia letto da un alto numero di lettori dovrete scrivere articoli che risultino rilevanti sia per chi consuma i prodotti della cucina sia per chi li produce.

Se il vostro *core business* sono i ristoratori, questi rappresentano la vostra *core audience*, la parte di pubblico per la quale avrete un obiettivo preciso, ovvero diventare consulenti per una parte del loro lavoro. Dunque, quali articoli e quali contenuti sono interessanti per questi lettori?

Per rispondere a questa domanda quello che dovete fare è frequentare gli stessi spazi del vostro pubblico di riferimento. Mettetevi alla ricerca di forum, blog, community e social network con commenti e interazioni (la quantità è segno che le persone spendono del tempo in quegli spazi). LinkedIn può essere utile a questo scopo, nello spazio dedicato ai gruppi professionali.

Altrettanto utili sono i gruppi di Google (`https://groups.google.com/forum`).

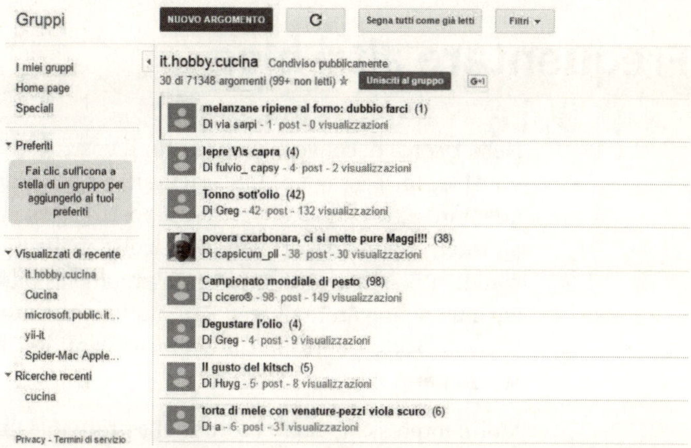

FIGURA 14.2 I gruppi di discussione relativi alla cucina in Google Groups.

Da ultimo le community sono cresciute all'interno di Google+ in cui si può fare una ricerca per parola chiave alla voce "Community"

RICORDA!

In questi contesti quello che dovete fare è leggere e cercare di capire. Ricordate però, se decidete di intervenire, cosa peraltro saggia e che aiuta a farvi conoscere, di farlo adottando le stesse norme di buona educazione, rispetto e attenzione che avete nelle relazioni personali. Quando avete in mente di scrivere qualcosa pensate a quale potrebbe essere la reazione dei partecipanti: sarebbero interessati o annoiati? Vi cercherebbero o vi eviterebbero in futuro? Vorrebbero essere intrattenuti o imparare qualcosa?

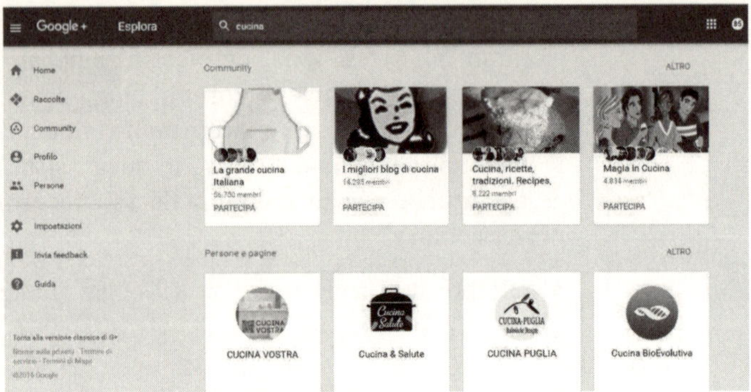

FIGURA 14.3 Le community dedicate alla cucina di Google+.

Frequentare altri blog

Nella ricerca di conversazioni in cui il vostro pubblico è presente e attivo, un passaggio fondamentale è quello di cercare e frequentare altri blog che trattano il vostro stesso argomento. Poi, all'interno di questi, cercate gli articoli con il numero maggiore di commenti: sono quelli, infatti, gli argomenti più gettonati. Grazie a un aggregatore di feed RSS, inoltre, potrete tenere costantemente sotto controllo gli aggiornamenti dei blog che avrete selezionato.

Molto interessanti sono i forum di settore, nei quali solitamente la dinamica è quella di domanda/risposta oppure di approfondimento di un certo argomento. I forum costituiscono una raccolta di informazioni molto segmentata e in genere raggruppano utenti molto appassionati su un determinato argomento. I forum di discussione, inoltre, hanno l'importante caratteristica di essere suddivisi per sezioni: in questo modo la ricerca e la catalogazione dei temi è ancora più specifica.

Sviluppare la conversazione

Una volta presenti in questi contesti e conosciuti i temi più discussi, è il momento di attivarsi. Il monitoraggio da solo non basta ad aumentare la vostra conoscenza del settore: è necessario sondare il terreno con i futuri lettori del vostro blog per capire meglio i loro gusti e quello che pensano, le loro preferenze ed esigenze. Il vostro obiettivo, diventare un blogger di successo, presuppone di doversi mettere in contatto con i lettori: prima di pensare che siano loro a venire da voi, fate il primo passo e andate voi da loro.

Se avete intenzione di organizzare una festa a casa vostra e desiderate che i vostri vicini partecipino, dovreste prima farvi conoscere e partecipare ai loro eventi: è una relazione reciproca, che funziona solo se da entrambe le parti c'è disponibilità ad ascoltare e a proporre. Ora sostituite al termine *festa* il termine *blog* e le regole di comportamento sono le stesse. Oltre a leggere i contenuti di altri blog, quello che potreste (e dovreste) fare è commentare, discutere, proporre argomenti (ricordandovi che siete ospiti in questo caso). La dinamica del Web *sociale* (quello costruito dagli utenti per gli utenti) prevede che chiunque abbia qualcosa d'intelligente da dire sia il benvenuto: se sarete in grado di commentare con informazioni utili, suggerimenti e consigli apprezzabili e modi pacati, sarete i benvenuti in qualsiasi conversazione.

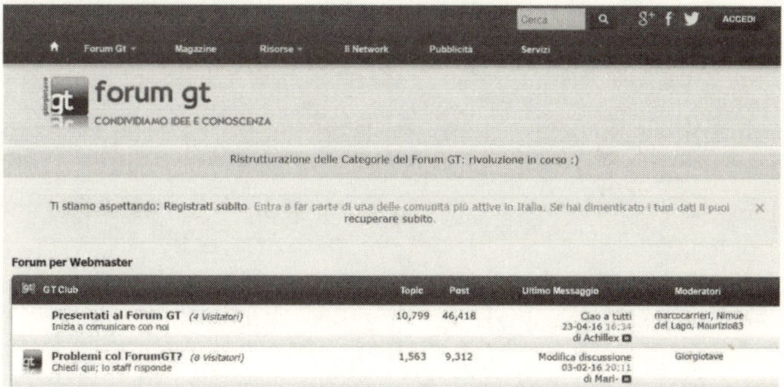

FIGURA 14.4 Il forum dedicato alla SEO di Giorgio Taverniti.

A mano a mano che comincerete a conoscere i membri della vostra community, vi renderete sempre più conto di quali contenuti ha bisogno, delle necessità che presenta e a quali di queste istanze potete rispondere con il vostro blog. Dovrete essere in grado di trasmettere le informazioni di cui ha bisogno in modo che la community senta la voglia e il bisogno di visitare il vostro blog, sentire la vostra *voce*, instaurare con voi un rapporto duraturo.

Riassumiamo alcune azioni fondamentali:

- **Avere un messaggio chiaro e incisivo da dare:** il Web e le community sono dense di informazioni, quindi non basta catturare l'attenzione del lettore, bisogna soprattutto fare in modo che il contenuto venga ricordato.
- **Non solo chiacchiere:** un buon contenuto è la base, ma va posizionato bene e vanno monitorati i feedback.
- **Abbandonare l'autoreferenzialità e ascoltare:** prima di parlare di voi stessi, dialogate con il vostro pubblico; in quelle occasioni in cui parlate di voi non lodatevi.
- **Il pubblico è complesso e diversificato:** attenzione a individuare i destinatari giusti; una conversazione nel posto sbagliato non serve a nulla.
- **Immediatezza non significa improvvisazione:** pensare e ripensare prima di scrivere; va prestata la massima attenzione a ciò che si scrive, perché spesso rimane traccia online.

IN QUESTO CAPITOLO

Capitolo 15

Produrre contenuti che interessano il pubblico

Informarsi prima di scrivere

Un buon blogger prima di apprestarsi a scrivere dovrebbe avere la possibilità di documentarsi e dedicare del tempo alla lettura. Secondo l'antropologia la lettura può essere il rifugio ideale, uno spazio proprio dove preservare i propri interessi, dove il lettore non dipende dagli altri; insomma leggere è l'esercizio migliore per costruire la propria personalità. Un passaggio fondamentale per guadagnare autorevolezza nel momento in cui vi troverete "dall'altra parte", quella dello scrittore. Leggere aiuta lo sviluppo e il perfezionamento del linguaggio, migliora il proprio modo di parlare e di relazionarsi, perfeziona il modo di scrivere (migliorando l'ortografia e arricchendo il vocabolario personale).

Queste trasformazioni sono importanti per un blogger perché producono effetti che possono diventare leve vantaggiose per una buona comunicazione. Secondo l'Open Education Database in uno studio del 2013 (`http://tinyurl.com/leggerelibri`) queste sono le cose che accadono al nostro cervello durante la lettura:

- **Si scattano automaticamente delle istantanee visive:** questo aiuta a creare un mondo a parte ricreato solo ed esclusivamente nella nostra mente. Secondo alcuni studi scientifici, infatti, è stato rilevato che alcune persone riconoscono molto prima un oggetto se hanno appena letto da qualche parte una sua descrizione.
- **Ascoltare le parole mette in moto il cervello:** tutti noi ascoltiamo narrazioni di qualsiasi tipo per l'intera giornata, e il nostro cervello è abituato a immagazzinare informazioni.
- **Leggere esperienze equivale a viverle:** avete mai provato la sensazione di sentirvi completamente attratti dalla storia di un libro e pienamente coinvolti dalle esperienze dei personaggi? In quei casi il vostro cervello non capisce che state semplicemente leggendo una storia, ma è come se considerasse le esperienze narrate come realmente vissute. Quindi leggere significa accumulare esperienza.
- **Leggere in lingua aiuta il cervello a crescere:** avete una conoscenza base dell'inglese? Non abbiate paura, sforzatevi di leggere in lingua originale. Questo permetterà al vostro cervello di crescere. Alcune ricerche effettuate su un gruppo di studenti hanno rilevato che dopo uno studio intensivo di 3 mesi c'è stato un vasto miglioramento dell'ippocampo e della corteccia cerebrale.
- **La struttura di una storia ci aiuta a pensare meglio.** La struttura di qualsiasi narrazione è composta da tre parti essenziali: l'inizio, lo sviluppo e la conclusione. Questo aiuta il nostro cervello a pensare in sequenza e ci permette di ampliare la nostra capacità di attenzione.

- **Leggere cambia la struttura del cervello:** alcuni studiosi hanno fatto un test per capire che effetto ha la lettura sul nostro cervello e hanno notato che, in sei mesi di programma di lettura, la materia bianca del cervello, nella zona del linguaggio, è effettivamente aumentata.
- **Leggere aumenta l'empatia:** abbandonarsi a un racconto ci fa diventare più empatici nella vita reale. Leggere profondamente ci fa provare emozioni più profonde: sia nella vita sia nei libri.

Leggere amplifica le vostre potenzialità di blogger: acquisirete, maggiori competenze per produrre contenuti interessanti. Il primo passo per dotarsi di una buona base di informazioni per la documentazione personale è organizzare le fonti in un archivio in cui poi tornare a leggere e a documentarsi nel tempo.

Un'applicazione gratuita che vi suggeriamo è FlipBoard (`https://flipboard.com/`), una rivista personalizzata a cui potete aggiungere gli argomenti che preferite, come blog o testate giornalistiche.

Scrivere un buon post

Che importanza ha scrivere un buon post? Qualcuno di voi potrebbe pensare che, in fondo, un articolo nel vostro blog non sarà alla fine poi così importante, non verrà letto da così tanta gente, non attirerà l'attenzione del pubblico. Piuttosto, immaginate ogni post come l'audizione per partecipare a un talent show televisivo, quelli in cui si viene votati dal pubblico. I vostri lettori sono il pubblico che voterà la vostra bocciatura qualora i contenuti non siano in grado d'intrattenere, informare e divertire. E come fare a scrivere un buon post che sia coinvolgente già dalle prime righe?

Il primo trucco è essere informati. Non c'è post che possa essere più arguto, aggiornato e interessante di quello che viene da una profonda lettura dei temi di cui vi piace scrivere. Leggere, ascoltare opinioni diverse, trovare la via per sviluppare le vostre tesi sono le chiavi per essere informati. Non accettate e non riportate le opinioni comuni: esprimetene una vostra, provate a suggestionare chi vi legge, a raccontare una storia credibile, ad affascinare il pubblico riportando nel post una vostra visione, le vostre emozioni. Come riuscirci? Non è molto diverso dallo scrivere una storia o un romanzo, con l'unica differenza che non avrete un editore che vi dirà cosa scrivere: sarete voi a dover adottare un criterio per filtrare le buone storie.

Provate a chiedervi: vorreste leggere quello che state per scrivere? Se la risposta è affermativa allora chiarite che cosa e perché vorreste leggerlo.

Una regola del giornalismo è quella cosiddetta delle "5W": ogni giornalista, prima di scrivere, dovrebbe avere in mente le risposte alle 5 domande (che in inglese iniziano con la lettera "W"): Who? ("Chi?"), What? ("Che cosa?"), When? ("Quando?"), Where? ("Dove?"), Why? ("Perché?"). Nel blog il "dove" e il "quando" perdono importanza, ma le altre rimangono domande fondamentali a cui il vostro post deve dare risposta. Il contenuto più importante sarà la risposta al "perché?". Non sono molti i blog in cui si trova una buona risposta.

Un buon post si apre con un assunto intelligente, o con un aneddoto, e con poche parole riesce a creare un contenitore per il tema che intende affrontare. Con *contenitore* intendiamo una cornice, un contesto che sia chiaro al lettore alla stessa maniera in cui è chiaro a voi.

Date dei riferimenti, tracciate un contesto con alcuni particolari, inserite le giuste premesse (senza divagare), restituite le conoscenze essenziali che avete appreso. Se raccontate una storia (e per *storia* intendiamo in senso esteso qualsiasi esperienza narrabile, inclusa la recensione tecnica di uno smartphone) condividete i particolari: in questi termini le immagini, anche in senso metaforico, risultano un elemento chiave ai fini del coinvolgimento del lettore.

Il post ideale è quello che ha un inizio coinvolgente, un colpo di scena iniziale, una sorpresa che possa trainare l'utente nella lettura dell'intero articolo. Poi sviluppate la vostra storia in maniera coerente e arguta. Il miglior post che produrrete arriverà da quello che sentite e che vi appassiona.

Catturare l'attenzione del pubblico

Pochi secondi: questo è il tempo per catturare l'attenzione di un lettore. In questo senso il titolo gioca un ruolo fondamentale, e il contenuto deve, in qualche misura, mantenerne le promesse.

A ogni modo, il titolo regola il tono (la *voce*) ed è un parametro fondamentale di valutazione da parte dei motori di ricerca da un lato, e di gradimento dei lettori dall'altro. Dovrete trovare un equilibrio tra la ricerca di un vostro personale tono e l'utilizzo di parole chiave che possano far risultare il post più attraente e più visibile: per fare questo una buona regola è provare a capire quali sono le parole chiave che gli utenti cercano in relazione all'argomento che trattate.

Uno strumento utile si trova all'interno della piattaforma Google AdWords e si chiama "Strumento di pianificazione delle parole chiave" o "Keyword Planner" (`https://adwords.google.it/KeywordPlanner`: è necessario un account Google).

Questo strumento permette di eseguire ricerche molto mirate sulle parole chiave che avete scelto o che vorrete inserire nel vostro blog. Keyword Planner mostra quanta domanda esiste per una certa parola chiave (*keyword*) o per una certa frase chiave (*keyphrase*).

Potete quindi vedere quali sono le parole chiave più pertinenti con cui ottenere una buona visibilità sui motori di ricerca. In questo modo potete essere trovati con più facilità dalle persone interessate alla vostra nicchia che cercano una soluzione utilizzando quella parola chiave. In altri termini il tentativo è far combaciare quello che scrivete con quello che gli utenti cercano.

Da ultimo, molto più semplicemente, potete sfruttare i suggerimenti di Google che compaiono nella barra di ricerca. Quando iniziate a cercare una parola, infatti, ne compaiono altre come suggerimento: sono quelle maggiormente ricercate su Google oltre a quella che avete digitato. In questo modo è facile intuire quale possa essere la combinazione giusta per il vostro post.

FIGURA 15.1 La barra di ricerca di Google con i suggerimenti.

Una volta catturata l'attenzione grazie a un titolo con le parole chiave più frequenti per l'argomento del vostro post, il passo successivo è scrivere tenendo a mente una serie di parametri:

- Mantenete un tono informale, utilizzando la prima persona singolare; utilizzate un linguaggio semplice senza scendere nel banale.
- Utilizzate immagini e video esplicativi da una parte, evocativi ed emozionali dall'altra.
- Alternate le vostre affermazioni con domande che possano mantenere il coinvolgimento del lettore; un suggerimento è chiudere il post con una richiesta o un invito a commentare e avviare la discussione.
- Inserite link che permettano di approfondire il tema (senza esagerare, al massimo un link ogni paragrafo); i collegamenti ipertestuali servono a "inviare un segnale" ad altri blogger: nel momento in cui li citate attraverso un link, state dicendo loro che considerate di valore i loro contenuti e questo li spingerà a conoscere meglio il vostro blog.
- Correggete quanto avete scritto e, dopo averlo fatto, fatelo ancora; prima di pubblicare concedetevi una pausa o dedicatevi a qualcosa di diverso dalla scrittura; tornateci per

fare l'ultima revisione così da avere un occhio maggiormente "critico" rispetto alla primissima lettura. Vedrete che nove volte su dieci avrete voglia di cambiare qualcosa. Questo è un bene perché significa che state arricchendo il vostro articolo.

Guidare il pubblico nel proprio blog

Una volta acquisiti gli strumenti per costruire un blog professionale con post efficaci, è il momento di far conoscere il vostro spazio a un pubblico interessato. Sembrerà scontato, ma la prima cosa da fare è diffondere la voce sull'esistenza del blog. Per fare questo non serve un budget pubblicitario, ma è necessario un piano di promozione e comunicazione. Una parte importante sarà svolta con l'utilizzo dei social media, come vedremo nel Capitolo 17. Altre azioni non passano per i social media e fanno parte del vostro piano di promozione:

1. **Cominciate inviando un'email ai vostri contatti**: per far conoscere la vostra nuova "creatura", inserite il link del blog e chiedete i primi feedback.
2. **Utilizzate gli strumenti tradizionali di marketing:** inserite il link del blog nel vostro biglietto da visita, nella firma della vostra email, nelle pubblicazioni (se le avete già) della vostra attività (brochure, newsletter, pubblicità ecc.).
3. **Informate la stampa locale della presenza del blog** spiegando i motivi per cui è nato e i contenuti che vi si possono trovare. Un blog che tratta professionalmente alcuni temi è una notizia che è bene far circolare.
4. **Utilizzate il blogroll:** il *blogroll* è la lista di blog che seguite, utile per definire meglio il vostro campo di competenza. I blogger che avete segnalato probabilmente visiteranno il vostro blog e, se troveranno contenuti originali, torneranno a visitarvi e vi segnaleranno sui loro spazi. Per costruire il vostro blogroll partite dai blog che più vi piacciono e aggiungete alcuni tra quelli più influenti del vostro settore; sceglieteli secondo i criteri dell'autorevolezza, dell'affidabilità, della vicinanza tematica con il vostro.

Commentare per generare traffico al proprio blog

Perché commentare negli altri blog? Quando lasciate un commento dichiarate di far parte di una community legata al tema trattato dal post. In secondo luogo, a patto che il vostro commento sia appropriato e rilevante, gli altri lettori saranno portati a visitare il vostro blog.

La maggior parte delle piattaforme permette di registrarsi per commentare inserendo un link: sarà quello che apparirà cliccando sul vostro nome nel commento.

Per scrivere un buon commento ecco alcune linee guida:

1. **Siate sicuri che il vostro commento sia pertinente con il post** e non solo un modo per promuovere il vostro blog.
2. **Iniziate, soprattutto per il primo commento sul blog, con una formula di cortesia, ma lasciate perdere i convenevoli e non dilungatevi in complimenti** o commenti come "Questo blog è fantastico, complimenti davvero. Prova a leggere quello che ho scritto su questo argomento sul mio blog...": assomigliano (troppo) allo spam.
3. **Non ribadite concetti già espressi nell'articolo o in altri post**, ma cercate di aggiungere considerazioni e opinioni originali.
4. **Se state commentando qualcosa in cui avete un interesse materiale personale (una materia afferente magari al vostro lavoro, ai vostri interessi economici) rivelatelo, non nascondetelo.**
5. **Verificate che la URL del vostro blog venga resa disponibile e cliccabile quando inserite il commento**; potete verificarlo scorrendo i commenti degli altri. Se così non fosse, è consigliabile aggiungere il link al vostro blog in calce al commento inserito (o quello di un articolo del vostro blog a cui fate riferimento nel commento).

Trackback

Uno degli aspetti più interessanti dei blog è la capacità di interagire tra loro, creando community di blogger dove diversi autori possono leggersi, confrontarsi, commentarsi e citarsi a vicenda. Del resto, un blog isolato, che non rimanda a nessun'altra notizia, parla solo di se stesso e non cita mai le fonti, non è interessante. I trackback permettono di gestire il rapporto con gli altri blogger in modo semplice ed efficace.

Un *trackback* è, in sintesi, la notifica di una citazione. Supponete di scrivere un articolo che riscuote un certo successo: tra questi lettori potrebbe esserci un altro blogger, che dopo aver letto il vostro post forse vorrà parlarne, discuterne, o semplicemente citare la fonte della sua ispirazione (voi). Il trackback è la tecnologia che vi avvisa quando qualcuno cita un vostro articolo. Funziona così: il lettore, che si presuppone essere a sua volta autore, invia un trackback al vostro CMS (WordPress). Quando riceve il trackback, WordPress si aggiorna automaticamente, segnalandovi che qualcuno vi ha citato. Il modo in cui il blog *ricevente* segnala l'arrivo di un trackback può variare da caso a caso: spesso il trackback appare come commento all'articolo originale. Siccome potete essere sia mittenti di trackback (quando citate) che destinatari di trackback (quando siete citati), la funzionalità può essere sintetizzata usando entrambi i punti di vista: il trackback vi avvisa quando qualcuno parla di voi, il trackback vi permette di avvisare gli altri se parlate di loro. In questa maniera potrete:

- Segnalare a un certo blog che lo state citando.
- Creare una *rete di riferimenti* su un certo argomento.
- Contattare e conoscere blogger con cui avete interessi comuni.

Per visualizzare il riquadro dei trackback dovete cliccare su "Impostazioni schermata" (in alto a destra) e spuntare la casellina "Invia trackback". A questo punto, in fondo alla pagina di modifica di un articolo, apparirà il riquadro dedicato ai trackback: qui sarà possibile, per ogni post, precisare l'URL di destinazione dei trackback (uno o più) ovvero l'indirizzo della citazione.

IN QUESTO CAPITOLO

- Come funzionano i commenti
- Policy per i commenti
- Plugin per i commenti
- Il blog spamming
- L'utilizzo di form e captcha

Capitolo 16

Commenti: il punto di partenza delle conversazioni

Come funzionano i commenti

I commenti sono una parte essenziale del vostro blog. Senza commenti il blog sarebbe come un altro sito web. La possibilità d'interagire con i lettori regala al vostro spazio web idee, opportunità di crescita, di contatti e di relazioni. Ai commenti è dedicata una voce di menù nel pannello di controllo di WordPress.

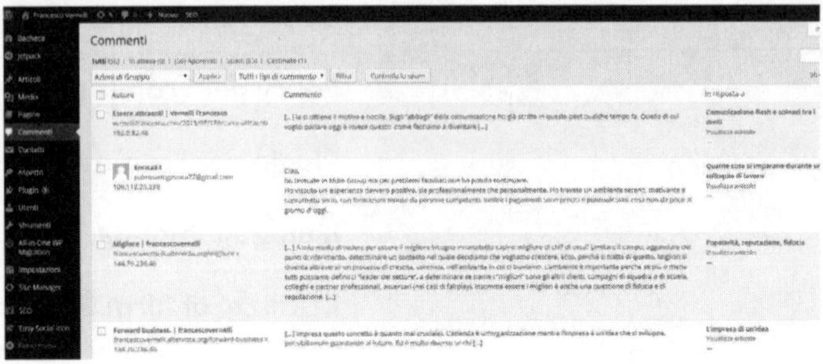

FIGURA 16.1 Il backend di WordPress alla voce "Commenti".

Nella pagina troverete i commenti riassunti e ordinati cronologicamente. Quelli nuovi o nello stato "non letti" sono evidenziati per permettere una più facile localizzazione. Per ciascun commento troverete:

- L'autore: chi ha lasciato il commento sul blog, completo di indirizzo email e indirizzo IP di provenienza.
- Il testo del commento.
- Il riferimento della pagina o del post in cui il commento è stato lasciato.
- La data e l'ora del commento.

Nella sezione in cui c'è il testo del commento, passando con il mouse compare un menù che riporta le azioni con le quali è possibile intervenire sul commento stesso e nello specifico potrete:

- Approvare: decidere di rendere visibile a qualunque lettore il commento che l'autore ha lasciato. Questa voce è selezionabile solo se in precedenza non è stato già approvato il commento oppure se l'autore del commento è nuovo. Se invece l'autore ha già lasciato un commento potrebbe non essere necessaria l'approvazione: dipende da come avete impostato la moderazione dei commenti nella voce di menù "Impostazioni > Discussione" (in merito a questo aspetto, consultate, nel Capitolo 8, il paragrafo dedicato ai commenti).
- Rispondere: questa azione vi permette di rispondere al commento; la vostra risposta potrà essere vista in calce al

commento originario e riporterà la firma dell'autore con il quale avete fatto il login nella vostra bacheca di gestione di WordPress. Inserire la risposta a un commento implica l'approvazione automatica dello stesso.

» Modificare: le voci "Modifica" e "Modifica rapida" permettono di cambiare il commento in tutto ("Modifica" attraverso un editor HTML) o in parte ("Modifica rapida" attraverso un editor HTML).

» Cronologia: presenta un elenco in ordine cronologico delle azioni effettuate su quel commento.

» Spam: permette di considerare quel commento come spam; vedremo poi più avanti in questo capitolo come adottare sistemi di difesa dallo spam nei commenti, un'operazione piuttosto frequente.

» Cestinare: spostare il commento nel cestino, così che il commento non sarà visibile navigando nel sito.

CONSIGLIO

Uno strumento utile per avere un colpo d'occhio veloce sulle discussioni attive è l'impostazione schermo presente nella parte superiore delle pagine di riepilogo articoli. Se non è abilitata, basta cliccare su "Impostazioni schermo" e quindi spuntare la casella "Commenti", in questo modo navigando nella consultazione degli articoli in archivio potrete sapere in tempo reale quante discussioni sono attive in un determinato post.

Come sapere se ci sono commenti nel vostro blog? Oltre alle notifiche sulla bacheca di gestione del vostro WordPress, potete impostare l'invio di una email ogni qualvolta qualcuno ne inserisca uno e quando un commento viene inserito in caso di moderazione.

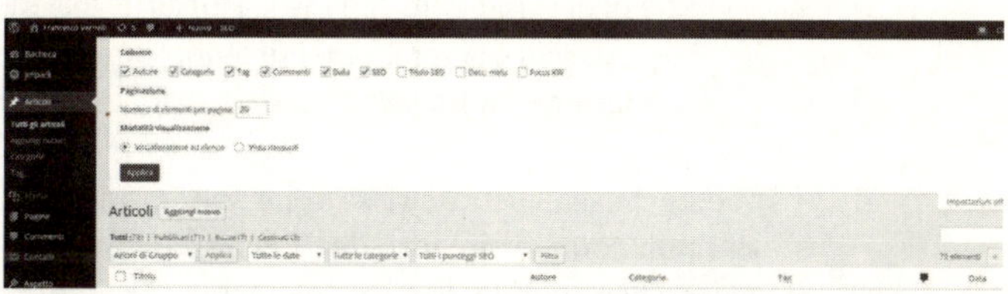

FIGURA 16.2 La visualizzazione dei commenti nella pagina riassuntiva degli articoli.

Policy per i commenti

Fin dalla nascita del blog è bene dare la possibilità agli utenti di conoscere i termini con cui si può commentare sul blog: una buona prassi è dedicare una pagina alla descrizione delle policy di comportamento da tenere nel vostro spazio.

Per determinare le policy per i commenti del vostro blog potete tenere in considerazione questi aspetti:

- Moderazione: i commenti moderati devono essere controllati e verificati prima di essere accettati e resi visibili online. La moderazione consente di minimizzare lo spam e i commenti autopromozionali. Il lettore non vede subito il proprio commento online e potrebbe perdere motivazione nel continuare. Nonostante questo, vi suggeriamo di moderare prima e non dopo la pubblicazione, perché un commento diffamatorio online potrebbe crearvi notevoli problemi. Specificate che la moderazione è a tutela di tutti i lettori e impegnatevi a svolgere questo lavoro in tempi brevi. WordPress vi viene in aiuto con una funzione che vi consente di dare un via libera automatico ai commenti di un utente che avete già approvato una volta (menù "Impostazioni>Discussione").
- Restrizioni: decidete se ce ne sono nelle tematiche dei commenti e chiarite quale azione verrà fatta in caso di violazione; potreste limitare per esempio la possibilità di commentare utilizzando il turpiloquio, inserendo solo link senza alcun commento e così via.
- Regole di comportamento: è legittimo censurare i commenti che non rispondano a requisiti di buona educazione, rispetto reciproco e decenza. Nessuno vi criticherà se stabilirete che ogni commento con insulti, ingiurie, maleducazione, aggressività o semplicemente autopromozione potrà essere moderato e cancellato a vostro insindacabile giudizio.

Il blog è casa vostra e siete voi e soltanto voi a stabilire le regole di buon comportamento degli ospiti. Pubblicate la policy in uno spazio ben visibile, con un link vicino al modulo per commentare e partecipare.

ATTENZIONE

La moderazione non può essere una scusa per cancellare commenti critici espressi in maniera civile. Se la vostra azienda è soggetta ad attacchi, anticipateli e organizzatevi in anticipo per rispondere in maniera convincente alle critiche più frequenti, senza farvi cogliere impreparati. Per ogni lettore che partecipa ce ne sono almeno dieci che leggono semplicemente e si fanno un'opinione sulla vostra azienda in base alla vostra reazione.

Una buona regola è invitare i lettori a commentare con una frase in chiusura di articolo. L'invito standard di WordPress è la frase "Lascia un commento" che tuttavia non è proprio il migliore invito a commentare che si possa immaginare. Potete stimolare i lettori con una domanda che riprende i temi dell'articolo oppure con una frase a effetto che possa coinvolgerli. La frase da scegliere dipende da alcuni fattori, come il grado di confidenza e familiarità con il vostro pubblico, il tono che utilizzate per scrivere, e se volete adottare o meno un certo grado di ironia.

Alcuni esempi possono essere "Forza, lascia un commento!", "Hai qualche suggerimento da dare? Lascia un commento", "Che ne dici? Mi interessa la tua opinione", "Dubbi o suggerimenti? Lascia un commento!"

Plugin per commenti

Per favorire i commenti e più in generale rendere maggiormente ricca, fruibile e vivace la discussione nel blog può essere utile installare uno o più plugin che aggiungono funzionalità nella sezione dei commenti oppure permettono di commentare con sistemi alternativi. Nello scegliere quelli che installerete fate attenzione che uno non si sovrapponga a un altro. Verificate la loro efficacia e testateli per decidere quale potrà essere quello più adatto alle vostre esigenze.

Cominciate migliorando l'accesso ai commenti, dando la possibilità di effettuare l'accesso tramite social network. **Social login** (`https://wordpress.org/plugins/oa-social-login/`) rende più comodo per il lettore commentare senza dover compilare noiosi form di registrazione.

Una possibilità interessante per favorire i commenti attraverso canali diversi che può essere inserita nel vostro blog è quella messa a disposizione da **Disqus** (`https://it.wordpress.org/plugins/disqus-comment-system/`). Disqus è un servizio di hosting di commenti per siti web e comunità virtuali. La piattaforma ha diverse funzionalità, tra cui un servizio di rete sociale, profili utente, sistemi di moderazione e antispam, notifiche email e commenti da mobile. L'estensione sul vostro blog permetterà agli utenti di autenticarsi attraverso i principali social network nonché attraverso il loro profilo su Disqus che sarà a quel punto il loro aggregatore di commenti. Per scoprire di più potete accedere al sito `https://disqus.com/home/explore/`.

Altro metodo che può risultare altrettanto efficace può essere l'integrazione dei commenti con Facebook tramite plugin. Questa soluzione ha molti vantaggi, come la comodità per il lettore di poter commentare tramite il proprio account Facebook e la possibilità per il blogger di aumentare la visibilità grazie alla componente social, dato che i commenti fatti sul social vengono integrati nel flusso di quelli lasciati sul blog. Un plugin che permette questo è **WordPress Facebook Comment** (`https://wordpress.org/plugins/comments-from-facebook/`).

Quando il vostro blog sarà cresciuto e vedrà il popolarsi di molti commenti potreste valutare altre soluzioni che vi elenchiamo di seguito:

Top commentators widget (`https://wordpress.org/plugins/top-commentators-widget/`) prevede la possibilità di inserire un widget nella sidebar del sito che mostrerà i cinque utenti che negli ultimi trenta giorni hanno inserito il maggior numero di commenti.

Comment toolbar (`https://wordpress.org/plugins/comment-toolbar/`) installa una toolbar che si aggiungerà alla fine di ogni articolo permettendo ai visitatori di rispondere ai commenti quotando uno tra quelli già presenti, di inserire in modo automatico il nome dell'autore al quale sta rispondendo e di spostarsi facilmente tra i commenti inseriti.

Il blog spamming

I commenti sono presi di mira da quello che viene definito blog spamming. Si tratta di messaggi generati in maniera automatica che vengono lasciati in migliaia di copie nei commenti dei blog più svariati. Riportano spesso uno o più link ad altre pagine web, messaggi promozionali del tutto non correlati all'argomento trattato negli articoli. Spesso, oltre a usare la sezione commenti, gli spammer (attraverso bot automatizzati) cercano indirizzi email all'interno del blog per costruire in maniera illecita database di contatti a scopo commerciale.

Il modulo di contatto è uno spazio molto usato per fare spamming con conseguenze dannose sulla casella di posta a esso collegata.

Nella maggior parte dei casi, i messaggi spam sono inviati da programmi automatici; quello più utilizzato si chiama Trackback Submitter e viene usato per lasciare su blog e siti commenti spam con link ad altre pagine web.

PER I PIÙ CURIOSI

Trackback Submitter funziona così: il programma scansiona migliaia di siti web per trovare quelli che trattano un particolare argomento. Quindi, lascia un commento spam contenente uno o più link. Se il commento viene pubblicato con successo (Trackback Submitter riceve una notifica automatica), l'URL del blog viene aggiunto a una lista di siti da utilizzare per le attività di spamming. Se invece la pubblicazione del commento viene bloccata dai filtri antispam, l'URL viene rimosso.

I messaggi spam nei commenti sono abbastanza riconoscibili: l'indirizzo email associato contiene un lungo mix di lettere e numeri (non sembra, quindi, il nome di una persona reale o un indirizzo email genuino); il messaggio contiene errori di scrittura (talvolta, i commenti spam sono vere e proprie traduzioni automatiche da altre lingue); il messaggio non contiene alcun riferimento specifico al contenuto della pagina o del post; il commento invita a visitare un sito per aumentare il traffico o i profitti del vostro blog; il messaggio o commento è in inglese o in un'altra lingua diversa da quella del blog.

Talvolta, i bot (software che funzionano in automatico su Internet) più sofisticati sono però in grado di lasciare commenti che sembrano piuttosto reali: è dunque consigliabile usare strumenti specifici per proteggere il blog dallo spam installando un apposito plugin antispam. Il migliore è Akismet (`https://wordpress.org/plugins/akismet/`). Una volta attivato, Akismet è un vero e proprio filtro anti-spam: quando un commento viene contrassegnato come indesiderato, lo inserisce nella propria directory e previene che sia pubblicato su altri siti. Dalla bacheca WordPress si può accedere alla lista dei commenti che sono stati bloccati: ogni tanto controllatela per assicurarvi che non siano stati contrassegnati come spam messaggi da parte di veri lettori.

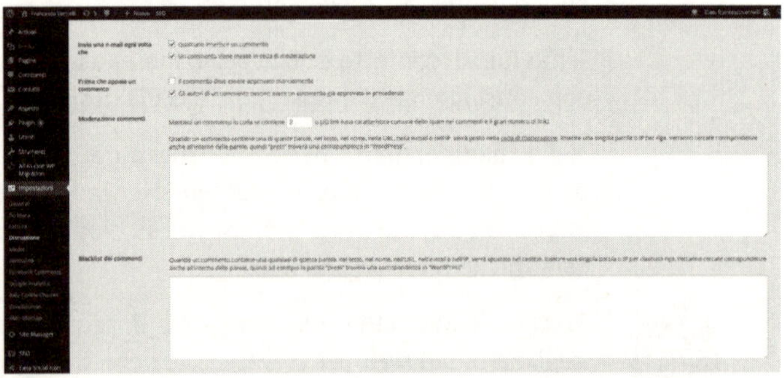

FIGURA 16.3 La pagina con le impostazioni per i commenti nel backend di WordPress.

Un altro modo per proteggere il vostro blog è l'utilizzo di alcune funzionalità di WordPress: nel menù "Impostazioni>Discussione" trovate le opzioni relative ai commenti. Qui potete decidere le modalità con cui permettere i commenti (in merito a questo aspetto consultate il paragrafo dedicato ai commenti nel Capitolo 8), ma anche regolare altri parametri:

- **Link all'interno dei commenti:** alla voce "Mantieni un commento in coda se contiene..." potete selezionare il numero di link che determinerà se un commento viene pubblicato direttamente o viene invece inserito nella coda di moderazione in attesa della vostra approvazione. Il numero di default selezionato su WordPress è 2 (fate attenzione perché lo 0 invece equivale a selezionare tutti i commenti).
- **Parole a cui prestare attenzione:** nella stessa sezione del precedente trovate un campo di testo in cui inserire una lista di parole che desiderate monitorare. Ogni volta che un

commento contiene una delle parole che indicate nella lista, viene messo in coda di moderazione.

- **Blacklist dei commenti:** se il commento contiene una qualsiasi delle parole indicate viene spostato nel cestino (le parole verranno cercate nel testo, nel nome, nell'URL, nell'e-mail o nell'IP; le indicazioni verranno cercate all'interno delle parole.

L'utilizzo di form e captcha

Un ulteriore modo per interagire con i lettori del proprio blog è quello di fornire nuovi spazi d'interazione, come un form di contatto. Anche se la loro natura principale è quella di sostituire o di essere complementari ad altre modalità di contatto (come la email), in realtà possono essere utilizzati per suggerire ai lettori di proporre contributi, fare domande, chiedere di essere contattati. Li potete trovare (e inserire) nella pagina dedicata ai contatti e in altri spazi del vostro blog con una funzionalità diversa. Utilizzando un form di contatto, avrete inoltre la possibilità di migliorare la comunicazione fra voi e i vostri visitatori, ottimizzando la loro esperienza sul blog.

Per inserire un modulo di contatto la soluzione migliore è quella di affidarsi a un plugin. Ve ne segnaliamo alcuni con una breve descrizione delle funzionalità.

Contact Form 7 (`http://wordpress.org/plugins/contact-form-7/`). È uno dei plugin WordPress più popolari e completi per creare form per contatti in HTML. Supporta il filtro Ajax, l'uso del CAPTCHA (vedi prossimo paragrafo) ed è integrato con Akismet per filtrare i messaggi spam. Inoltre, permette di creare molteplici form per contatti; è intuitivo e dispone di un efficiente servizio di assistenza.

Plugin Form Maker (`http://wordpress.org/plugins/form-maker/`). Questo plugin offre moltissime possibilità grazie alle opzioni che permettono di personalizzare l'HTML del form a seconda delle vostre esigenze. Alcune di queste sono: i CAPTCHA, i campi obbligatori, tantissimi colori e stili disponibili, la possibilità di inserire una mappa Google, questionari e molto altro.

Fast Secure Contact Form (`http://wordpress.org/plugins/si-contact-form/`). Sebbene non abbia un'interfaccia accattivante, Fast Secure Contact Form è piuttosto popolare. Con questo plugin potete creare moduli per contatti in HTML multipli, impostare la conferma email, optare per il reindirizzamento dell'URL dopo l'invio del messaggio e tanto altro ancora.

Contact Form To Email (`http://wordpress.org/plugins/contact-form-to-email/`). Questo strumento è molto utile per integrare le funzionalità del Contact Form con la vostra email. Il form è facile da creare, potete impostarlo in modo tale che tutte le notifiche vengano inviate direttamente alla vostra casella di posta. Inoltre permette di esportare tutte le informazioni dei contact form in formato Excel o CSV, di generare report e stampare la lista di tutti i messaggi ricevuti.

Formidable Forms (`http://wordpress.org/plugins/formidable/`). Questo plugin WordPress permette di vedere un'anteprima dei form per contatti in HTML e cambiarli usando la funzionalità *drag and drop*, cioè modificando il modulo trascinando gli elementi nella posizione che preferite.

Veniamo ora ai CAPTCHA.

RICORDA!

CAPTCHA è l'acronimo di *Completely Automated Public Turing test to tell Computers and Humans Apart*; tradotto, test automatico per distinguere i computer dagli umani. I CAPTCHA hanno la funzione di evitare che i cosiddetti bot (software che funzionano in automatico su Internet) possano accedere e/o raccogliere informazioni, permettendo attività di spam. Funzionano chiedendo all'utente di risolvere un quesito; per esempio decifrare il testo presente su un'immagine, effettuare un semplice calcolo, trascrivere una parola riprodotta in formato audio o risolvere un enigma (molto semplice).

I CAPTCHA sono efficaci, ma non sempre apprezzati dagli utenti che si trovano davanti un *ostacolo* in più per entrare in contatto con voi. Devono per questo essere usati con moderazione: selezionate uno strumento per inserire CAPTCHA che sia efficace e facile da usare. Se i CAPTCHA risultano troppo complessi, possono talvolta essere un vero e proprio deterrente per chi vuole inviare un messaggio; è, quindi, molto importante scegliere un

CAPTCHA efficace, chiaro e intuitivo. Ecco alcuni aspetti da considerare prima di inserirne uno:

- Considerate la lingua parlata dai vostri utenti e se saranno in grado di comprendere facilmente quanto letto o ascoltato.
- Utenti con problemi di vista o udito potrebbero non essere in grado di risolvere determinati tipi di CAPTCHA.
- Scegliete un CAPTCHA in cui è chiaro cosa è richiesto di fare.
- Fate delle prove con alcuni utenti per verificare che sia sufficientemente intuitivo e che possa essere risolto al primo tentativo.

In questo caso, per inserire un CAPTCHA è necessario installare un plugin. Ve ne segnaliamo due per funzionalità, diffusione e facilità di utilizzo:

1. **Captcha** (`http://wordpress.org/plugins/captcha/`). Questo plugin, tradotto in italiano, permette di inserire CAPTCHA che richiedono di risolvere un problema matematico; è possibile controllare dove inserirli e il livello di complessità del problema.
2. **WP re-Captcha:** (`http://wordpress.org/plugins/wp-recaptcha/`). È il plugin WordPress nato dall'omonimo servizio gratuito Google. Il plugin chiede di risolvere parole apparentemente strane e non appartenenti alla lingua comunemente utilizzata.

CONSIGLIO

Ciò che è interessante in questo plugin è che, invece di richiedere all'utente di risolvere problemi "usa e getta", usa parole che i riconoscitori di testo che stanno lavorando alla digitalizzazione di libri antichi non sono in grado di decifrare. Questo significa che, ogni volta che un CAPTCHA viene risolto allo stesso modo da un numero minimo di utenti, la parola viene riconosciuta come valida e inserita nella versione digitale del libro da cui è stata tratta. Questo processo ha contribuito a rendere digitali alcune opere di Shakespeare.

IN QUESTO CAPITOLO

- Il blog e i social media
- Visualizzare le icone
- Streaming e incorporazione dei contenuti
- Condivisione e commenti
- Plugin per i social media

Capitolo 17

Integrare il blog con i social network

Il blog e i social media

Il blog non rappresenta un'alternativa all'apertura di una pagina sui social network, come abbiamo visto nel Capitolo 2. Al contrario, il blog e i vostri profili sui social media sono attività da integrare tra loro. L'obiettivo è duplice: produrre e diffondere contenuti fruibili per un pubblico e avere uno spazio proprio di gestione degli stessi. I social media assolvono al primo intento, il blog al secondo. Per questo motivo, dopo aver creato il vostro blog, il passaggio fondamentale successivo sarà identificare quali profili attivare.

Le interazioni con i social media

Ci sono modalità diverse per integrare e rendere omogenei i vostri contenuti tra i profili che attiverete sui social network e quelli che pubblicherete sul vostro blog: si va dalla semplice icona che richiama il vostro profilo, alla visualizzazione dei contenuti in maniera trasversale, all'interazione con i lettori.

Visualizzare le icone

La visualizzazione dei social network in cui avete un profilo può essere realizzata in modi differenti: l'icona è la modalità più facile e immediata che assolve allo scopo di invitare i lettori a seguirvi attraverso i vostri profili sui social network. Per l'utente medio è più facile cercare la vostra presenza sui social network che frequenta abitualmente per poi restare aggiornato attraverso quella piattaforma.

FIGURA 17.1 L'inserimento dell'icona personalizzato con Menu Social Icons.

Inserite un'icona per ogni social network che frequentate e nel quale postate con regolarità. Non aggiungetela solo perché siete iscritti, ma se il link riporta a un profilo aggiornato con costanza. Potrete inserire l'icona nella vostra pagina dei contatti, nella barra di navigazione.

Per aiutarvi vi segnaliamo un paio di plugin utili:

1. **Menu Social Icons** (`https://wordpress.org/plugins/menu-social-icons/`) serve ad aggiungere i collegamenti social nella barra di navigazione. Dopo aver installato il plugin, navigate in "Aspetto>Menu". Quindi, espandete la sezione "Link personalizzati" nella quale troverete alcune icone social da selezionare e associare all'URL dei vostri vari profili.
2. **Easy Social Icons** (`https://wordpress.org/plugins/easy-social-icons/`) aggiunge le icone degli account social in maniera semplice e veloce utilizzando un widget che potete inserire direttamente nella sidebar, a piè di pagina o nella testata delle pagine o degli articoli.

ATTENZIONE

La piena funzionalità dei plugin è garantita soltanto se questi sono compatibili con la versione di WordPress utilizzata sul vostro sito. Nella pagina di download del plugin trovate i parametri di compatibilità. Se la vostra versione di WordPress (verificabile nella bacheca di gestione alla voce di menù "Aggiornamenti") è diversa da quella indicata dal plugin, questo potrebbe non funzionare.

Streaming dei contenuti

Un'altra possibilità d'integrazione con i social network è rappresentata dalla visualizzazione dei vostri contenuti social all'interno del blog. Potete ottenere questo risultato con l'aiuto di un widget che recuperi lo streaming dei vostri contenuti social e lo riproponga sul vostro blog.

Per fruire di questa funzionalità sul vostro sito potete utilizzare strumenti diversi. Si può ricorrere a un plugin in grado di generare un widget o a una stringa HTML (una riga di comando) da inserire nella vostra pagina o nel vostro post scegliendo la visualizzazione "Testo" durante la modifica della pagina/post.

Nel momento in cui inserirete il flusso di contenuti social nel vostro blog ricordatevi che:

- Il vostro profilo sui social network dovrà essere aggiornato con costanza per evitare che vengano visualizzati post troppo vecchi.
- I contenuti nel flusso non dovrebbero essere la replica di quelli presenti nel vostro blog: altrimenti agli occhi dell'utente potrebbe sembrare un mero duplicato.
- Il posizionamento dello streaming non deve disorientare l'utente, anzi dovete fare in modo che arricchisca l'insieme di contenuti già proposto.
- Lo streaming posizionato nella home page del blog rischia di sembrare un riempitivo: meglio collocarlo in una pagina dedicata alle news (per esempio Twitter), in quella dei contatti (per esempio Facebook) o in una gallery (per esempio Instagram).

Lo streaming dei contenuti di solito è accompagnato da un'altra azione: quella di poter entrare in contatto con il vostro profilo social attraverso il blog. Per esempio lo streaming di Twitter è sempre accompagnato da un tasto per il "follow" (l'operazione con la quale un utente decide di seguirne altro), e quello di Facebook è sempre accompagnato dal pulsante per il "mi piace".

Spesso e volentieri queste azioni sono inserite in maniera autonoma: in altre parole potete inserire nel vostro blog un invito per i lettori a mettersi in contatto con voi attraverso i social network: si tratta di un modo più esplicito dell'icona per invitare a compiere quest'azione.

CONSIGLIO

Tutte le azioni che riguardano la possibilità di seguirvi su un social network vengono definite *social follow*. L'altra espressione per indicare le azioni che permettono di utilizzare i social network per condividere i vostri contenuti è invece *social share*.

Incorporare contenuti

Un modo diverso di proporre contenuti social sul vostro blog è l'incorporazione (*embed* in inglese). Con questo termine si indica la possibilità di proporre una parte di ciò che pubblicate sui social network all'interno del vostro blog. I social network che più si prestano a questo scopo sono YouTube, Slideshare, Pinterest e Instagram.

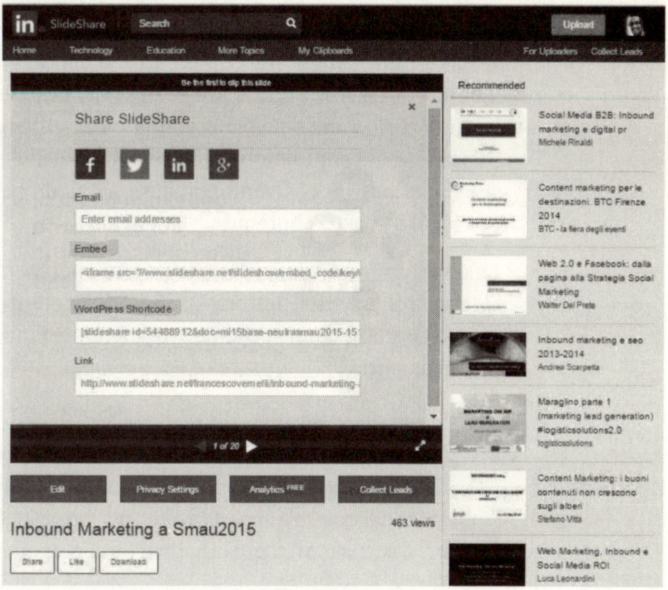

FIGURA 17.2 Il codice d'incorporazione di Slideshare si trova nelle opzioni di condivisione.

Con l'incorporazione potete inserire sul blog un solo contenuto che fa parte del vostro streaming. Da un punto di vista tecnico è un'azione molto semplice: in genere quasi tutte le piattaforme permettono la condivisione attraverso incorporazione tra le opzioni che riguardano la condivisione. Qui troverete la dicitura *embed* oppure "codice per incorporazione". Copiate il codice (una stringa di testo in HTML) e incollatelo dove volete che appaia il vostro contenuto social (in genere la pagina o il post del vostro blog si scrivono in modalità "Testo"). Fatto questo, il contenuto comparirà nella pagina nello stesso modo in cui lo vedreste all'interno del social network.

Condivisione e commenti

Come già illustrato nel capitolo dedicato ai commenti, un'altra modalità per incorporare i social media nel proprio blog è dare la possibilità agli utenti di interagire con le pagine e con i post del blog. Le interazioni che potete permettere ai vostri lettori sono la condivisione dei contenuti e l'aggiunta di un commento. Entrambe sono facilmente intuibili e vengono realizzate attraverso l'utilizzo di plugin.

Per quanto riguarda i commenti, vi rimandiamo al Capitolo 16, al paragrafo "Plugin per commenti". Il vantaggio di poter commentare attraverso uno o più social network aumenta la possibilità di diffusione del vostro contenuto: nella maggior parte dei casi, infatti, il commento del lettore sarà visibile ai suoi contatti sul social network, diventando così un modo per promuovere e propagare i vostri contenuti.

La condivisone è un'azione che potete operare voi stessi e invitare a fare ai vostri lettori. Quando decidete di condividere un vostro contenuto sui social network è opportuno tenere presente alcuni aspetti:

- Prima di condividere i vostri contenuti individuate una community di riferimento a cui rivolgervi: potrebbero essere tutti i vostri contatti, ma potrebbe darsi che il singolo post interessi soltanto ad alcuni; per questo è importante segmentare il pubblico nei vostri profili attraverso l'utilizzo di hashtag, gruppi e community.
- Se non esiste un gruppo, potreste scegliere di crearlo voi stessi (per esempio su Facebook e su LinkedIn questa operazione è abbastanza semplice e, se ben fatta, molto produttiva): in questo modo renderete meno numeroso il pubblico, ma aumenterete il suo interesse.
- Promuovete i vostri post senza esagerare: la ridondanza potrebbe farvi perdere credibilità.
- Ricordatevi che i social network sono piattaforme di conversazione che non vanno utilizzate soltanto per promozione; misurate quanto utilizzate i social network per conversare e quanto per promuovere; quando avete un blog la tentazione è

quella di proporre in maniera continuativa i suoi contenuti. Datevi una regola: inserite un post *promozionale* ogni cinque interazioni che non hanno a che fare con il vostro blog.

CONSIGLIO

WordPress permette di condividere automaticamente i vostri post attraverso il collegamento con alcuni dei principali social network (Facebook, Twitter, LinkedIn, Google+, Path e Tumblr). Noi vi consigliamo di non attivare questo automatismo per due motivi: il momento in cui pubblicate un post non è detto che sia quello ideale nel quale socializzarlo; i linguaggi e le modalità di condivisione dovrebbero essere diverse da un social media a un altro. Meglio dotarsi di uno strumento per la programmazione come PostPickr (`https://www.postpickr.com`) o Hootsuite (`https://hootsuite.com`).

Quando un lettore decide di condividere un vostro contenuto significa non solo che lo ha gradito ma anche che, in qualche modo, lo ha fatto proprio. Facilitare la condivisione di pagine e di post è uno degli obiettivi principali da perseguire.

Per la condivisione su WordPress c'è una voce di menù apposita che trovate seguendo "Impostazioni>Condivisione". Dopo la parte legata alla condivisione avete la possibilità di inserire i pulsanti di condivisione alla fine di ogni pagina.

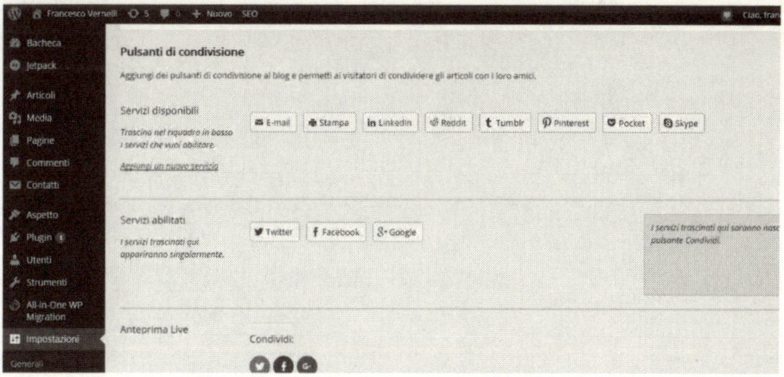

FIGURA 17.3 La pagina del pannello di controllo di WordPress dedicata ai pulsanti di condivisione.

Oltre alla scelta degli strumenti di condivisione con i principali social network avete la possibilità di inserire un pulsante per l'invio attraverso la posta elettronica o per stampare.

Plugin per i social media

Qui di seguito trovate l'indicazione di una serie di plugin per effettuare le integrazioni di cui vi abbiamo parlato nel capitolo:

Twitter (`https://wordpress.org/plugins/twitter/`)

Social media builder (`https://wordpress.org/plugins/social-media-builder/`)

Social streams (`https://wordpress.org/plugins/social-streams/`)

Feed them social (`https://wordpress.org/plugins/feed-them-social/`)

Rebel mouse (`https://wordpress.org/plugins/rebelmouse-widget/`)

Wordpress social stream (`http://codecanyon.net/item/wordpress-social-stream/2201708`; plugin a pagamento)

Facebook like box widget (`https://it.wordpress.org/plugins/facebook-like-box-widget/`)

IN QUESTO CAPITOLO

- Che cos'è il guest blogging
- Definire una strategia
- Diventare un guest blogger
- Ospitare un guest blogger

Capitolo 18

Il guest blogging, un valore aggiunto

Che cos'è il guest blogging

Una delle carte vincenti di un buon blogger è la capacità di fare networking e di instaurare relazioni efficaci a supporto del blog. In questo senso l'utilità non è solo allargare la cerchia delle conoscenze, ma promuoversi a vicenda rispetto ai contenuti prodotti. Il *guest blogger* (dall'inglese *guest*, ospite) è un blogger che non scrive sul proprio blog ma su un altro (questa pratica è definita *guest blogging*). Che siate voi a essere ospitati o il vostro blog a ospitare un autore, la chiave è sempre quella di proporre un contenuto significativo e in qualche modo *straordinario* rispetto al consueto. La presenza di un ospite rappresenta una novità e, se l'autore è conosciuto e autorevole, la cosa diventa più interessante. In altre parole un *guest post* (il post creato dal blogger ospite) è un'iniezione di energia e di nuove idee.

Ci sono due modi per partecipare alle attività di guest blogging:

1. **Sul proprio blog:** invitando un blogger a scrivere nel vostro spazio oppure concedendo il permesso di pubblicare a qualcuno che ve lo ha chiesto.
2. **In un altro blog:** quando siete voi a chiedere di poter scrivere su un altro blog (o, se la vostra autorevolezza è alta, a essere richiesti per scrivere come ospiti).

Molti blogger accettano di pubblicare post di altri per costruire relazioni, aggiungere contenuti, attrarre nuovi lettori. Allo stesso modo spesso si scrivono post in altri blog per condividere esperienze e farsi conoscere da un pubblico diverso (che potrebbe poi frequentare il proprio blog).

Definire una strategia

Qualsiasi sia la ragione che spinge a scegliere di accettare di scrivere o di ospitare un guest post, definite una strategia: se siete alla ricerca di nuovo pubblico e per questo decidete di provare a farvi ospitare da altri blog, dovrete fare una ricerca accurata all'interno della vostra stessa nicchia di quali blog possano essere maggiormente efficaci in questo senso (va da sé che è meglio scrivere per 5 blog rilevanti, piuttosto che per 50 di poca rilevanza). Scrivere post (sia per voi che per gli altri) costa tempo ed energie e dovete considerarlo un investimento; in questo senso ogni buon investimento deve riuscire a farvi guadagnare buone opportunità. Questo ragionamento vale sia quando scrivete sia quando pubblicate altro sul blog. Deve esserci reciprocità senza dimenticare che l'unico parametro di valutazione non può essere l'aumento di traffico: un'azione di guest blogging che non genera molto traffico potrà comunque considerarsi utile e fruttuosa.

Nella definizione della strategia vanno tenuti in considerazione alcuni fattori. In primo luogo la qualità dei contenuti del blog in cui decidete di scrivere. Se quello che vi interessa è farvi conoscere come esperti del settore o promuovere la vostra pagina web, l'ideale è puntare sui blog con un buon numero di lettori e condivisioni, così da esporre i vostri contenuti a un numero molto ampio di utenti. Se la finalità principale è ottenere link verso il vostro blog, è fondamentale che il blog abbia una buona *domain authority*.

PER I PIÙ CURIOSI

Domain authority è una metrica sviluppata da Moz, `https://moz.com/`, per valutare l'importanza di un dominio, in una scala da 0 a 100; individua la probabilità con la quale una pagina all'interno di un dominio si posizioni bene sui motori di ricerca. Maggiore è il valore e più alte sono le possibilità di posizionarsi bene.

L'ultima considerazione da fare è rispetto al pubblico: più il blog è ampio e referenziato, maggiori sono le possibilità di successo per il post. Ma bisogna tenere in considerazione i pro e i contro di questa scelta. I blog grandi ricevono molte più richieste, la competizione è agguerrita ed è più difficile superare l'iter per arrivare alla pubblicazione. Per testare la qualità dei guest blogger, di solito sono previste procedure rigorose in più step: proposta e accettazione del titolo, della scaletta, dell'articolo vero e proprio. Poi ci sono le revisioni, nel contenuto e nella formattazione dell'articolo. Infine, le code di pubblicazione: se in quel momento il blog è saturo di contenuti, il vostro post potrebbe essere pianificato diversi mesi dopo la sua approvazione. Un blog più piccolo offre meno visibilità, ma richiede minor tempo di gestione. Fatte queste considerazioni, siete pronti a diventare un guest blogger.

Diventare un guest blogger

Se siete pronti a costruire nuove relazioni nella blogosfera e a esporre i vostri contenuti per un nuovo pubblico, è il momento di attivarvi. Tenete presente che fare guest blogging richiede tempo e che non potete lesinare sulla qualità; dovrete scrivere dei buoni post, con ottimi contenuti per due motivi. Il primo è che diversamente non potrete scrivere di nuovo altrove, il secondo è che siete alla conquista di un pubblico diverso con aspettative nuove e grande attenzione nei vostri confronti. Servono tempo, pazienza, buona volontà per fare in modo che la vostra attività di guest blogging sia efficace.

Molti dei migliori blogger includono il guest blogging tra le attività promozionali. Scrivere un guest post richiede tempo e un pensiero su come farlo. Prima di tutto determinate quale sarà l'argomento principale trattato e l'audience a cui vi rivolgerete. È un passaggio spesso dato per scontato perché si tende a pensare che la cosa sia già stata fatta dal blog che ospita il post. In realtà è fondamentale individuare il pubblico che leggerà i vostri guest post. Il risultato di quest'analisi influenzerà la scelta dei blog, delle tematiche e lo stile degli articoli. Lavorate sulle parole chiave che il pubblico potrebbe cercare, calcolandole in base ai suoi interessi e al vostro business.

PER I PIÙ CURIOSI

Lo strumento di pianificazione delle keyword di Google AdWords (`https://www.google.it/adwords/`) è un buon aiuto per trovare varianti e valutare il volume delle ricerche su una specifica parola. Terminata l'analisi, ordinate i risultati: sarà la base per iniziare la ricerca dei guest blog.

Scegliere dove ospitare i contenuti che volete produrre è fondamentale. La prima ispirazione viene dal pubblico, ovvero dal modello di utente che leggerà il vostro post e dal genere di blog che potrebbe interessarlo. Cercate su Google "blog + tematica d'interesse + guest post", con tutte le possibili varianti ("invia il tuo guest post", "scrivi per noi", "linee guida per i guest post"...): otterrete una lunga lista. Prendetevi del tempo per leggere il blog nel quale potreste essere ospiti: fatevi un'idea del contenuto che potreste produrre facendo attenzione che non sia una replica o un tema su cui è stato già scritto molto. Questo particolare è rilevante se il blog che potrebbe ospitarvi è già ben posizionato nella vostra nicchia tematica e il suo autore ha già scritto molto coprendo le diverse sfaccettature di uno o più argomenti.

I blog che accolgono altri post possono pubblicare le "regole" per essere ospitati come ha fatto il blog *Il tagliaerbe*: `http://blog.tagliaerbe.com/2009/07/come-deve-essere-un-guest-post.html`

FIGURA 18.1 Le regole per il guest blogging di TagliaBlog.

Il vostro post dovrà *convivere* con gli altri già presenti nel blog che vi ospita: quello che dovrete cercare è un equilibrio tra questa necessità di omogeneizzazione e quella di farvi notare. Per la definizione dei contenuti, classificare il pubblico può essere un buon punto di partenza. Quale argomento potrebbe attirare l'attenzione? Quale contenuto essere utile? Come offrire una prospettiva diversa sul tema del momento? Per aiutarvi nella ricerca degli argomenti, risparmiando tempo e individuando i più interessanti, affidatevi a servizi di aggregazione di contenuti.

Pensate a un titolo che possa incuriosire il pubblico e il blog a cui lo proponete: molti rifiutano a priori titoli, scontati o già sentiti. Il modo migliore per scegliere il blog per il quale scriverete è concentrarvi sul pubblico: assicuratevi che i contenuti trovino i lettori a proprio agio in termini di punto di vista, modalità di presentazione e stile. Cercate blog che vi piacerebbe leggere se foste in cerca dei contenuti per i quali state per scrivere.

Quando avrete creato una lista di blog da contattare prendetevi un po' di tempo per leggere i loro contenuti, anche quelli più datati, e i commenti per conoscere gusti e tendenze del pubblico. Se riuscite, partecipate alle conversazioni lasciando il vostro commento nei post che ritenete più opportuni.

Da ultimo verificate la popolarità del blog che avete scelto: se inizialmente avrete la possibilità di scrivere solo per blog poco più grandi del vostro, siate perlomeno certi che il blog per il quale andrete a scrivere sia aggiornato con una certa frequenza e che siano presenti commenti nei post più recenti.

Fatto questo, è il momento di presentare la vostra idea ai blog che avete scelto, abbinando al blog più idoneo ogni tema sul quale avete deciso di scrivere. Può essere fatto per assimilazione (hanno già post sull'argomento e voi potete offrire un approfondimento in più), oppure per differenza (sul blog non ci sono post sul vostro argomento).

Per contattare il blog che vi ospita dovete semplicemente inviare una mail. Per scriverla al meglio (si tratta di fatto di una presentazione e una promozione di voi stessi come blogger) fate attenzione a questi aspetti:

- **Presentate le vostre credenziali:** i blogger consolidati possono essere protettivi nei confronti dei loro lettori; d'altra parte il pubblico che li segue è un "tesoro" che hanno costruito con il tempo; per questo solitamente pubblicano solo i post di ospiti che possono dimostrare una certa competenza e apportare un vero valore aggiunto al blog. Tenendo questo a mente fornite nella mail una descrizione completa di voi stessi, le vostre credenziali, le vostre competenze per essere sicuri che il blogger che vi ospita capisca che sarete in grado di dare un contributo importante al suo blog.
- **Presentate le statistiche del vostro blog per dimostrare che potrete portare traffico al blog che vi ospita**: questo nel caso in cui il vostro blog sia nella prima fase di crescita (magari, se possibile, fornite qualche dato sulla composizione e altre qualità del vostro blog grazie ai dati di analisi).
- **Dimostrate le vostre competenze tecniche come blogger:** se riuscite a provvedere alla formattazione di testo e immagini per il suo blog fateglielo sapere; in questo modo gli risparmierete il tempo di doverlo fare (a patto che ne siate veramente in grado).
- **Mandate il link del vostro blog e di altri vostri contenuti**: in questo modo dimostrate di avere una presenza online e che sapete scrivere bene per il Web, senza che ci si debba troppo preoccupare di eventuali errori da correggere.

- **Dite al blogger che vi ospita come intendete promuovere il post che state per scrivere**, specificando in quali piattaforme siete presenti; per il blogger sono dati che parlano della potenzialità di traffico in entrata che riuscirete a portare.
- **Rassicurate sul fatto che il vostro post sarà unico e che quel contenuto non è stato e non sarà riproposto in alcun altro spazio nel Web**; questo serve a dimostrare che conoscete le dinamiche del Web che penalizzano contenuti duplicati.
- **Se è già pronto, potete inviare il post con la richiesta di pubblicazione;** il blogger avrà subito gli elementi per decidere e potrebbe già pubblicarlo.

Molti blog prevedono linee guida specifiche su come compilare la proposta: nel caso, seguitele alla lettera. Per completare la richiesta ricordate che un tono gentile e qualche complimento non guastano mai.

Quando la vostra richiesta sarà accettata, se non lo avete ancora fatto, dovrete scrivere il post. Ripassate le linee guida indicate (lunghezza richiesta, policy su link, immagini e formato) e leggete qualche articolo, così da avere bene a mente lo stile editoriale, osservando le caratteristiche degli articoli che sono più condivisi e commentati. Nella stesura, utilizzate elenchi puntati e titoli interni per una lettura più agevole e tenete a mente la persona per cui state scrivendo, cercando di non essere prolissi ma esaustivi. Una volta che il vostro guest post sarà pubblicato, non sarete arrivati alla fine del processo.

A questo punto dovrete promuovere il post attraverso tutti i vostri canali, monitorare i commenti e rispondere quando necessario.

Per valutare gli effetti della vostra attività di guest blogging, ci sono alcuni parametri da tenere sotto controllo:

1. **Il traffico diretto dal guest post,** monitorabile con Google Analytics.
2. **Il link al vostro sito,** che a volte i guest blog lo disattivano dopo qualche tempo dalla pubblicazione.
3. **L'effetto sui social**, in termini di condivisioni e apprezzamenti.

Ospitare un guest blogger

L'altra faccia del guest blogging è l'ospitalità nel vostro blog di un autore diverso, un altro blogger.

La presenza di un guest blogger non solo rappresenta un apporto di nuove idee e contributi originali, ma traffico aggiuntivo sul blog. I benefici nell'accettare un guest blogger nel vostro spazio vanno al di là del traffico che potrete ricevere. Per esempio la relazione che costruirete con lui potrebbe aprirvi opportunità per future collaborazioni. Nella peggiore delle ipotesi, un guest post è un post in meno che dovete scrivere: tempo risparmiato che potrete utilizzare per commentare altri blog, fare attività di promozione, alimentare le conversazioni sui social network.

Per trovare un guest blogger la cosa più semplice è annunciarlo. Potreste creare una pagina apposita (da far circolare sui social media e sugli altri strumenti di diffusione che utilizzate) in cui inserire una richiesta di collaborazione (il titolo potrebbe essere "Scrivi per questo blog" o più semplicemente "Guest blogging") e un modulo che chi vuole candidarsi potrà compilare per mettersi in contatto con voi. Nel form potreste già prevedere la richiesta di informazioni di cui avete bisogno (le stesse che abbiamo visto quando abbiamo parlato delle motivazioni da inviare per essere ospitati): per questo motivo il modulo è più efficace e utile di una sola mail di contatto. Se avete le idee chiare potete inserire le linee guida con le quali si possono pubblicare post di ospiti: per farlo provate a sbirciare quanto hanno scritto altri blogger prima di voi.

Se volete conoscere quanto traffico il guest post porterà al vostro blog, dovete tracciare e monitorare i risultati: un modo semplice per farlo è guardare il numero di commenti che verranno lasciati sul post e all'interattività del guest blogger nel rispondere. In maniera più analitica e precisa potrete controllare le statistiche, verificando quante visite ottiene il guest post e se il dato si scosta o meno dal traffico che il vostro blog genera normalmente.

Una volta ospitato il post, non siete obbligati a fare altrettanto, ma, per i motivi legati alla costruzione di relazioni significative e alle regole non scritte di comportamento, ricambiare il favore, laddove richiesto, è una buona consuetudine.

Nonostante quelle che abbiamo indicato siano norme di buon comportamento che tutti dovrebbero seguire, esistono persone che mandano richieste di guest blogging con il solo scopo di vedere aumentate le visite al proprio blog, senza alcun interesse per la costruzione di una buona relazione e di una promozione incrociata. Per questo motivo esistono organizzazioni il cui unico scopo è quello di mandare richieste di guest blogging per aumentare i link in ingresso verso propri siti web o quelli di terzi per cui lavorano. Se il fenomeno è poco sviluppato in Italia, dove la pratica del guest blogging non è così diffusa, dovrete essere in grado di distinguere le richieste autentiche da quelle che assomigliano o hanno l'aria di essere più che altro spam. Per farlo controllate l'origine della richiesta e verificate se i contenuti sono originali o meno (potete utilizzare a questo scopo un'applicazione già suggerita in precedenza, Copyscape, digitando `www.copyscape.com`).

5 Il content marketing per un salto di qualità

IN QUESTA PARTE. . .

Svilupperete una strategia per organizzare al meglio tutti i vostri contenuti online.

Imparerete a realizzare un censimento dei contenuti già prodotti e a pianificare il lavoro con un calendario dedicato.

Conoscerete il valore aggiunto di una newsletter legata al blog per ampliare la diffusione dei contenuti.

IN QUESTO CAPITOLO

Definire gli obiettivi

Pianificare il lavoro

Creare i contenuti

Gestire i feedback

Monitorare i risultati

Capitolo 19

Una strategia per i contenuti online

Chi decide di comunicare attraverso un blog spesso comincia creando i contenuti. Certo, gli articoli sono il cuore pulsante del vostro blog, ma per far sì che il cuore non si arresti alle prime difficoltà e che lo sforzo non produca i risultati che auspicate, è bene ragionare in modo strategico, con un percorso in cui tutte le vostre energie siano canalizzate per raggiungere il massimo risultato, nel tempo più breve e con il minimo sforzo. Per questo vi suggeriamo di adottare una metodologia che vi aiuterà a non perdere la bussola e a calibrare il vostro impegno: una strategia per i contenuti del blog.

Un percorso in 5 fasi

Il vostro blog è pronto, avete cominciato a scrivere, vi siete dotati di un archivio per andare online e farvi conoscere. Tutto bene, ma questo è il momento giusto per fermarsi un attimo e ragionare, sempre che non lo abbiate già fatto. Il metodo che vi consigliamo per organizzare al meglio il vostro blog è costituito da una strategia suddivisa in un ciclo contraddistinto da 5 diverse fasi. È un ciclo iterativo: una volta compiuto un primo giro, avrete gli elementi per percorrerne un altro, in maniera più efficace e più soddisfacente.

Ogni fase ha la sua rilevanza e non va saltata o affrettata. Si parte definendo gli obiettivi che volete raggiungere, ragionando sulle risorse disponibili e sui vincoli dati. Si continua pianificando il lavoro e creando i contenuti. Questi generano feedback e commenti da parte dei lettori che vanno gestiti con attenzione, per stimolare una community fedele e appassionata. L'ultima fase è quella del monitoraggio, per capire se il cammino percorso è coerente e in linea con gli obiettivi che ci si è posti in partenza, così da poter dare vita a un nuovo ciclo, più efficiente e performante.

Obiettivi

Una strategia, prima di tutto, deve stabilire gli obiettivi che volete raggiungere. Per essere efficace, un obiettivo deve essere misurabile, SMART (vedi Capitolo 3) ed essere legato a indicatori di performance (KPI).

RICORDA!

KPI (Key Performace Indicator) è una metrica stabilita in partenza, da misurare nel corso dello svolgimento delle proprie attività, per verificare il successo dell'iniziativa. Non si tratta di una semplice metrica (pagine viste o visitatori), ma di una metrica legata strettamente all'obiettivo (lettori che si abbonano a un servizio, che mandano una email, che diventano clienti).

Una riflessione importante va dedicata a capire da chi è composto il pubblico con cui volete entrare in relazione e cosa lo interessa veramente. Il vostro scopo non è quello di produrre contenuti fotocopia di ciò che già esiste in Rete, perché avreste perso in partenza, ma di soddisfare le esigenze informative dei vostri lettori, con contenuti originali e di servizio, che offrano valore.

CONSIGLIO

Non è un caso se gli articoli che cominciano con "Come si fa a..." siano tra i più cliccati e richiesti: le persone mediamente compiono ricerche con parole semplici, qualsiasi sia il motivo dell'indagine. Un titolo apparentemente banale, ma simile alle parole che un utente userebbe per cercare quell'argomento è garanzia di successo.

Dal momento che si sta parlando di contenuti da produrre, in questa fase bisognerebbe stabilire quali sono le parole chiave (keyword) più rilevanti con cui vorreste che il vostro blog venisse trovato o con cui vorreste essere associati nella percezione del lettore (o del potenziale cliente). Queste keyword diventeranno il vostro riferimento nell'ideazione e nella creazione dei contenuti, così che questi vengano bene indicizzati da Google e che le pagine del blog scalino la classifica per le parole chiave per voi importanti. L'elenco non dovrebbe essere troppo lungo o troppo corto, ma proporzionale alla varietà di argomenti trattati sul vostro blog: più sarete verticali e focalizzati, più aumenterete le probabilità di successo.

CONSIGLIO

Se conoscete il vostro lettore tipo, coinvolgetelo nella definizione delle parole chiave prioritarie, ascoltando come si esprime, come si comporta quando naviga. Se non lo conoscete bene e avete già una presenza online, inserite un questionario per i navigatori con alcune domande pensate per raccogliere queste informazioni.

In questa fase è bene essere sia onesti, sia realisti. Se il vostro blog ha voi come unico autore e gestore, stabilite onestamente, fin da ora, quanto tempo potete dedicare alla vostra creatura, quali competenze avete acquisito, quali dovete ancora acquisire o potenziare e quante risorse potete dedicare a sviluppare quanto non siete ancora in grado di realizzare in maniera autonoma. Se godete invece di un'organizzazione, coinvolgete i vostri colleghi, valutate chi potete includere, quanto tempo lavoro assegnare, quale budget avete a disposizione da investire nello sviluppo del blog e quali competenze il team possiede già o potrebbe sviluppare con una formazione apposita.

Forti di un quadro completo su risorse e vincoli, potete ordinare gli obiettivi da raggiungere in una scala di priorità e cominciare dai più importanti, lasciando gli ultimi a un secondo ciclo della strategia, quando avrete acquisito maggiore esperienza, avrete più competenze e forse qualche nuova entrata che vi permetterà d'investire ulteriormente.

Il ciclo che abbiamo disegnato è iterativo, perché si modifica in corso d'opera, sperimentando e verificando che quanto definito in partenza sia stato raggiunto o, in caso di fallimento, cosa sia andato storto, così da aggiustare la rotta e migliorare continuamente. Per questo dovreste darvi un orizzonte temporale di non più di un anno e verificare mensilmente o trimestralmente a che punto siete arrivati nel vostro cammino e cosa c'è da cambiare. Non è necessaria una verifica ogni giorno od ogni settimana, perché i dati raccolti non sarebbero sufficienti a prendere una decisione consapevole e finireste per distrarvi dallo sviluppo della strategia.

Pianificazione

Pianificare il lavoro è ciò che fa la differenza tra un blog mediocre, inutile, e un blog di successo. La maggior parte dei fallimenti è legata alla mancanza di una visione e di costanza nel perseguire gli obiettivi dati. Vi auguriamo di cuore che il blog diventi un elemento chiave per il vostro business o per far crescere le vostre passioni, ma realisticamente all'inizio non è così. Prima di sviluppare il blog a questo livello servirà investire tempo, pazienza ed energia, nei giorni in cui sarete oberati dal vostro lavoro principale o in cui la vita vi porrà di fronte qualche ostacolo, positivo o negativo che sia: succede a ognuno di noi ed è bene non dimenticarlo mai. Aver definito un piano e sapere come portarlo avanti, quasi come un'abitudine, quasi con il pilota automatico, rende il tutto più facile e minimizza il rischio che qualcosa interrompa il vostro percorso.

Con un blog siete di fatto diventati il direttore di un giornale; se avete altri collaboratori avete anche una redazione. Come ogni giornale che si rispetti, avrete definito una linea e un piano editoriale. Forse fino a questo momento lo avevate solo in testa. Il consiglio che vi diamo è di mettere tutto nero su bianco e non lasciare nulla al caso. Il piano editoriale costituisce, settimana per settimana, mese dopo mese, il timone che vi permetterà di navigare senza perdere la rotta. Dovrete stabilire quali temi affrontare in maniera equilibrata (le parole chiave definite poco fa servono a questo scopo), quale forma avrà il contenuto, come ogni singolo contenuto contribuisce a raggiungere gli obiettivi definiti e come provvedere a promuoverlo e diffonderlo in Rete. Consapevoli di come questo sia un passaggio chiave in termini operativi, abbiamo dedicato al calendario editoriale una parte importante del capitolo seguente, a cui vi rimandiamo.

Creazione

La creazione dei contenuti può sembrare la fase più banale. Sapete cosa scrivere e come farlo in maniera efficace: è necessario sapere altro? Curare i contenuti altrui può diventare un pilastro del vostro blog, insieme alla produzione di contenuti originali. Ogni volta che trovate un articolo che riassume, commenta, sviluppa, discute contenuti sviluppati da terzi, l'autore ha svolto questa funzione. Il valore aggiunto in questo caso è dato dal tempo e dalla competenza che avete messo al servizio del lettore, che va spesso di fretta e non ha il vostro stesso livello di conoscenza della materia da voi trattata.

Inserite quindi nel vostro calendario editoriale un appuntamento periodico (l'ideale è settimanale) con l'equivalente di una rubrica in cui suggerite un percorso di navigazione ragionato in pochi link altamente selezionati, commentandoli specificando perché li avete scelti e perché l'utente dovrebbe cliccare e leggerli. Una moderna rassegna stampa, sul Web, unica e indispensabile. Perché abbia queste caratteristiche, investite parte del vostro tempo a selezionare le fonti più autorevoli e meno note (qualche ricerca con parole chiave in inglese può aprirvi un nuovo mondo), pianificate un momento nella settimana in cui filtrare gli articoli che avete messo da parte, prendendo solo i migliori. Un distillato di grande valore che presto diventerà un appuntamento tra chi vi segue, contribuendo settimana dopo settimana a rafforzare le basi della vostra autorevolezza.

Un altro modo di curare i contenuti è riprendere quelli creati da altri e riproporli aggiungendo valore. Come fare? Se tra le vostre fonti trovate un tema da discutere con i vostri lettori o un punto di vista con cui volete confrontarvi, riprendete parte del testo (la più rilevante), aggiungete il vostro contributo originale prima e dopo, non dimenticate di inserire il link alla fonte che avete citato, e formulate un titolo che stimoli la curiosità.

Più tempo dedicherete alla lettura di fonti autorevoli, più occasioni si presenteranno per partecipare a una pubblica conversazione sui temi per cui volete essere percepiti come competenti e autorevoli.

RICORDA!

Ogni volta che potete, inserite nei vostri articoli un link a un altro blog a cui vi state riferendo. Non preoccupatevi se il lettore, cliccando, lascerà il vostro blog. Se avrà trovato un contenuto di qualità, certamente tornerà da voi aspettandosi altre segnalazioni altrettanto originali.

Gestione dei feedback

Un blog è uno spazio di condivisione. Con la diffusione dei social network le interazioni e il passaparola hanno trovato terreno fertile su Facebook, Twitter, Pinterest, riducendo le interazioni all'interno dei blog o le citazioni tra gli stessi blog. Non dimenticate però che, se avete deciso di permettere ai vostri lettori di commentare ciò che pubblicate, dovrete dedicare tempo alla lettura e, se necessario, alla gestione di tali commenti. A volte un post ben costruito e indicizzato può generare molti commenti e diventare un piccolo forum in cui gli utenti con un problema trovano una soluzione e cercano un confronto con l'autore del blog e con gli altri lettori/commentatori.

Per non lasciare nulla al caso, vi consigliamo di definire e pubblicare una policy per interagire sul vostro blog (nel Capitolo 23 vi suggeriamo come fare), con regole chiare, senza ovviamente pensare di censurare chi la pensa diversamente da voi e si esprime in maniera civile. Potete però informare i vostri lettori che commenti offensivi o fuori tema rischiano di essere cancellati a vostro insindacabile giudizio, invitando tutti a partecipare nel rispetto reciproco. Chiarite inoltre, se i commenti sono moderati, con quali tempi intendete valutarli e pubblicarli o in ogni caso rispondere. Più sarete capaci di facilitare la conversazione, maggiore sarà il numero dei lettori che parteciperanno e più successo avrà il vostro blog.

Non lo abbiamo specificato altrove, ma la parte tecnica del blog, se avrete deciso di avere un vostro dominio e un vostro spazio web, richiederà un tempo dedicato alla manutenzione. Prevedete nel vostro piano d'azione uno spazio settimanale per tali attività, insieme a un po' di tempo da dedicare all'aggiornamento sui nuovi strumenti che possono supportare e agevolare il vostro impegno da blogger.

Monitoraggio

Nelle aziende più strutturate, il monitoraggio è parte essenziale della gestione dei progetti. Il blog raggiunge il pubblico con cui vorreste conversare? A questa domanda è necessario trovare una risposta precisa, misurando le performance dei contenuti e il risultato finale della vostra strategia. Google Analytics è lo strumento, gratuito, utilizzato da chiunque gestisca un sito per controllare i valori delle metriche più importanti (*web analytics*) e valutarne l'andamento nel tempo. Per cominciare potete iniziare a tracciare:

- Visite e visitatori unici.
- Pagine viste.
- Tasso di rimbalzo (la percentuale di lettori che vede una sola pagina e lascia il blog).
- Tempo di permanenza sul sito.
- Pagine più visitate.

Questi dati saranno utili a capire se e quanto cresce il vostro blog e quali sono i contenuti che riscuotono il maggior successo. Questi non sono in ogni caso i vostri KPI. Gli indicatori di performance sono metriche che hanno un impatto sugli obiettivi e che aiutano a misurarne il raggiungimento. Se l'obiettivo iniziale è semplicemente quello di farvi conoscere, le metriche di cui sopra sono un KPI dal quale partire.

Se volete diventare sempre più autorevoli o volete monetizzare il blog in qualche modo (consultate il Capitolo 22), dovrete passare a KPI più articolati, come per esempio il numero di lettori che si iscrive alla vostra newsletter (vi rimandiamo al Capitolo 21), quanti vi hanno scritto per invitarvi a un evento, quanti vi hanno chiesto una consulenza o un servizio che proponete soltanto in cambio di un compenso. Se volete guadagnare con la pubblicità, un KPI da valutare sarà quanto avete ricavato nell'ultimo mese e se il ricavo cresce o meno proporzionalmente all'aumento di visitatori del blog.

Dall'analisi degli indicatori, da raccogliere settimanalmente e valutare ogni mese o trimestre, potete trarre informazioni con lo scopo di rielaborare la strategia iniziale.

IN QUESTO CAPITOLO

- **Realizzare un inventario di contenuti già prodotti**
- **Analizzare l'inventario e valorizzare ciò che merita**
- **Rinfrescare il vostro archivio offre vantaggi per tutti**
- **Pianificare le attività con un calendario editoriale**

Capitolo 20
L'analisi dei contenuti e il calendario editoriale

Molti tra voi lettori avranno già aperto un blog precedentemente alla lettura di questo libro o avranno scritto e prodotto contenuti in altri formati: la prima sezione di questo capitolo, sul tema *content audit*, è pensata esattamente per voi. Se il vostro blog fosse invece appena nato, così come la vostra produzione di contenuti, passate allora direttamente alla seconda sezione, dedicata al calendario editoriale, e prendete un appunto mentale (e sulla vostra agenda) di riprendere questo capitolo tra un anno. Potrà tornarvi utile.

L'analisi dei contenuti

Chi è attivo nella comunicazione, online e offline, che abbia o meno già esperienza con i blog, ha probabilmente in archivio tanto materiale già prodotto: libri, rapporti, volantini, dispense, presentazioni, interviste, articoli, webinar, immagini, brochure, cataloghi, podcast, se non post scritti per il vostro blog fino a oggi. Una parte di questo archivio è probabilmente da buttare, perché obsoleto, superato o non adatto ai nuovi obiettivi che avete dato al blog. Cogliete subito l'occasione di liberarvene una volta per tutte, nel cestino della carta da riciclare e nel cestino virtuale del vostro computer: più spazio liberate, maggiore spazio mentale avrete per concentrarvi sulle prossime mosse.

Ciò che resta potrà essere rinfrescato o adattato nel formato e andare a rafforzare il posizionamento e l'archivio del vostro blog. Prima di rallegrarci, torniamo un passo indietro e andiamo a vedere come recuperare ciò che conta: può sembrare un'operazione noiosa, ma ne vale la pena. Svuotati archivi fisici e cassetti, tocca ora al vostro sito: cominciate con l'eliminare i contenuti in cui non vi riconoscete più o quelli riferiti a un servizio che non esiste più.

CONSIGLIO

Link a pagine non più attive vengono considerati da Google come un segno di cattiva qualità del vostro sito. Quando ne trovate uno, aggiornatelo se la pagina ha cambiato collegamento o eliminatelo se non esiste più. Se questo fosse il contenuto principale dell'articolo, valutate se abbia ancora senso mantenere il post o se sia forse preferibile cancellarlo.

Nel compiere un inventario generale, è importante raccogliere elementi qualitativi e quantitativi. Vi interessa sapere quanto di ciò che è online ha ancora valore e soprattutto come questo valore è attualmente espresso, così da capire quali interventi programmare per aggiornare ciò che si può e per pianificare nuovi contenuti che coprono temi importanti non equamente rappresentati nell'offerta ai vostri lettori. Un inventario di carattere quantitativo produrrà un elenco di tutti i contenuti, evidenziando ampiezza e complessità: questo è il punto di partenza. Un inventario qualitativo si compone di due parti: il confronto con le buone pratiche del vostro settore, per eliminare i contenuti di qualità insufficiente, e un allineamento con i vostri obiettivi strategici.

PER I PIÙ CURIOSI

Per i più smanettoni SEMrush è un servizio, a pagamento, che può semplificare il lavoro di audit. SEMrush vi mostra in pochi secondi il numero di pagine con errori gravi (assenza di titolo, per esempio) o la presenza di link non funzionanti o con altri difetti. Possono essere soldi ben spesi se il vostro blog ha un archivio storico importante e genera per voi un ricavo diretto, proporzionale al traffico ricevuto.

L'inventario

I dati da raccogliere vanno individuati sulla base di criteri prestabiliti. Un foglio di calcolo (Excel) può tornarvi utile come strumento di catalogazione. Inserite sulle colonne del foglio i seguenti criteri e aggiungetene eventualmente altri se la vostra analisi comprendesse ulteriori obiettivi:

- **Titolo**: il titolo della pagina web o del documento.
- **Tema**: l'argomento relativo.
- **Indirizzo web, se online.**
- **Formato del contenuto**: .PDF, .TXT, .AVI e così via.
- **Origine**: fonte del contenuto.
- **Posizione**: dove tecnicamente si trova il contenuto.
- **Metadati**: keyword, descrizioni sottostanti (a un'immagine, per esempio).
- **Visite**: le statistiche del traffico su ogni contenuto (fattore chiave: vi aiuterà a determinare quanto sia utile e se mantenerlo nella vostra strategia).
- **Aggiornamento**: data dell'ultimo aggiornamento o modifica effettuate sul quel contenuto.
- **Varie**: altre note che riterrete opportuno classificare.

A questo punto è il momento di procedere con l'ispezione qualitativa dei contenuti raccolti. Se potete avvalervi della collaborazione di altre persone, fatelo ora: questa fase richiede un'attenta valutazione di ogni contenuto catalogato. Risparmierete tempo, purché abbiate sviluppato linee guida comuni da adottare. Siate chiari nei criteri, fornite alcuni esempi, incontratevi frequentemente per fare il punto della situazione. Segue un elenco di fattori chiave da considerare:

- **Usabilità:** facilità di utilizzo e di applicazione.
- **Livello cognitivo:** difficoltà di comprensione per non esperti.
- **Reperibilità:** quanto è facile trovarli.
- **Pubblico:** a chi si rivolgono i contenuti.
- **Accuratezza:** esattezza di quanto esposto.
- **Invito all'azione:** presenza di un obiettivo puntuale da raggiungere.
- **Coerenza con il marchio e il tono di voce.**
- **Voto:** un punteggio fa emergere i contenuti che richiedono un intervento prioritario.

Per valutare la qualità, ragionando su elementi oggettivi, le seguenti domande potrebbero aiutarvi a classificare i contenuti in maniera efficace:

- **Ortografia e grammatica:** sono presenti errori di digitazione o di sintassi?
- **Aggiornamento:** il contenuto ha bisogno di una rinfrescata? Avete cambiato opinione o il settore di riferimento ha subito cambiamenti importanti dalla pubblicazione?
- **Leggibilità:** c'è un modo per rendere il post più leggibile, suddividendo il testo in paragrafi più brevi o aggiungendo sottotitoli?
- **La *call to action* è presente? È ancora rilevante e attuale negli intenti promozionali con cui è stata formulata in passato?**
- **I link funzionano o riportano a pagine con errore 404?**

Create quindi tabelle *ad hoc* per riepilogare i risultati dell'inventario, segnate valutazioni e numeri, condivideteli e stilate un resoconto finale, create una rappresentazione grafica del risultato, mostrate alcuni esempi di quanto esaminato. Avete ora tutti gli elementi per capire il valore di quanto esistente e la relativa spendibilità sul vostro blog rinnovato.

In un'era in cui i contenuti crescono esponenzialmente, ma l'attenzione del pubblico è sempre più frammentata e il tempo a disposizione di noi tutti resta di 24 ore al giorno, il segreto del successo non sta nel far crescere a dismisura il numero di articoli, ma nell'ottimizzare i vecchi contenuti di valore, che hanno dato prova di essere interessanti, rinfrescandoli e aggiornandoli con regolarità.

Contenuti freschi, vantaggi per tutti

La procedura che vi suggeriamo per dare nuovo vigore ai contenuti più promettenti tra quelli analizzati è semplice. Tra i post con il maggior numero di visualizzazioni, provate a scoprire con Google Analytics quali sono le fonti di traffico che li hanno resi di successo. Nel caso in cui questo derivi da un buon posizionamento su Google per alcune parole chiave, usate le stesse per rafforzare il vecchio articolo, aggiungendo una *call to action* finale, se dovesse mancare. Se questa informazione non fosse recuperabile, ragionate su come aggiungere valore: aggiornando i link non più utili o rilevanti, aggiungendone di nuovi, usando una terminologia più appropriata rispetto alle evoluzioni del tema, bilanciando il testo con elementi visuali accattivanti, approfondendo maggiormente il tema.

Google predilige i contenuti freschi, includendo nell'algoritmo un fattore che motiva l'utente a cliccare su un risultato rispetto a un altro: se la data di pubblicazione è recente, l'utente considererà il contenuto più aggiornato e più interessante, cliccando con maggiore frequenza. L'analisi dei vecchi contenuti pubblicati deve essere considerata come una parte importante della strategia, per ottimizzare le risorse disponibili e generare più traffico e interesse nel pubblico con cui volete entrare in relazione.

In ultima analisi, i vantaggi che dovrebbero motivarvi in questa impresa sono numerosi. Per togliervi ogni dubbio abbiamo sintetizzati alcuni dei più convincenti:

1. **Non dovrete preoccuparvi se un potenziale cliente arriva sul vostro blog su un vecchio post.** Il rischio che trovi qualcosa di imbarazzante e datato si riduce a zero.
2. Questa pulizia di primavera **può diventare un'ottima occasione per ripulire il blog da link che non puntano da nessuna parte** (o su pagine interne che nel frattempo sono cambiate), penalizzando il vostro sito agli occhi di Google.
3. **Rinverdire un vecchio post richiede spesso meno risorse che scriverne uno nuovo** da capo. Inserire nel calendario settimanale la revisione di una lista di vecchi post diventa un modo per trovare nuova ispirazione nelle settimane in cui il vostro tempo a disposizione è poco.
4. **Formattare i vostri post, aggiungendo sezioni e sottotitoli, li rende più leggibili,** con l'effetto immediato di migliorare alcune metriche, come il tempo di permanenza sul sito e il tasso di rimbalzo, facendo salire il primo e scendere il secondo.
5. **Ripensare i titoli può dare nuova forza** al blog in termini SEO e generare nuovo traffico. Niente male, non trovate?

Il calendario editoriale

Il vostro calendario editoriale corrisponde all'itinerario del viaggio che vorrete fare con il vostro blog. L'equivalente di una mappa da seguire per far sì che i contenuti che andrete a pubblicare vi portino alla destinazione che avete definito in partenza: i vostri obiettivi. I blog curati da una sola persona potrebbero indurre voi autori a pensare che tutto ciò sia superfluo, tutto quanto vorrete pubblicare lo avete già in testa, vero? Un po' di disciplina, lo diciamo per esperienza diretta, non vi farà certo male. Senza un piano editoriale e un calendario editoriale che lo rende vivo, il rischio che correte è di dover ricominciare da capo ogni mattina: cosa pubblicare oggi? Dare un minimo di struttura, almeno in questi casi, facilita il vostro compito.

Un calendario editoriale ha il duplice scopo di dare concretezza al vostro blog, permettendo al lettore di conoscere cosa aspettarsi da voi, consentendovi al tempo stesso di gestire al meglio il vostro tempo (prezioso). All'interno del mix di contenuti che avrete definito, troveranno spazio post brevi e post più lunghi. Programmando il vostro impegno potrete lasciare i post più leggeri ai momenti in cui sapete di avere meno tempo, curando i contenuti più impegnativi e faticosi quando avrete l'energia necessaria per affrontarli. In questo senso il calendario va inteso come un supporto per scrivere più efficacemente. Nessuno vuole imbrigliare la vostra creatività e nemmeno la spontaneità propria di un blog. Nulla è scolpito sulla pietra e potrete sempre decidere di reagire a un fatto importante al di là di quanto avevate pianificato in precedenza.

Innanzitutto è bene creare un foglio di lavoro che comprenda tutto l'anno, con un foglio per ogni mese, anche se andrete a pianificare i contenuti solo per 3-6 mesi alla volta, in modo da poter organizzare i mesi successivi e tenere traccia del lavoro già svolto senza dover cercare altri file. Abbiamo preparato un foglio già pronto, che potete scaricare dal link alla fine del capitolo. Come detto, ciascun foglio corrisponde al calendario di un mese. Sulle righe abbiamo le settimane e i giorni del mese; se avete un programma intenso e volete pubblicare due o più post nello stesso giorno, inserite una riga con la stessa data per ognuno dei post. Sulle colonne del foglio sono indicati i seguenti attributi, da definire con attenzione:

1. **Tema:** area tematica in cui si inserisce il post (potrebbe corrispondere a una categoria del blog).
2. **Titolo del post.**
3. **Pubblico di riferimento:** il segmento di lettori di cui vorreste l'attenzione.
4. **Autore:** la persona incaricata di scrivere/creare il post.
5. **Editor:** se il blog ha più collaboratori, l'editor è chi controlla prima di procedere alla pubblicazione.
6. **Posizionamento del lettore:** è un lettore che vi conosce già? Volete convincerlo a comprare il vostro prodotto? Il riferimento è alla strategia di inbound marketing, citata nel Capitolo 3.
7. **Consegna bozza:** la data di scadenza per la prima stesura del contenuto.

8. **Parole chiave:** specificare le 2-3 più rilevanti.
9. **Categoria:** potrebbe corrispondere al tema o restringerlo ancora di più.
10. **Immagini:** dove reperire le immagini a corredo del post.
11. **Multimedia:** contenuti multimediali (video, podcast) da aggiungere.
12. **Distribuzione**: social network e social media dove promuovere il post in base alle sue caratteristiche.
13. ***Call to action***: l'azione finale richiesta al lettore, per misurare il raggiungimento dei vostri obiettivi.

Con le considerazioni fatte leggendo la parte III, ottimizzate il tempo, senza esagerare. Scegliete un ritmo di pubblicazione che sia conciliabile con i vostri impegni abituali. Nel lungo termine ciò che paga è la qualità, non la quantità. Il calendario è il punto da cui partire per creare e mantenere nel tempo una strategia di content marketing, ma ha anche un'altra funzione importante: è la base per lo sviluppo delle linee guida e la linea editoriale che adotterete. Il calendario diventerà un punto di riferimento per voi e per i vostri collaboratori e influenzerà la percezione esterna del vostro lavoro: non sottovalutatene la potenza.

Vi abbiamo preparato un foglio Excel già pronto, sui cui lavorare fin da subito. Potete scaricarlo qui: `http://www.pandemia.info/2003/10/15/calendario-2004-in-esclusiva-per-i-pandemici/`.

IN QUESTO CAPITOLO

- Raggiungere i lettori distratti
- Sedurre nuovi lettori con una newsletter alternativa
- Le email per corteggiare i lettori

Capitolo 21

Una newsletter per aumentare la diffusione

La posta elettronica, nonostante la popolarità dei social network, resta il servizio più usato da chi si collega a Internet, insieme ai motori di ricerca. Per avvantaggiarvi di questo fenomeno vi consigliamo di attivare una newsletter rivolta ai vostri lettori e di usare le email per rafforzare il rapporto con il pubblico.

Gestire una newsletter è più che raccogliere alcuni indirizzi di posta elettronica e inviare un messaggio ogni tanto dalla vostra casella di posta. Per essere professionali senza spendere nulla, vi consigliamo MailChimp (`http://www.mailchimp.com`), piattaforma di email marketing che vi consentirà di inviare gratis fino a 12.000 singole email a 2.000 diversi indirizzi di posta elettronica al mese. Fino a quando non raggiungerete 2.000 abbonati, potrete tranquillamente inviare una newsletter settimanale e avrete ancora qualche invio gratuito per annunci speciali. L'unico limite di MailChimp è l'essere disponibile soltanto in inglese. Altre piattaforme italiane professionali di email marketing, non gratuite, che vi consigliamo sono MailUp (`http://www.mailup.it` e ContactLab `http://www.contactlab.it`).

FIGURA 21.1 Gianluca Diegoli, su Minimarketing.it chiama la newsletter automatica "blog-lettera" settimanale.

Una newsletter per i distratti

Più sarete capaci di aggiornare il blog con continuità, più il vostro pubblico prenderà un appuntamento con la sua lettura, per non perdersi ogni nuovo post. Ciò nonostante, distratti da altri mille messaggi, molti lettori gradiscono un sistema che permetta loro di ricordarsi di leggervi. Qualcuno vi seguirà su Twitter o su Facebook, se avrete attivato un profilo o una pagina, altri si abboneranno al vostro feed RSS. Per i meno esperti potreste creare una newsletter che ogni settimana segnali loro gli ultimi post pubblicati. Farlo non vi costa particolare impegno perché con MailChimp potete collegare automaticamente il feed RSS del vostro blog e decidere quando spedire in automatico un nuovo numero della newsletter con il link, il titolo e l'anteprima degli ultimi post pubblicati.

PER I PIÙ CURIOSI

La piattaforma di email marketing che andrete a utilizzare vi fornirà un codice da copiare sul vostro blog, per generare un modulo in cui i lettori potranno inserire l'indirizzo email, per abbonarsi alla lista della newsletter. In questo modo le iscrizioni (e le eventuali cancellazioni) saranno gestite in automatico.

Il vantaggio di una newsletter di tipo digest, con un riassunto degli ultimi articoli, è che non richiede alcun impegno da parte vostra, se non nell'impostazione iniziale. Lo svantaggio è che non offre niente di più di quanto già pubblicato e replica sulla posta elettronica lo stesso contenuto del blog, senza adattamenti o personalizzazioni.

Una newsletter alternativa

Per fare un passo in avanti, una newsletter collegata al vostro blog, ma con contenuti esclusivi può dare una ragione in più per seguirvi e motivare il lettore a darvi il proprio indirizzo di posta elettronica.

RICORDA!

Collezionare le email dei vostri lettori e conoscerli meglio vi permetterà di contattarli per capire se i contenuti del blog sono veramente utili per loro e come potreste migliorarvi. Se conoscete chi vi legge, potrete anche segnalare occasioni speciali in cui incontrarvi o acquistare altri prodotti o servizi premium che avete pensato per loro.

Senza affannarvi o allontanarvi troppo dal piano editoriale che avete già definito per il blog, per la newsletter potreste pensare a contenuti che anticipano o ampliano quanto già pensato per il blog. DataMediaHub, blog dedicato all'informazione sui media con un taglio professionale e rivolto a un pubblico di addetti ai lavori, ha lanciato nel 2006 Wolf, una newsletter con contenuti esclusivi, che parzialmente vengono pubblicati sul blog, con accesso libero, solo dopo alcuni giorni. La possibilità di raggiungere prima della concorrenza un flusso di informazioni utili per lavorare meglio è un vantaggio competitivo, sufficiente per motivare alcuni lettori a pagare per ricevere le stesse informazioni in anteprima.

Una newsletter alternativa alla banale segnalazione dei post del blog può diventare lo strumento per pubblicare opinioni o notizie scritte da altri durante la settimana, con un vostro commento originale e un link ai vostri migliori contenuti pubblicati recentemente. Il servizio offerto è il vostro punto di vista da esperto, con link selezionati, tra cui i vostri.

FIGURA 21.2 Wolf, newsletter con contenuti curati da DataMediaHub e SlowNews.

Le email per corteggiare i lettori

Una newsletter è il primo passo per entrare nella casella di posta dei vostri lettori e acquisire la loro fiducia, per fidelizzarli e, col tempo, se è un vostro obiettivo, farli diventare vostri clienti, acquistando altri contenuti a pagamento (un libro, un corso online) o un vostro prodotto.

Per stringere ancor di più questo rapporto e renderlo *caldo*, vi suggeriamo alcune tipologie di email pensate esattamente a questo scopo: conquistare il cuore dei lettori.

Benvenuto!

In questa email raccontate al nuovo iscritto qualcosa in più di voi, del vostro blog e di cosa si possono attendere dalle prossime email. Lo scopo è costruire una relazione duratura nel tempo, quindi l'email comincia come se fosse rivolta a un amico

> Ciao Luca,
>
> ben trovato e grazie di esserti iscritto. Mi fa molto piacere aprire questo nuovo canale tra noi....

Come posso aiutarti?

Chi si iscrive alla vostra newsletter lo fa perché vuole imparare qualcosa di nuovo. Non sarebbe simpatico se poteste sapere esattamente come aiutare il vostro lettore? Un modo c'è per saperlo: chiederlo a loro! Fatelo in una email, magari a poca distanza di tempo dall'email di benvenuto, con lo stesso tono informale.

Il meglio per te

Spesso sui blog si trovano due link in evidenza: risorse o "comincia qui". Non sarebbe male segnalare questi contenuti poco dopo l'email di benvenuto, così che chi si iscrive non si perda nulla di importante. All'interno dell'email potreste segnalare 3-4 link tra i migliori. Provate.

Ti presento Andrea

L'unione fa la forza, anche tra blogger. Se conoscete un altro blogger che stimate e che cura contenuti complementari ai vostri, unite le vostre forze, creando contenuti insieme o che si possano citare a vicenda. Le opzioni possibili sono limitate soltanto dalla fantasia. In una email occasionale potreste presentare questo blogger (Andrea di cui sopra) alla vostra lista, spiegando perché potrebbe essere loro utile, con un link di approfondimento. Andrea potrebbe fare lo stesso con voi, con le ricadute positive che è facile immaginare.

Il tempo passa e la vita...

Il tempo passa per tutti, c'è chi si sposa, chi ha un figlio, chi si trasferisce, cambia lavoro o magari pubblica un libro. Cogliete queste occasioni per inviare alla vostra lista una email personale per informarli, come scrivereste a un amico. Un messaggio simile mostra la vostra umanità e contribuisce a creare un clima di fiducia. La frequenza con la quale scrivere una email simile può essere una o due volte l'anno, senza esagerare.

Ti invito all'evento

Se organizzate eventi (online e offline) con una certa regolarità, approfittatene per informare la vostra lista e chiedere di spargere voce con i propri amici. Più i legami che avrete costruito saranno solidi, più benefici otterrete da simili email.

Una sorpresa per te

Chi vi ha autorizzato a scrivere email al proprio indirizzo di posta ha fatto un atto di fede nei vostri confronti. Ricambiatelo con un regalo ogni tanto, come qualche contenuto esclusivo o in anteprima. Non si trattano così gli amici?

Quando vi accorgerete che sono passati mesi dall'ultima volta che avete comunicato con gli iscritti alla vostra lista di email, consultate questi consigli e spedite un messaggio. Gli abbonati a una mailing list sono preziosi e vanno curati con amore e attenzione, come i lettori del vostro blog.

Nel piano editoriale, prevedete anche tempo ed energia per coltivare la vostra lista. Così si creano relazioni durature nel tempo, che danno frutti e generano soddisfazioni vere.

6

Un blog per dare nuovo slancio al business

IN QUESTA PARTE. . .

Approfondirete tutte le principali modalità per generare reddito da un blog di successo.

Conoscerete i vantaggi di un blog aziendale e come usarlo per raggiungere obiettivi di business.

Vi guideremo tra le opportunità dello scrivere e curare un blog per un editore o per un'azienda con le competenze che avete acquisito.

IN QUESTO CAPITOLO

Capitolo 22

Monetizzare un blog di successo

Generare un reddito costante dal proprio blog è il sogno di molti blogger. Per trasformarlo in realtà è necessario ragionare sulle effettive possibilità di monetizzazione e analizzare le modalità con cui i blogger di tutto il mondo generano ricavi. Come per le attività di contenuto, un piano può fare la differenza nel raggiungere gli obiettivi auspicati. Non è necessario un documento di dieci pagine, ma sarebbe sufficiente definire un elenco di obiettivi prioritari e come intendete raggiungerli. Il punto di partenza è la definizione delle modalità che più si confanno alle caratteristiche del vostro blog, alla tipologia di pubblico a cui vi rivolgete e alle vostre competenze: non c'è un modello che va bene per tutti. Più avrete un approccio professionale, più aumenteranno le probabilità di successo:

se volete che diventi il vostro lavoro, dedicate al blog l'attenzione necessaria.

RICORDA!

Per partire bene è necessario comprendere che la maggior parte dei blog non genera ricavi o non ne genera in maniera sufficiente a lasciare il proprio lavoro per dedicarsi interamente alla cura del blog stesso. Ciò non esclude che non si possa ottenerne un'entrata a integrazione del reddito, per togliervi qualche soddisfazione.

Le fonti di ricavo

Sono tante e varie, non sono per tutti, non è detto che si facciano soldi veri, soprattutto all'inizio. Non ci sono scorciatoie o trucchi da prestigiatore. A seconda della tipologia del vostro blog, le soluzioni possono essere una delle seguenti o un mix. Alcune, come la pubblicità e le affiliazioni, richiedono un volume elevato di traffico per poter raggiungere numeri interessanti. Altre invece richiedono autorevolezza costruita con il tempo e con contenuti di alta qualità, come i servizi di consulenza, la partecipazione a eventi o la formazione. L'autorevolezza e il network di contatti sviluppato con il vostro blog saranno infine gli elementi chiave per concludere un contratto, per scrivere un libro o mettere le vostre capacità di blogger al servizio di altri soggetti.

Pubblicità e post sponsorizzati

La pubblicità è il modello di business più comune con il quale si sostengono da sempre i media. Dalla televisione alla carta stampata, dalla radio ai giornali online, la pubblicità è la fonte principale a supporto dei contenuti. Sulla pubblicità dobbiamo però darvi due notizie, una buona e una cattiva. Quella buona è che il vostro blog può avvalersi di strumenti fai da te con i quali ospitare annunci pubblicitari in meno di 24 ore. Quella cattiva è che i ricavi della pubblicità, in uno spazio quale è Internet, in cui le pagine che possono ospitare la pubblicità tendono all'infinito, sono in calo.

RICORDA!

Il 25% degli italiani usa uno strumento per bloccare la visualizzazione della pubblicità quando naviga, con un Ad-Block. La percentuale sale per i siti che offrono contenuti rivolti a un pubblico giovane e più esperto in fatto di tecnologia.

Google AdSense è la soluzione più semplice per ospitare annunci pubblicitari sul proprio sito e blog. Per registrarvi e ottenere il codice da inserire sul vostro blog, nel punto dove far apparire la pubblicità, non dovrete pagare nulla. Google vi pagherà soltanto quando qualcuno cliccherà sugli annunci che compariranno nelle vostre pagine, quando avrete raggiunto in uno o più mesi la soglia minima per poter ricevere un bonifico.

RICORDA!

La formula che ha spinto Google al successo è la pubblicità *pay per click*. L'inserzionista paga soltanto quando un navigatore clicca sull'annuncio e Google divide, quasi alla pari, i ricavi con il gestore del sito dove si trova l'annuncio.

I ricavi che sarete in grado di generare con questa pubblicità saranno proporzionali al volume di pagine visualizzate, alla percentuale di annunci mediamente cliccati e al valore per ogni singolo click. Per generare tante visite il vostro blog dovrà molto probabilmente trattare un argomento mediamente popolare. Il tasso di click è invece influenzato dalla posizione in cui deciderete d'inserire l'annuncio: più sarà bene amalgamato rispetto al contenuto della pagina, più è probabile che attiri l'attenzione dell'utente e venga cliccato. Il valore del singolo click dipende infine dai temi del vostro blog e da quali tipologie di annuncio verranno associate da Google.

RICORDA!

Google AdSense (`http://www.google.com/adsense`) è una piattaforma di pubblicità contestuale. Ogni volta che un utente apre una pagina del vostro sito, Google ne analizza il testo, identifica le parole più rilevanti, fa un'asta in tempo reale con gli inserzionisti che sono interessati a quelle parole e seleziona gli annunci migliori, che appariranno in una frazione di secondo dentro la pagina.

Per fare un esempio, se il blog fosse associato a temi finanziari, Google potrebbe associare annunci per promuovere un mutuo, un conto corrente o una carta di credito, per cui gli inserzionisti sono disponibili a pagare per un click uno o più euro. Più il blog sarà focalizzato su un tema, verticale quindi, più gli annunci saranno mirati al vostro pubblico, aumentando il valore della pubblicità venduta e il numero di click complessivo. L'equilibrio difficile sul quale muoversi sarà quindi di attrarre un pubblico il più ampio possibile, ma allo stesso tempo interessato a un argomento specifico.

Un blog di grande successo può aspirare alla vendita diretta di spazi pubblicitari alle aziende del settore di cui parla. In questo caso la vendita è calcolata con un costo per mille visualizzazioni (in gergo CPM): a seconda del valore attribuito al vostro visitatore da chi compra la pubblicità, potrete vendere un banner visualizzato 1000 volte da meno di 1€ a più di 10. I blog di grande successo non hanno meno di centinaia di migliaia di pagine viste ogni mese e, per i più grandi, ci sono agenzie specializzate che si preoccupano di vendere gli spazi, come per un giornale online.

Il consiglio che vi diamo è cominciare per gradi, senza fretta e senza essere troppo avidi. Sperimentare l'inserimento di Google AdSense non vi costa nulla, ma cercate di non essere troppo invasivi e noiosi con il posizionamento degli annunci, altrimenti correte il rischio che il vostro lettore preferisca scegliere altri siti o decida di attivare uno strumento per bloccare la pubblicità. All'inizio far crescere il numero di visitatori e fidelizzarli sarà più importante che monetizzarli.

Se il vostro blog punta sulla qualità e non sulla quantità, mirando a un pubblico qualificato, costruendo una buona reputazione, presto potreste essere contattati da un'agenzia o da un'azienda per scrivere un post sponsorizzato, a pagamento. In questo caso vi chiederanno di formulare una proposta o vi proporranno direttamente una certa somma. Fate attenzione a come il vostro pubblico potrebbe reagire a tale post: accettate soltanto proposte in linea con i contenuti del vostro blog (e con la vostra linea editoriale) e proponeteli in una chiave che comprenda il valore aggiunto dato dal vostro punto di vista, limitando al minimo gli aspetti commerciali.

Potete sollecitare l'interesse di agenzie e aziende con una pagina da inserire nel menù principale del blog, visibile su qualsiasi pagina del sito, specificando se siete interessati ad accogliere post sponsorizzati e a quali condizioni. Risparmierete tempo evitando botta e risposta via email.

ATTENZIONE

Non dimenticate di specificare eventuali conflitti d'interesse, quali parlare di un'azienda o di un prodotto perché ne avete tratto un vantaggio (denaro, lavoro, merci). Essere trasparenti paga sempre. Fatelo inserendo una pagina con un disclaimer sul blog. Rispetterete le norme contro la pubblicità ingannevole e potrete capitalizzare sulla vostra credibilità.

Affiliazioni

I blog che hanno l'opportunità di recensire prodotti rivolti a una comunità specifica di utenti attraggono un interesse crescente e possono guadagnare con una percentuale sugli acquisti online dei lettori. Amazon è il negozio che offre le maggiori opportunità, perché è il sito di commercio elettronico più grande al mondo e con un ottimo posizionamento anche in Italia. Dai libri agli elettrodomestici, dal giardinaggio ai casalinghi, i prodotti disponibili crescono ogni giorno. Amazon consente a tutti di registrarsi per ottenere un codice di affiliazione, da aggiungere al link del prodotto da inserire e segnalare sul blog. Ogni volta che un lettore clicca sul link e compra un prodotto su Amazon, voi ricevete una percentuale sui prodotti acquistati, variabile a seconda della categoria (in genere tra il 3% e il 12%). Per registrarvi andate su `https://programma-affiliazione.amazon.it/`. Navigando e loggandovi sul sito di Amazon nella pagina del prodotto che volete segnalare, troverete il link con il codice di affiliato in una barra in testa alla pagina. Utilizzatelo ogni volta che volete segnalare il prodotto sul vostro blog.

CONSIGLIO

Se avete un blog in una lingua diversa dall'italiano, potete iscrivervi al programma di affiliazione di Amazon in un altro paese o sul negozio internazionale americano.

Molti siti di informazione, non solo blog, utilizzano le affiliazioni per generare ricavi dalle recensioni o dal suggerimento di prodotti ai propri lettori. Svariati servizi web a pagamento (hosting per il sito, servizi di web marketing) invitano i clienti soddisfatti a promuovere i loro servizi, offrendo un codice di affiliazione, capace di tracciare la provenienza dei clienti e riconoscere quindi una somma al presentatore. Valutate tra i vostri fornitori chi offre questa opportunità e create una pagina di suggerimento dei vostri servizi preferiti, così da guadagnare ogni volta che un vostro lettore seguirà un vostro consiglio.

ATTENZIONE

Il denaro guadagnato con le affiliazioni è soggetto alle imposte sul reddito e va inserito nella propria dichiarazione dei redditi.

Servizi di consulenza e formazione

Mettere la competenza mostrata sul blog al servizio di aziende e organizzazioni è uno dei sistemi più popolari di monetizzazione per contenuti che hanno come ambito la sfera professionale e il mondo business. La conoscenza approfondita di tematiche innovative, ancora poco studiate o difficili da comprendere per i non esperti, si presta a essere coltivata e diffusa con un blog, per essere venduta attraverso consulenza o formazione. In questo caso è indispensabile che sia ben specificato, con una pagina che indichi chiaramente che la vostra competenza è sul mercato e che siete disponibili a valutare proposte di collaborazione. Evidenziate le modalità con le quali contattarvi e rimandate a un secondo momento la definizione del compenso.

Ebook, webinar e infoprodotti

Il valore di un blog, lo avete capito ormai, è essenzialmente dato dalla moltiplicazione di due fattori: contenuti di valore e una community di lettori appassionati. Sviluppando entrambi, molte porte vi si apriranno. Una strada seguita da tanti è l'offerta di prodotti informativi in cui i contenuti gratuiti del blog acquisiscono un valore commerciale dato dal pacchetto con cui vengono proposti. Alcuni, non molti, riescono a convincere i lettori ad abbonarsi a una sezione del blog a pagamento, dove gli articoli sono accessibili solo ai membri. Stratechery (`https://stratechery.com/`) di Ben Thompson rientra in questa categoria, con contenuti di analisi finanziaria applicata alle aziende tecnologiche, per cui gli investitori sono disponibili a pagare, come se si abbonassero a una versione di nicchia del *Sole 24 Ore* o del *Financial Times*.

Molto più numerosi sono i blogger che organizzano corsi online, producono approfondimenti sotto forma di ebook scaricabile in PDF o realizzano webinar in diretta (e registrati) in cui trattare un argomento caro alla community dei lettori. In tutti questi casi il blog è lo strumento per aggregare un pubblico interessato al tema di cui il blogger è esperto, per guadagnare successivamente con altri contenuti a pagamento.

RICORDA!

Freemium è un modello di business in cui un contenuto gratuito (free) è offerto per attrarre un pubblico a cui proporre un contenuto (premium) a pagamento.

Il valore sta esattamente nella comodità del pacchetto con il quale il contenuto è confezionato. Il Web è pieno di articoli pubblicati da chiunque su qualsiasi tema: farne percepire la qualità non è sempre facile. Conquistata la fiducia del lettore, per questo sarà più conveniente acquistare un documento in formato PDF, bene impaginato e illustrato, con il quale capire con chiarezza tutti i passaggi di una strategia, oppure seguire un videocorso online in pillole, in cui qualcuno spiega qualcosa, passo dopo passo, senza dimenticare nulla.

Ciò che i lettori possiedono in quantità ancor più limitata rispetto al tempo e all'attenzione è la capacità di mettere insieme tutti i pezzi e organizzare in maniera autonoma la propria formazione. Strumenti e contenuti che aiutano il lettore a compiere questo passaggio sono apprezzati con la disponibilità a pagare.

Per realizzare un infoprodotto è necessario prima di tutto capire cosa può essere *impacchettato* e con quale valore aggiunto. Una raccolta degli ultimi post pubblicati in formato PDF non offre molto di più; l'impaginazione di tutti i post con una guida per risolvere passo dopo passo un problema reale probabilmente sì. Un audit dei vostri contenuti, come già illustrato nelle pagine precedenti, può aiutarvi a censire quanto utile in questo senso. Ragionate inoltre sul formato più pratico per il vostro pubblico.

CONSIGLIO

Gli infoprodotti vengono in genere venduti attraverso una *landing page*, ovvero una pagina creata esattamente allo scopo per spingere il navigatore a cliccare sul pulsante *compra* e da nessun'altra parte. A tal proposito vi consigliamo di approfondire con la lettura di *Landing page efficace* di Luca Orlandini (Hoepli, 2016).

Eventi e conferenze

Come per il punto precedente, più le competenze mostrate con contenuti di qualità saranno verticali e originali, più potrete monetizzare la vostra autorevolezza come esperto sul vostro campo. La conoscenza dalla quale altre persone o professionisti possono imparare è una merce molta richiesta dalle aziende e dalle organizzazioni di eventi, che richiedono relatori competenti e brillanti.

Per offrire questo genere di servizi inserite sul vostro blog una pagina in cui riassumere le vostre competenze, capacità e l'esperienza che volete condividere. Se in passato avete già tenuto conferenze in occasione di eventi, citateli e, semmai ci fosse una registrazione video disponibile online, inseritela come testimonianza concreta e visibile. In questa fase non è conveniente dettagliare gli aspetti economici: demandateli a un contatto successivo e lasciate nella stessa pagina i vostri recapiti o aggiungete un modulo attraverso il quale contattarvi.

Scrivere per altri

La vostra esperienza di blogger e la competenza acquisita sul campo sono capacità che potreste mettere al servizio di altri, per curare blog altrui, pubblicare un libro o, perché no, scrivere per un giornale. Saltate al Capitolo 24 per capire come fare.

IN QUESTO CAPITOLO

- I vantaggi di un blog aziendale
- La strategia vincente
- Quali contenuti pubblicare
- Una policy per i commenti

Capitolo 23

Un blog per raggiungere obiettivi aziendali

Da semplice diario personale nella sua primissima vita, il blog è diventato un cacciavite utilizzato per raggiungere obiettivi di comunicazione diversi. Uno tra i più popolari ed efficaci è all'interno della comunicazione aziendale, per rendere più personale la voce dell'azienda, per ridurre la distanza con i propri clienti e beneficiare del passaparola dei clienti soddisfatti.

I vantaggi di un blog aziendale

Le ragioni per aprire un blog aziendale sono varie. In primo luogo il blog è uno strumento che permette di generare maggiore attenzione e traffico verso il vostro sito. Se ne avete già uno, l'aggiunta di un blog può vivacizzarlo e aumentarne il valore. Se non avete ancora un sito, un blog con WordPress non sfigurerà rispetto ad altre opzioni disponibili sul mercato.

Far convergere traffico sul vostro sito, senza comprare annunci pubblicitari o senza un pubblico già acquisito nel tempo, è impegnativo: un sito normalmente non ha molti contenuti e non viene aggiornato troppo spesso. Il blog è una risposta a questo problema, perché scrivere nuovi articoli sarà un gioco da ragazzi, senza dover dipendere da nessun tecnico o agenzia. Aumentare le pagine significa moltiplicare le opportunità d'intercettare traffico organico dai motori di ricerca con le parole inserite nei vostri articoli e ricercate dai navigatori. Il fattore frequenza di aggiornamento e il fattore numero di pagine nel sito sono entrambi importanti nella formula che Google utilizza per identificare contenuti rilevanti da mostrare ai suoi utenti in alto tra i risultati di ricerca.

Bloggare aumenta inoltre le probabilità, con la diffusione dei contenuti sui social media, di intercettare il vostro pubblico. Ogni volta che pubblicate un nuovo post, create l'opportunità che i vostri lettori lo segnalino sui social network ai propri amici e contatti, su Facebook, Twitter, LinkedIn, Pinterest, con l'effetto positivo dato dal passaparola spontaneo, che non vi costerà neanche un centesimo in più. Più contenuti sul blog significa anche una presenza più fresca e accattivante sui vostri profili ufficiali attivati sulle piattaforme di social networking, compreso l'archivio con il meglio delle vostre produzioni, a cui potrete attingere quando necessario. Più attività sui social media, più traffico in ritorno sul vostro sito e blog: niente male, no?

Un secondo aspetto positivo è l'autorevolezza che potete costruire nel tempo. I migliori blog pensati dalle aziende per comunicare con i propri clienti sono quelli che rispondono alle domande più comuni che i loro clienti reali e potenziali (*lead*) hanno. Creando con costanza contenuti utili a questo pubblico verrete presto percepiti come autorevoli ai loro occhi, elemento chiave per chi si occupa della parte commerciale nella vendita di servizi professionali. Non è difficile comprendere il valore di un cliente che ha risolto un problema grazie a un consiglio trovato all'interno del vostro blog. Tale vantaggio competitivo non è facile da misurare, ma un archivio di contenuti di questo tipo può generare richieste più consapevoli da parte di potenziali clienti e costituire materiale a cui il commerciale può attingere nel rispondere ai quesiti posti, senza dover inventare nulla se non riprendere l'articolo giusto in tempi rapidi.

Un terzo vantaggio è la capitalizzazione sul lungo termine. Il blog lavora per voi anche quando siete in spiaggia sotto l'ombrellone, in palestra a tenervi in forma e quando dormite. Come è possibile? Grazie alle risposte che il vostro blog darà ai navigatori che interrogando Google per risolvere un problema troveranno il post del vostro blog che fa al caso loro. Tombola! Un post di qualità sarà così ricco da generare traffico appena pubblicato e un po' di traffico ogni giorno, con i link frutto del passaparola diffuso sui social media e con chi arriva da Google. Da qui l'importanza della *content audit* vista nei capitoli precedenti. Per godere di questo vantaggio servono contenuti sempreverdi, capaci di resistere nel tempo, perché completi, aggiornati se necessario ed esaustivi: dei veri e propri punti di riferimento per chi vuole capire qualcosa senza girare troppo in Rete. Più facile a dirsi che a farsi, ma allo stesso tempo è una grande opportunità, perché navigando scoprirete che i post con queste caratteristiche sono veramente pochi. Il blog è e resta uno spazio vostro, in cui non dovete dipendere da nessuno: il ritorno di ogni ora investita sarà solo e soltanto vostro.

Un quarto beneficio è il rapporto costi/benefici nel costruire una presenza online con questo strumento. Anche il più piccolo imprenditore con la più piccola delle PMI può creare un sito professionale e a basso costo dove indirizzare i propri clienti in Rete per approfondire sull'azienda e i suoi prodotti. Più sarete in grado di sfruttarlo, pubblicando con frequenza, più numerose saranno le relazioni create e le opportunità che ne scaturiranno.

Un quinto beneficio è dato dalla testimonianza attiva delle vostre conoscenze e competenze per l'industria in cui siete posizionati. Ciò vale sia per i professionisti che operano in maniera indipendente, sia per chi rappresenta l'immagine della propria azienda verso l'esterno, qualsiasi sia il pubblico di riferimento (clienti, media, azionisti, opinione pubblica, istituzioni o altri *stakeholder*). Un blog aziendale con il contributo delle persone che contengono la conoscenza dell'azienda permette alla stessa impresa di posizionarsi sul mercato con forza, aumentando la visibilità diretta e indiretta del brand e dei prodotti, con effetti anche sulla linea finale del fatturato. Per un potenziale cliente un simile blog è un modo per entrare in contatto con l'azienda e farsene un'idea prima ancora di alzare il telefono e chiedere un appuntamento per valutare l'acquisto del prodotto. La sfida diventa trovare il giusto esperto in azienda, capace di parlare la lingua del cliente, immaginando e anticipando le sue esigenze, con articoli che rispondano a un pensiero e a una strategia.

La strategia vincente

Un blog aziendale non può fare a meno di rispondere a una strategia con obiettivi a lungo termine, un'impostazione delle keyword di riferimento, l'attribuzione di risorse e competenze adeguate, con la misurazione delle KPI con cui valutare l'impatto sul business.

La strategia non può che avere un orizzonte medio-lungo perché questo è l'intervallo di tempo in cui un blog offre il massimo. Pensatelo come un investimento simile a un piano di accumulazione in cui ogni mese mettete da parte una piccola somma da investire e riscattare solo dopo alcuni anni. Stabilire obiettivi precisi e quantificabili vi aiuterà a tenere la barra dritta e a non vanificare l'investimento. La costanza, non ci stancheremo mai di scriverlo, resta il fattore chiave di un blog di successo.

L'azienda diventa editore

Con un blog aziendale, la vostra azienda diventa di fatto un editore. Disponete ora di uno strumento che solo fino a pochi anni fa era costoso e alla portata soltanto di pochi. Oggi potete destinare una parte del budget prima impegnato nell'acquisto di spazi pubblicitari o per curare le relazioni pubbliche con giornalisti e direttori, creando il vostro giornale online, dove pubblicare ciò che ritenete interessante per il vostro pubblico, senza dover sottostare ad alcun filtro o senza dover pagare per parlare alla vostra community con la mediazione di una rivista di settore. Da grandi poteri derivano grandi responsabilità e la vostra è di gestire in maniera efficiente i processi e far fruttare questo investimento.

Un modello di gestione che vi suggeriamo è quello della redazione distribuita, con un coordinatore che ha l'incarico di sviluppare la linea editoriale definita a livello strategico dal vertice dell'azienda, realizzandola con contenuti creati e curati da chi custodisce il tesoro della competenza e della conoscenza interna. Non si tratta quindi né di un compito da esternalizzare completamente, né da dare in carico esclusivamente a un dipartimento dell'azienda. Un blog, come gli altri social media, racchiude all'interno elementi propri del marketing, della comunicazione, del servizio clienti, dell'ufficio stampa e delle relazioni esterne: tutti questi soggetti dovrebbero partecipare al successo del blog con un proprio contributo attivo. Ciò significa che le competenze da acquisire e spendere sono trasversali: dallo scrivere per il Web all'analisi delle statistiche, dalla comunicazione visuale a elementi del web marketing. Investire nella formazione interna paga di più sul lungo termine rispetto all'impiego di soggetti esterni che non hanno alcun interesse a rendere l'azienda autonoma e indipendente nel perseguimento dei propri obiettivi.

A che punto dell'imbuto?

Abbiamo visto in precedenza come un blog può diventare un elemento cardine della strategia di (inbound) marketing dell'azienda e contribuire a trasformare il traffico in ingresso sul sito in lead. Ogni post pubblicato sul blog è infatti indicizzato dai motori di ricerca e in quanto tale può attrarre potenziali clienti e spingerli a uscire allo scoperto, identificandosi, permettendovi quindi di contattarli per una proposta commerciale. Perché l'utente diventi lead è necessario inserire all'interno del post una call to action per la generazione di lead. In concreto questa rappresenta l'azione che chiediamo all'utente di compiere in cambio di un contenuto esclusivo e gratuito: un ebook, la partecipazione a un webinar, la prova gratuita del prodotto o altri contenuti appetibili che motivino l'utente a condividere con voi i propri dati.

In questo modo potrete facilmente misurare sia quanti nuovi clienti il blog vi avrà portato, sia quanto efficace sarà stato il vostro messaggio rispetto alle varie sollecitazioni a cui avrete sottoposto i lettori del vostro blog. Il tasso di conversione di utenti in lead non potrà mai essere il 100%: ciò che è importante è misurare e imparare dai messaggi che funzionano di più, così da migliorare col tempo, mese dopo mese.

In una strategia di inbound marketing, un blog può tornarvi utile:

- **Potete diffondere promozioni e sconti esclusivi per i vostri visitatori,** così da premiare i più fedeli e chi diventerà un vostro lettore appassionato. La leva dell'esclusività, del far sentire i vostri lettori coccolati, è da usare ogni volta che potete. Più il blog verrà percepito come un circolo esclusivo, più gli utenti saranno motivati a seguirvi con attenzione.
- **Segnalate i vostri prodotti con i link alle relative pagine.** Il concetto è di offrire valore e citare i prodotti in un contesto in cui questo non venga percepito come pubblicità, ma come un servizio per risolvere un problema. Se avete una parte del sito dedicata al commercio elettronico, linkate le pagine dove acquistare subito il prodotto.
- **Riutilizzate i contenuti del blog all'interno di una newsletter settimanale** (consultate il Capitolo 21). In questo modo i più distratti riceveranno un promemoria via posta elettronica che ricorderà loro di visitare il vostro blog per non perdere le offerte e i contenuti esclusivi pensati per loro.
- **Se lanciate campagne promozionali altrove online, non dimenticate di avvertire i lettori del blog,** altrimenti si sentiranno traditi.

Quali contenuti pubblicare

Un blog aziendale non è un blog personale, seppure il registro da usare sia quello di una conversazione da persona a persona, mai impersonale quindi, con un tono il più possibile rilassato, informale, colloquiale. Per questo motivo, il genere di post pubblicati è diverso rispetto ad altre tipologie di blog; vediamone insieme le principali tipologie:

- **Informazioni su nuovi prodotti** e altre novità dell'azienda.
- **Come fare:** insegnate ai vostri lettori come usare al meglio i vostri prodotti.
- **Tendenze:** discutete le tendenze della vostra industria. Che cosa sta cambiando? Come potete immaginare le evoluzioni future dal vostro osservatorio privilegiato?
- **Rispondete a domande:** il vostro blog è il posto giusto per rispondere alle domande dei consumatori, nell'ottica di offrire un servizio e non di vendere qualcosa.
- **Interviste:** potete intervistare clienti soddisfatti, partner, esperti incontrati in una conferenza di settore e molto altro.
- **Video:** alternate contenuti in vari formati, compresi audio e video. Pubblicate una dimostrazione del vostro prodotto o un video dietro le quinte dentro la vostra azienda.
- **Foto:** scattate foto all'interno dell'azienda o in eventi aziendali e mostrate ai vostri lettori e clienti cosa succede dietro le quinte nella creazione dei loro prodotti preferiti.
- **Dietro le quinte:** il blog è il luogo ideale dove mostrare ciò che succede all'interno dell'azienda, chi sono le persone che la guidano. Mostrare il lato umano dell'impresa offre vari benefici, tra i quali quello di ridurre la distanza con il cliente.
- **Trucchi e segreti:** create una lista per ogni argomento legato al vostro business, come idee che aiutino a usare meglio il prodotto, dieci cose che non sapevate sull'amministratore delegato o altri contenuti simili. L'obiettivo è costruire relazioni.
- **Guest post:** invitate esperti del settore e clienti a scrivere sul vostro blog con un post da ospite, offrendo la loro prospettiva sul mercato o la loro esperienza con voi.
- **Notizie di mercato:** fate conoscere maggiormente l'azienda con notizie selezionate che possano aiutare il consumatore a muoversi meglio nel vostro mondo.

Mescolate contenuti diversi, sperimentate, valutate reazioni e statistiche e migliorate mese dopo mese aggiornando il calendario editoriale.

Una policy per i commenti

Per non farvi trovare impreparati, anticipate eventuali critiche o confronti difficili sul vostro blog, con una policy per i commenti. Seppur non sia obbligatorio permettere ai lettori di commentare, è consigliabile tenere aperta questa possibilità. Gli utenti del Social Web sono abituati a interagire e si aspettano di poterlo fare anche con voi. Vi rimandiamo al Capitolo 16 dove il tema è trattato in maniera approfondita.

Privacy policy

La legge italiana chiede a tutti i gestori di un sito web d'informare i navigatori sulle modalità di trattamento dei dati personali raccolti durante la navigazione sul sito stesso. Se avete aggiunto il tracciamento di Google Analytics per avere le statistiche di accesso al blog, state raccogliendo dati sui vostri lettori.

Il modo più semplice per adempiere alle norme è creare una pagina per la privacy policy e inserire un link a fondo pagina, su tutte le pagine, per consentire ai lettori di conoscere quali dati state raccogliendo e come. Nel Capitolo 9 vi abbiamo segnalato un plugin per WordPress che vi può essere utile a tale scopo.

Un esempio di privacy policy completa ed esaustiva viene dal blog di Paolo Ratto, a cui vi rimandiamo per un approfondimento: `http://www.paoloratto.com/privacy`.

Farsi aiutare da un'agenzia

In una fase iniziale, per cominciare senza dover investire somme importanti in mancanza di competenze interne, potreste pensare di avvalervi di un'agenzia o della collaborazione di un blogger esterno. Non ci sentiamo di consigliarvi questa strada come investimento nel lungo termine, ma nel breve può essere un buon viatico per non perdere tempo e partire.

Per far sì che troviate un protagonista con tutte le carte in regola, abbiamo pensato di elencare le competenze che dovreste chiedere (e pretendere) da chi vorrete assumere come collaboratore:

Esperienza: scrivere per i contenuti di un blog non equivale a scrivere su altri mezzi di comunicazione. Un blogger capace sa quali sono i linguaggi più indicati, il tono di voce personale, quali tecniche utilizzare per aumentare il coinvolgimento dei lettori quando scriverà per voi. Assicuratevi che i candidati vi mostrino alcuni link a blog di cui sono o sono stati autori, che vi descrivano le tecniche utilizzate per ottenere maggiori interazioni e condivisioni e per essere meglio indicizzati dai motori di ricerca. Analizzate la frequenza con la quale hanno pubblicato e la profondità dei post.

Conoscenza delle piattaforme di blogging: i blogger esperti conoscono e sanno usare tutte le principali piattaforme (WordPress, Blogger, TypePad o Movable Type). Le conoscono a menadito, sanno come inserire velocemente un video o una foto o un link. Conoscono il linguaggio HTML e CSS abbastanza da creare post visualmente accattivanti e ben formattati.

Scrivere in italiano: un blogger professionale sa scrivere bene in italiano, con i congiuntivi al posto giusto e i puntini sulle i. Sa gestire il tono della conversazione e i suoi post non appaiono freddi come un comunicato stampa o con la tipica retorica del linguaggio aziendale (sono tutte aziende leader, vero?).

ATTENZIONE

Il blog aziendale è il volto dell'azienda e dei suoi prodotti. Affidarli a terzi senza controllo significa rischiare di perdere il controllo sulla propria immagine, con un serio pericolo se lasciato in mani poco esperte.

Predisposizione al networking: un blog è uno strumento di social media, certo, ma con una forte componente di relazione. Un buon blogger sa essere socievole e sviluppare conversazioni per costruire fiducia con i clienti e i lettori.

Conoscenza SEO: ottimizzare i contenuti è essenziale per migliorare il posizionamento su Google e aumentare il traffico sul blog. Un blogger capace sa usare le giuste parole chiave, sa inserire il link al posto giusto e creare contenuti che, senza inganni, siano capaci di scalare le classifiche.

Esperienza sul Social Web: un blogger ai giorni nostri non ha soltanto un blog e non maneggia con destrezza soltanto le piattaforme di blogging. Per dare risultati deve conoscere tutto il Social Web, a partire da Facebook, Twitter, LinkedIn, Tumblr, Snapchat, Slideshare e altre piattaforme simili. Chiedete loro con quale nome utente sono registrati a quali servizi e andate a vedere la loro attività su ognuna di queste piattaforme.

Partecipazione attiva su Twitter: Twitter è diventato lo spazio dove scambiare velocemente informazioni, soprattutto da smartphone e tablet. Un blogger deve saperlo usare bene per raccogliere informazioni, diffondere contenuti, conversare con influencer e soggetti rilevanti per il vostro mercato. Fatevi dare il suo nome utente e controllate frequenza di pubblicazione e professionalità dei contenuti condivisi.

Aziende con un blog di successo

I blog sono usati da aziende grandi e piccole. Ne abbiamo selezionati tre, ognuno da cui imparare qualcosa.

Google

È una delle più grandi aziende al mondo e usa decine di blog come modalità informali e colloquiali per informare i navigatori,

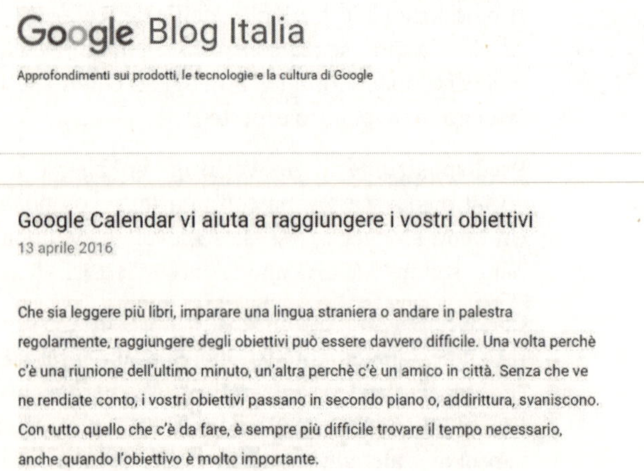

FIGURA 23.1 Google Italy Blog `http://googleitalia.blogspot.it/`.

i giornalisti e i media tradizionali su nuovi prodotti, traguardi, aggiornamenti e prese di posizione. Google non invia in genere comunicati stampa, perché pubblica quei contenuti su i propri blog, con lo stile del blog. Spesso chi si occupa di PR e relazioni media per Google si limita a segnalare il link del blog dove trovare l'ultima informazione.

Betclic

Betclic ha scelto di diventare un piccolo editore sportivo e offrire ai propri clienti dei contributi originali sullo sport con una piccola redazione di blogger. Lo scopo è attrarre e fidelizzare i clienti producendo contenuti interessanti e rafforzando il brand Betclic nell'immaginario del pubblico.

FIGURA 23.2 Il Blog http://blog.betclic.it/.

Caffè Carbonelli

Caffè Carbonelli è uno dei pionieri tra le PMI italiane sul Social Web. Tra le prime aziende ad aprire un blog, con il Salotto del caffè ha portato online le conversazioni che avvengono naturalmente, a casa e al bar, intorno a una tazzina di caffè. Con lo stesso stile, Luca Carbonelli ha attivato questo spazio, oggi hub di un sistema che vede l'azienda attiva su Instagram, Twitter, Facebook e Snapchat.

FIGURA 23.3 Il salotto del caffè http://www.ilsalottodelcaffe.it/.

IN QUESTO CAPITOLO

- Scrivere per altri blog
- Scrivere per un editore tradizionale
- Pubblicare un libro

Capitolo 24

Curare un blog e altri ricavi dallo scrivere per conto terzi

Scrivere per altri è una delle opportunità che potete coltivare e realizzare con il vostro blog, sia per togliervi qualche soddisfazione, sia per incrementare le entrate. I blogger professionisti generano una parte importante dei propri ricavi da tale attività. Non dimenticate, però, che una cosa è scrivere nel proprio spazio personale e un'altra è scrivere per conto terzi, con linee guida e obiettivi che non siete voi a stabilire. In questo capitolo vedremo cosa significa curare un blog per altri e quali ulteriori ricavi potreste generare dalla scrittura.

Oltre al post sponsorizzato sul vostro blog, di cui abbiamo trattato in un capitolo precedente, scrivere per conto terzi ha come opzioni:

- Scrivere per altri blog o altri siti.
- Scrivere per un editore (giornale, rivista, altro).
- Pubblicare un libro.

Scrivere per altri blog

Diventare un blogger per curare un blog di terzi è una delle fonti principali di ricavo di chi è riuscito a trasformare la propria passione in un lavoro, anche solo part time. Le opportunità prendono forme diverse, dal contributo come ospite (guest blogger) all'impegno regolare, all'editorialista, con contratti a lungo termine o impegni *una tantum*. Qualsiasi sia il caso, è bene sapere che questo è un ambiente piuttosto competitivo, i compensi sono spesso limitati, ma ciò non toglie che non ci siano opportunità da cogliere, sul mercato internazionale e in Italia.

I blog multiautore spesso offrono opportunità di essere pagati a contributo. I grandi network di blog, in Italia Blogo, assomigliano a grandi network di riviste digitali, con un modello simile: produrre contenuti realizzati da giornalisti e blogger, alcuni con contributi stabili, altri occasionali.

Sempre più agenzie e aziende cercano blogger freelance per scrivere contenuti per il proprio blog aziendale o di prodotto. Luca Conti nel corso del 2016 è un guest blogger per Genesys Italia, con un post mensile che viene pubblicato sul blog italiano dell'azienda, con l'obiettivo di moltiplicarne la visibilità e aumentarne il valore aggiunto con un punto di vista esterno che offre riflessioni sull'andamento del mercato, rivolte in questo caso ad altre aziende, clienti di Genesys.

Altri blogger si propongono per curare blog pubblicati da media tradizionali. In qualche caso la collaborazione comprende sia la carta, sia Internet, attraverso un blog tematico o personale. In Italia il caso di maggior successo è quello di Luca Sofri, che dal suo blog *Wittgenstein*, creato all'interno del sito de *Il Foglio*, ha finito per creare un giornale, *IlPost.it*, sul modello dell'*Huffington Post*. Un sito d'informazione che fonda una parte importante del suo traffico dai blog dei giornalisti, dei collaboratori e di personalità ed esperti, ognuno con un proprio blog personale. Lo stesso modello ha fatto la fortuna della prima fase del sito del *Fatto Quotidiano*, che ancora oggi mostra nella home page una colonna con gli ultimi post pubblicati dai blogger attivi sul giornale online.

Genesys | Blog 02 94751800

You are here: Home » Canali Digitali » **Le nuove frontiere dell'esperienza cliente**

Le nuove frontiere dell'esperienza cliente

Autore : Luca Conti su April 28, 2016 in Canali Digitali, Customer Experience

Condividi Tweet Share

Il nostro **futuro di clienti** appare sempre più roseo: meno code sul punto vendita, più velocità nell'ottenere una informazione dal call center, più attenzione delle aziende nel rapporto con noi, anche grazie a un **pizzico di tecnologia** in più. Questo scenario comincia, piano piano, a diventare realtà per tante aziende italiane, soprattutto tra le più grandi e complesse. Può sembrare un paradosso, ma i maggiori casi di successo oggi in Italia vengono da **Unicredit, Poste italiane, ENEL**. Del tutto si è discusso in un interessante evento promosso da Vanguard, seguito in diretta su Twitter.

FIGURA 24.1 Un esempio di guest post sul blog italiano di Genesys.

In alcuni blog tali contributi sono pagati (400-500€ al mese in genere), ma nella maggior parte dei casi il blogger non riceve alcun compenso. A questo punto sta a voi riflettere se ne vale la pena. Se siete soltanto all'inizio della vostra *carriera* di blogger, avere una vetrina su uno dei siti più visitati in Italia potrebbe avere senso, anche gratis. Vi sconsigliamo però di abbandonare il vostro blog, giovane o vecchio che sia, per trasferirvi armi e bagagli su un blog ospitato da terzi. Il rischio che correte è di vanificare il posizionamento raggiunto in tutto questo tempo e di legarvi a un soggetto su cui non avete un vero controllo: che succederebbe se i post vi venissero censurati? Continuereste come se niente fosse ingoiando il rospo, o preferireste chiudere la collaborazione? Considerate qualsiasi collaborazione esterna come qualcosa in più rispetto al vostro blog originale, come un modo per aumentare la diffusione dei vostri contenuti e farvi conoscere da chi forse difficilmente finirebbe sul vostro blog. In quest'ottica una vetrina prestigiosa acquista un altro valore.

Se la vostra presenza online è affermata e nella vostra nicchia avete raggiunto una notorietà che vi permette di essere invitati e corteggiati dalle aziende, con offerte di post sponsorizzati e altre collaborazioni a pagamento, non accettate di curare un blog per altri soggetti senza valutare prima se e a quali condizioni farlo. Se chi vi cerca conosce il vostro valore, probabilmente sarà disponibile a garantirvi un compenso per il vostro lavoro o un'altra forma di soddisfazione che non siano semplicemente visibilità e gloria.

Come diventare un blogger freelance

Con un pizzico di fortuna e un duro lavoro nel costruire la vostra reputazione online, potrebbe succedere che qualcuno vi contatti per farvi una proposta. Se questo non è ancora successo, ecco qualche consiglio utile per essere pronti ed essere artefici del vostro successo:

- Curate il blog puntando sulla qualità dei contenuti. I vostri concorrenti numerosi e agguerriti sono altri blogger, freelance, giornalisti, che competono in un'asta spesso al ribasso. Più la vostra reputazione sarà forte, più sarete in grado di contrastarli e spuntare condizioni maggiormente vantaggiose.
- Se l'obiettivo è fin dal principio quello di scrivere per una particolare testata che stimate, sviluppate il vostro blog tenendolo sempre a mente. Se il vostro blog diventerà autorevole nella nicchia su cui vorrete in seguito proporvi, le probabilità di successo cresceranno esponenzialmente.
- Create e sviluppate un vostro pubblico. Potrete farne pesare i numeri per rendere più appetibile la vostra proposta di

collaborazione. I grandi media hanno come primo obiettivo quello di sviluppare traffico con contenuti originali.

» Fatevi conoscere dalle redazioni. Commentate i blog delle piattaforme con cui vorreste collaborare, segnalate i post più interessanti che avete letto. Cogliete ogni occasione utile per entrare in contatto con le persone giuste, dagli eventi alle conferenze.

CONSIGLIO

Il Festival internazionale del giornalismo di Perugia è un'ottima piattaforma di relazioni con il mondo dei media. Si tiene ogni anno in genere due settimane dopo Pasqua per 5 giorni, con un programma che raccoglie centinaia di speaker da tutti i paesi.

RICORDA!

Se avete contenuti di qualità, potrebbe succedere che qualcuno li riprenda sul proprio sito. Citare parte di un articolo è lecito, copiarlo integralmente no, a meno che voi non abbiate scelto una licenza Creative Commons. Fate valere i vostri diritti contattando l'autore o l'editore della testata.

Un'altra opportunità che vi potrà essere proposta è quella di fare il blogger fantasma, ovvero il ghostwriter. In pratica il committente non ha interesse a farvi firmare il contenuto prodotto, perché vuole firmarlo lui o perché non ha interesse ad associare il suo nome con il vostro. In questo caso non potrete far valere la forza del vostro brand personale e il compenso sarà di conseguenza ridotto rispetto ai casi già trattati.

CONSIGLIO

Vedere attribuito il proprio lavoro a terzi non è simpatico. Valutate se il compenso che ricevete possa giustificarlo o se potete in qualche modo evitare che ciò succeda, chiedendo che l'autore venga genericamente indicato come redazione.

Con tutte le carte in regola, siete pronti a proporvi. Il consiglio che vi diamo è di trovare il giusto interlocutore e di scrivergli una email. Cercate sul sito o provate a fare una ricerca su LinkedIn per trovare la persona che ricopre la posizione di responsabilità che interessa a voi e come contattarla. A questo punto scrivete un breve messaggio in cui vi presenterete in poche righe, aggiungendo il sito con il quale vi piacerebbe collaborare, chiedendo se questo sia possibile. In bocca al lupo!

Scrivere per un editore tradizionale

Sono tempi duri per gli editori tradizionali, con la pubblicità che si riduce a vantaggio del digitale e con l'attenzione dei lettori che passa online, riducendo i ricavi dalla vendita di giornali e riviste. Ciò non significa che non ci siano opportunità da cogliere, facendo leva sull'esigenza dell'editore di creare un buon prodotto a costi più competitivi, avvalendosi quindi spesso di contributi freelance. Un blogger esperto e qualificato può diventare appetibile in questo scenario, perché capace di scrivere su argomenti specifici e con un seguito coltivato nel tempo.

Non fatevi false illusioni: i licenziamenti e la riduzione di posti fissi nel settore stanno generando un aumento di giornalisti freelance e gli aspiranti giovani giornalisti, pur di scrivere, sono spesso disposti (o costretti) a farlo per pochi euro ad articolo. Ci sono certamente altre strade che potreste seguire per generare reddito in maniera alternativa e più profittevole, come abbiamo visto nel Capitolo 22.

FIGURA 24.2 Il blog di Dania Farnese, *Malafemmena*.

Scrivere per un editore potrebbe prendere forme fino a ieri inaspettate, come quelle del *native advertising*. Si tratta di articoli a tutti gli effetti, commissionati però da uno sponsor che ha l'interesse di associare il proprio marchio al contenuto dell'articolo, perché pensa attraverso questo di poter attrarre il pubblico con cui entrare in relazione. Il vantaggio per l'azienda è di attrarre anche chi ormai è stanco ed è abituato a ignorare la pubblicità tradizionale. Per l'editore è una forma di pubblicità che può vendere bene e per l'autore diventa un modo alternativo di scrivere un articolo e farsi ben pagare.

Daniela Farnese, in arte Dottoressa Dania, blogger e scrittrice, racconta sul suo blog come si è divertita a scrivere su *Vanity Fair* alcuni articoli sponsorizzati da Yamamay: `http://tinyurl.com/daniadottoressa`.

Scrivere un libro

Pubblicare un libro è l'ambizione di molti blogger, che spesso ne hanno uno nel cassetto. Scrivere un libro è un'attività che richiede molte energie ed è quasi un lavoro a tempo pieno, almeno per il periodo chiave in cui svolgere la parte più importante di scrittura. Per chi sceglie la strada di cercare un editore, c'è poi da aggiungere l'impegno a trovarne uno veramente interessato, negoziare e trovare un accordo soddisfacente. Una volta pubblicato, il lavoro non è niente affatto finito, anzi. Considerando quanto pochi siano i lettori in Italia e quanti libri vengano pubblicati ogni settimana, in competizione per il poco spazio disponibile sugli scaffali delle librerie, l'opera di promozione è fondamentale per far conoscere il libro, sviluppare passaparola e, in definitiva, venderlo al pubblico interessato.

I casi di narrativa o di saggistica con successo dall'oggi al domani, credeteci, non esistono. Sì, esistono sempre le eccezioni, ma appunto si tratta di eccezioni, non di regole. Alcuni generi hanno un pubblico più vasto e lettori più voraci, come la narrativa e la narrativa sentimentale o erotica, ma sono generi altrettanto competitivi. Di *50 sfumature di grigio* ce n'è uno l'anno, nella migliore delle ipotesi.

La prima decisione da prendere, se pubblicare un libro resta un obiettivo a cui tendere, come evoluzione del vostro blog, è capire se provare a vendere l'idea a un editore o prendere la strada del fai da te con il *self publishing* (autopubblicazione).

Il self publishing, per lungo tempo etichettato come *vanity press*, libri pubblicati più per la vanità dell'autore che per la qualità del contenuto, grazie allo sviluppo della lettura digitale e degli ebook è cresciuto e oggi è un mondo ricco di opportunità. La barriera per pubblicare il proprio libro si è abbassata fino quasi ad annullarsi, perché, salvo il fattore tempo, il costo di partenza per la pubblicazione in formato digitale è prossimo allo zero. Non dimenticate mai che la qualità, in ogni forma, è la chiave per emergere da un mercato in cui la scelta continua a crescere a dismisura.

Per far sì che il vostro libro si faccia notare è indispensabile che abbia i seguenti requisiti:

- Una copertina accattivante: a meno che non abbiate competenze grafiche, lasciate fare a un professionista freelance che potete coinvolgere spendendo meno di 100€.
- Un'ottima impaginazione: un libro autoprodotto non dovrebbe avere niente da invidiare a un libro prodotto da una casa editrice.
- Niente errori di ortografia: non c'è modo più facile per apparire sciatti e poco professionali di un testo con errori banali e disattenzioni. Coinvolgere qualcuno che legga e rilegga il vostro testo diventa quasi essenziale.

Un ultimo passaggio, non per niente secondario, è mettere sullo scaffale delle librerie il vostro testo, carta o digitale che sia il formato. Per questo e per molti dei servizi di cui sopra, molti dei quali gratuiti, il partner che vi consigliamo è Streetlib. Azienda tutta italiana, con base a Loreto, StreetLib (`https://www.streetlib.com/it/`) offre:

- Write: un editor di testo online gratuito vi permette di caricare il testo che avete già preparato, formattarlo e fare tutte le modifiche necessarie, prima di salvarne una copia finale in tutti i formati utili per la vendita digitale e cartacea (mobi, ePub, PDF).
- Edit: per il salto di qualità, a prezzo fisso, potete avvalervi di professionisti per impaginare il testo, correggere le bozze, realizzare una copertina personalizzata e perfino tradurre il testo in altre lingue.

- Self publishing: con il libro pronto potete in pochi click distribuirlo nelle principali librerie online di tutto il mondo, tra cui Amazon Kindle Store, Apple iBooks, Google Play Libri, Kobo e molte altre, pagando una percentuale sul prezzo di copertina che avrete voi stabilito, solo quando il libro venderà copie.
- Sell: sul vostro blog potete promuovere e vendere il vostro libro, diventando voi stessi la vostra libreria, godendo di un margine ancora superiore sui ricavi.
- POD (*print on demand*): il libro elettronico ha un pubblico appassionato e globale, ma i lettori di carta restano la maggioranza. Per permettere anche a loro di leggervi, potete stampare un numero di copie a richiesta e distribuirle a chi vorrete, solo per il numero di copie che vi servono veramente e non una di più.
- POS (*print on sale*): il vostro libro diventerà disponibile su Amazon, sullo stesso scaffale a fianco di Fabio Volo, Umberto Eco o Benedetta Parodi. Quando un lettore vorrà acquistare una copia, il servizio provvederà a stampare e spedire la copia, senza che voi dobbiate preoccuparvi di nulla.

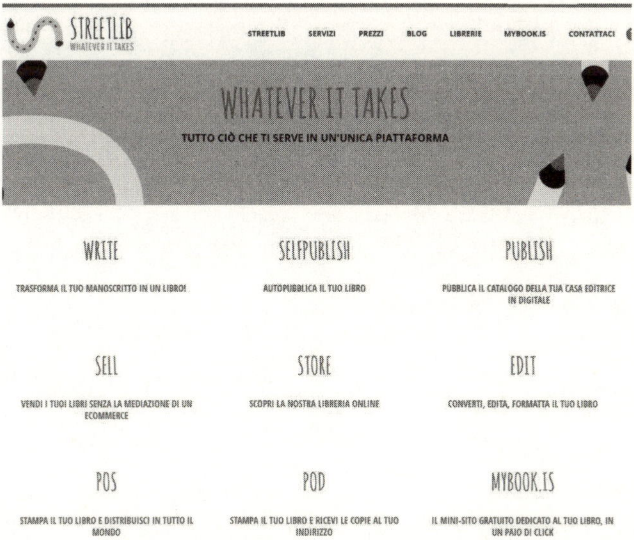

FIGURA 24.3 I servizi di StreetLib.

Il self publishing può essere la strada giusta per raggiungere un editore e convincerlo a pubblicarvi o una vetrina che attrarrà l'editore interessato a pubblicarvi, forte del successo che avete riscosso.

Un editore apprezzerà un'idea originale e una prova tangibile della vostra capacità di scrivere e di coinvolgere il pubblico. Il blog, in questo senso, è il vostro migliore investimento.

7

La sezione dei Dieci

IN QUESTA PARTE. . .

Eviterete di ripetere gli errori più comuni che colpiscono i blogger alle prime armi.

Conoscerete i servizi web più utili da utilizzare per lavorare meglio e guadagnare tempo.

IN QUESTO CAPITOLO

- Farsi trovare quando necessario, da chi conta
- Scrivere sì, senza dimenticarvi di promuovere
- Imparare a non distrarsi
- Gli elementi da non trascurare per una buona reputazione

Capitolo 25
Dieci errori tra i più comuni e come evitarli

A volte anche i blogger più navigati commettono errori banali, facilmente evitabili con un po' di attenzione. Spesso sono questi piccoli particolari che fanno la differenza nel generare un'immagine professionale e una buona reputazione. Se il diavolo si nasconde nei dettagli, il blogger di successo si distingue per la cura del proprio blog, rispettando il lettore. Ecco qualche consiglio molto pratico per non sembrare un principiante agli occhi di chi non vi conosce ancora bene.

Nascondere le informazioni di contatto

Può sembrare incredibile, ma spesso è difficile trovare il modo di contattare un blogger quando necessario. Mettetevi nei panni di un giornalista o di un'azienda che, trovando il vostro blog con una ricerca mirata su Google, decide di contattarvi, per proporvi un'intervista, la partecipazione a un evento esclusivo o una collaborazione. Se sul vostro blog non avete una pagina Contatti con tutti i canali diretti di comunicazione con cui entrare in contatto con voi, il giornalista o l'azienda passerà oltre e cercherà altrove. Un'occasione persa per sempre, solo per colpa di un numero di telefono o di un indirizzo email che avrebbero potuto fare la differenza.

Compresa la necessità di una pagina Contatti con un link bene in evidenza in tutte le pagine del vostro blog (il menù in testa potrebbe essere una buona scelta), cosa inserire in questa pagina? Il minimo che possiate segnalare è un indirizzo email funzionante, che controllate tutti i giorni, almeno una volta al giorno. Se volete aggiungere più opzioni, ricordatevi di specificare per ognuna quali tempi di reazione avete di solito e quale modalità di contatto preferite. Se passate 24 ore al giorno su Facebook o su Twitter, questi potrebbero essere preferiti dal vostro interlocutore rispetto a un messaggio di posta elettronica, con soddisfazione reciproca.

Spesso le richieste che vengono dai media prevedono tempi di reazione rapidi e arrivano nei momenti più inaspettati. Treni veloci che si fermano nella vostra stazione e che dovete prendere al volo. In casi simili aiuta rendere disponibile un numero di telefono cellulare al quale siete sempre reperibili o quasi. Sì, lo sappiamo, inserire un numero online può a prima vista sembrare folle: chissà quanti pazzi cominceranno a chiamarvi nel cuore della notte, giusto? La nostra esperienza ci dice che ciò avviene molto raramente, se non veramente mai. Per minimizzare il potenziale disturbo potete fare due cose: la prima è scrivere in maniera chiara che il numero di telefono è da usare solo in casi di vera urgenza e non come semplice alternativa alla posta elettronica, con l'ulteriore opzione di inviarvi un SMS. Il vostro interlocutore eviterà di abusare della vostra disponibilità e compromettere la nascente relazione con voi, prima ancora di cominciare. Il secondo consiglio è di silenziare il telefono quando non volete essere disturbati, soprattutto durante la sera e la notte. Potrete sempre verificare chi vi ha chiamato con uno squillo appena tornate disponibili.

Dimenticare di controllare la versione mobile

Nel 2016 e ancora di più in futuro, la modalità preferita per navigare è e sarà da un dispositivo mobile, probabilmente con uno smartphone dotato di uno schermo superiore a 5 pollici. Come si comporta il vostro blog su questi display? Spesso ci si dimentica di fare una verifica e far sì che tutto sia a posto. Sì, vero, WordPress genera automaticamente una versione per dispositivi mobili e ciò dovrebbe permettervi sonni tranquilli. Attenzione però ai servizi che avete aggiunto attraverso plugin.

Come e dove appare il disclaimer obbligatorio per segnalare che sul vostro blog ci sono cookie e sistemi di statistica e di tracciamento di terze parti? È leggibile, senza oscurare il contenuto principale della pagina? I bottoni che avete aggiunto per favorire la condivisione e il passaparola sui social network sono o non sono troppo invasivi? Il box che appare in sovraimpressione per sollecitare i lettori ad abbonarsi alla vostra newsletter appare nel modo giusto o è difficile chiuderlo per leggere l'articolo? A queste domande dovete dare una risposta chiara e sicura, altrimenti il rischio è che qualcosa non funzioni nel dovuto modo e che il lettore scappi, velocemente attratto da altri contenuti, e non torni mai più.

Assicuratevi che ogni nuovo servizio che aggiungete vada a integrarsi con il design del vostro blog e che questo funzioni bene, visualizzi correttamente le pagine principali, a partire dalla home page, su schermi sia grandi che piccoli. Il test richiede pochi secondi e potete svolgerlo direttamente dal browser del vostro smartphone.

Limitarsi a scrivere senza attività di promozione

Poter scrivere di qualcosa che vi appassiona è fantastico. Avete delle competenze uniche nel vostro settore e chi vi legge apprezza ciò che gli proponete. Vi concentrate su contenuti originali e di qualità, dedicando tempo ed energie preziose, ma il traffico non aumenta. Come mai? Avete definito una strategia di promozione dei vostri contenuti, conversando con i vostri potenziali lettori negli spazi online dove si raccolgono? Limitarsi a produrre un buon blog, aspettando che questo sia sufficiente, oggi non è più possibile. Poteva essere un ragionamento valido nella prima era dei blog, dove i contenuti prodotti dagli utenti erano una piccola frazione di ciò che viene prodotto oggi, ma non lo è più.

Per farsi conoscere, soprattutto senza un'esperienza già accumulata e un network di contatti coltivato negli anni, è indispensabile promuovere attivamente i vostri contenuti, suggerendoli a un pubblico mirato, non solo sui social network. Evitate di seminare i vostri link su forum e gruppi in giro per la Rete, scappando via subito dopo: questo comportamento si chiama spam e non solo danneggia la vostra reputazione, ma non porta alcun risultato. Selezionare blogger su temi a voi cari, giornalisti del settore e community online su argomenti affini è il modo giusto per scrivere email private segnalando il vostro lavoro, spiegando la ragione per cui i vostri interlocutori dovrebbero cliccare e leggere (o vedere) ciò che avete pubblicato. Con cortesia e pazienza, comincerete a ricevere commenti, ringraziamenti, link e segnalazioni che faranno crescere naturalmente traffico e attenzione.

Il blog è prima di tutto produzione di contenuto, certo, ma non trascurate le relazioni. A proposito di trascurare...

Trascurare il proprio pubblico

Il blog nasce come il primo strumento che, sul piano tecnico, consente al lettore di aggiungere il proprio contributo, nella stessa pagina che contiene l'articolo che sta leggendo, con un commento che viene pubblicato a seguire. Se avete deciso di lasciare che gli utenti possano commentare i vostri post, preoccupatevi che la notifica di ogni nuovo commento arrivi puntuale nella vostra email. Questo vi consentirà di eliminare eventuali commenti spam e di rispondere ai lettori più preziosi, ovvero quelli che non solo vi leggono, ma vi stimano abbastanza da decidere di spendere parte del loro tempo per conversare con voi.

Questo è il pubblico che dovete coltivare con più amore, perché è questo che vi difenderà spontaneamente quando qualche altro occasionale visitatore avrà qualcosa da ridire sul vostro ultimo post. Questo è il pubblico che parlerà (bene) di voi in Rete con i propri amici, su spazi di conversazione online. Un passaparola positivo, vera manna per chiunque voglia far conoscere il proprio blog al numero più ampio di navigatori con gli stessi interessi o passioni.

Se la vostra strategia, come sarebbe bene, comprende anche spazi di conversazione legati al vostro blog su altri social network, pianificate e impegnate parte del vostro tempo per curare le interazioni in questi spazi, per ringraziare chi partecipa e vi apprezza, per rispondere a chi non è della vostra stessa opinione o a chi vuole confrontarsi con voi. Create aspettative che sarete in grado di soddisfare.

Non analizzare i numeri o diventarne ossessionati

Il bello di Internet è la sua misurabilità. Rispetto ad altri strumenti per comunicare, il pubblico raggiunto da un sito o un blog, con l'aggiunta di servizi idonei (Google Analytics), è misurabile fino alla singola unità. Tutte queste informazioni sono una manna per capire l'andamento delle vostre attività, quali sono i contenuti più popolari, quali quelli che respingono gli utenti e da dove proviene chi vi legge. Non fare attenzione quindi alle statistiche del vostro blog significa viaggiare senza bussola, rendendo più faticoso il raggiungimento dei vostri obiettivi. Sapere se un titolo di un post funziona più di un altro vi permette di migliorare tutti i prossimi articoli e, col tempo, di essere in perfetta sintonia con il vostro pubblico.

I dati sono fondamentali per prendere decisioni ragionate, ma non devono diventare una moderna schiavitù. Da un lato non vanno presi come l'oracolo che predice il vostro futuro e dall'altro possono facilmente diventare una forma di dipendenza che vi fa perdere tempo prezioso da dedicare alla cura dei vostri contenuti e dei lettori. Come un'autorevole testata giornalistica dovrebbe mantenere una linea editoriale indipendente dal gusto del lettore medio, cercando di soddisfarne i bisogni, dedicando la necessaria attenzione a notizie meno attraenti ma rilevanti, così non dovreste soltanto rincorrere i lettori con ciò che più vogliono. Serve è un sano compromesso che permetta di svilupparvi, senza che la crescita diventi fine a se stessa: attrarre tanti lettori non realmente interessati al tema principale del vostro blog non serve a loro e non serve a voi.

Le statistiche possono diventare una droga. Per questo andrebbero controllate in un intervallo utile a prendere decisioni importanti e non con eccessiva frequenza. A seconda del volume di contenuti, dovreste controllare le vostre performance non più di una volta a settimana, registrando i valori principali una volta al mese, così da poter tracciare tendenze sul medio e lungo periodo. Sapere quante visite avete ottenuto nelle ultime 24 ore rispetto al giorno precedente non serve a molto, a meno che il vostro non sia un business prettamente editoriale.

Trascurare l'aspetto visuale

L'occhio vuole la sua parte. Questo detto vale anche per i blog e per i contenuti pubblicati online. Probabilmente, avvicinandovi al mondo dei blog, siete stati subito affascinati dalla facilità con cui le vostre opinioni possono prendere forma ed essere pubblicate, trascurando tutto il resto, se non scegliendo il primo tema grafico che avete trovato simpatico tra quelli suggeriti dalla piattaforma che state utilizzando. Non c'è niente di male in questo, ma online l'esperienza dell'utente è influenzata in maniera paritetica dalla forma e dal contenuto, quindi anche da ciò che circonda i vostri testi.

Evitate di presentarvi agli occhi di chi atterra sul vostro blog per la prima volta con una grafica ordinaria, scontata, magari datata.

Cercate tra tutti i temi disponibili uno che si integri bene con il vostro argomento e con la forma dei contenuti. Ce ne sono alcuni che privilegiano le immagini, altri che invece riducono la grafica all'essenziale, con un approccio minimalista. Influenzate le opinioni del lettore con lo stile che più vi appartiene, anche sul piano del web design. Se tra le opzioni gratuite non c'è niente che vi appassioni, investite qualche decina di euro in un tema più professionale o assoldate un grafico per rendere giustizia alla vostra originalità.

Ricordate inoltre che ogni singolo post dovrebbe poter parlare sia alla parte razionale, sia alla parte emotiva di chi vi legge. La prima impressione è spesso quella che conta e la presenza di un'immagine originale associata al testo può diventare il motivo per proseguire nella lettura o passare al prossimo articolo altrove. Evitate foto abusate, cercando di dare un tocco di personalità anche ai complementi visuali, per emergere dalla massa e per facilitare la trasmissione del vostro messaggio.

Essere troppo personali

A meno che il tema centrale del blog non siate voi e la vostra esperienza personale, evitate di mettervi in mezzo. Comunicare da persona a persona è il vostro scopo. Aggiungere qualche riferimento alla vostra esperienza può rafforzare la credibilità di ciò che state approfondendo, ma non esagerate. Gli elementi autobiografici vanno benissimo per un blog personale, ma sono meno indicati per un blog che vuole trattare con passione e professionalità un tema specifico ben circoscritto, dove non siete voi i protagonisti. Se questo per voi fosse un obiettivo da raggiungere, vi suggeriamo di aprire un blog parallelo dove dare libero sfogo al vostro vissuto e alle opinioni più intime. Ma evitate che i due piani si sovrappongano, mettendo a rischio l'autorevolezza del blog non personale.

L'accento in questo errore sta sul *troppo*. Il blog nasce come uno strumento di comunicazione personale e resta tale. Renderlo neutro e asettico sarebbe un errore altrettanto grave.

Rincorrere l'attualità

Con un archivio che si arricchisce di nuovi post, giorno dopo giorno, arriverà il momento in cui analizzando le statistiche troverete un bel picco di accesso, probabilmente su quell'articolo scritto settimane fa, su un tema oggi di attualità. Bingo! La prima idea che vi passa per la testa è di scrivere tanti nuovi articoli, cavalcando l'argomento del giorno. Astenetevi. La vera domanda che dovreste porvi è: posso scrivere un post sui temi a me cari, agganciandomi in maniera non strumentale alla prima pagina dei telegiornali di ieri sera? Se la risposta è un sincero sì, procedete pure. In tutti gli altri casi, brindate al nuovo successo raggiunto e tornate a concentrarvi sulla qualità dei contenuti.

Rincorrere l'attualità non paga per una semplice ragione: l'obiettivo è di entrare in contatto con un pubblico con le vostre stesse passioni o interessato ai servizi che offrite, non con chiunque navighi in Rete. Più sarete focalizzati, più il lettore tipo corrisponderà all'identikit che avete tracciato. I numeri contano e vi auguriamo che siano in continua crescita, ma la selezione conta di più.

Perdersi sul Social Web

Avere una presenza online attraverso i propri contenuti pubblicati in un blog è un'esperienza fantastica. Più energia dedicherete alla conversazione in Rete, più soddisfazioni accumulerete, purché siate capaci di concentrarvi su ciò che è prioritario. Da una banale ricerca su Google per confermare un dato da inserire in un articolo è facile farsi distrarre da un altro link, trovare un nuovo blog, lasciare un commento, seguire il blogger su Twitter, controllare le notifiche delle ultime interazioni, trovare un nuovo utente che ha appena pubblicato un link che vi porta su Facebook, continuando così fino a che qualcuno non vi chiami per avvisarvi che la cena è pronta. Che fine ha fatto il post che stavate scrivendo?

Internet è ricco di informazioni e di distrazioni e il Social Web ancor di più. Datevi una disciplina e seguitela strettamente, con un tempo per fare ricerche e un tempo per scrivere, così da minimizzare il rischio di cadere nella tana del Bianconiglio. Se non avessimo noi stessi seguito questo consiglio, il libro che avete tra le mani sarebbe ancora un'idea molta vaga, ben lontano dall'essere pubblicato. Ci siamo fatti aiutare da RescueTime, che vi presentiamo nel prossimo capitolo.

Investire per avere risultati immediati

L'errore più frequente in assoluto è di aspettarsi grandi meraviglie in tempi record. Non funziona così. Se il vostro obiettivo è di vendere subito un nuovo prodotto, un investimento pubblicitario comprando parole chiave su Google con Google AdWords è di gran lunga preferibile all'apertura di un blog. Per ottenere altri obiettivi, come quello di diventare una grande firma del vostro giornale preferito, non ci sono scorciatoie da seguire. In ogni caso, il blog è uno strumento che offre il meglio sul medio-lungo termine: chi ha un orizzonte breve farebbe bene a dedicare ad altro il proprio tempo.

Rand Fishkin racconta a ogni evento a cui partecipi come siano stati necessari due anni di blogging per acquisire i primi clienti per Moz e per capire bene quale stile utilizzare e come creare contenuti veramente di qualità. Oggi Moz è un punto di riferimento per tutto ciò che riguarda il marketing online, con oltre 200 dipendenti e collaboratori e un blog (`https://moz.com/blog`) che vi consigliamo assolutamente di seguire.

IN QUESTO CAPITOLO

Gli strumenti per gestire meglio e archiviare le informazioni

Altri strumenti per pianificare il lavoro

Altri strumenti per creare immagini originali senza essere un Web designer

Capitolo 26

Dieci servizi web per il vostro blog

La cassetta degli attrezzi di un blogger è ricca di strumenti che semplificano il lavoro, aiutano a organizzare il proprio tempo e a creare un prodotto finale originale, frizzante e attraente. Lo avete capito: un blog di successo non s'improvvisa. Gli strumenti che vi proponiamo, alcuni popolari, altri meno, vogliono essere uno stimolo a fare meglio, gestendo con professionalità i flussi informativi e i documenti di supporto alla vostra attività di blogger.

Evernote

`http://www.evernote.com`

Filtrare informazioni, prendere appunti, mettere da parte documenti da leggere e riprendere successivamente, scrivere bozze, salvare link sono tutte azioni che un blogger svolge quasi quotidianamente. Evernote consente di raccogliere tutto questo materiale in un unico spazio, sul vostro computer (Mac o PC), sempre accessibile da qualsiasi dispositivo connesso in Rete, tramite una app per smartphone e tablet o dall'archivio disponibile online attraverso qualsiasi browser. Le singole unità di contenuto, siano esse articoli, link, note, registrazioni audio, appunti scritti a mano, biglietti da visita, documenti in formato DOC o PDF, sono raccolte in taccuini, con la stessa metafora del taccuino di carta dove scrivere appunti con la penna.

Evernote è uno strumento potentissimo, oltre che gratuito fino a 250 Mb di documenti al mese caricati sul proprio profilo. A differenza di un comune taccuino, su Evernote ogni nota può essere taggata con una o più parole chiave. L'insieme dei propri appunti è inoltre ricercabile con un motore di ricerca interno, per non perdere nulla e ritrovare quello di cui avete bisogno in pochi secondi. Una bella comodità è prendere appunti dal vostro smartphone, scattando una foto da aggiungere a un prossimo post o una registrazione audio per un'intervista da trascrivere prossimamente. Comodissima infine l'estensione per Google Chrome, Web Clipper, che vi permette con un click di salvare interamente o parzialmente qualsiasi pagina web su cui state navigando. Potete creare quanti taccuini vorrete, per il vostro blog e per altre attività professionali o personali. Nel caso in cui abbiate altri collaboratori, potrete condividere tutto quanto sta all'interno di un taccuino o usare la chat integrata per segnalare e chiedere il contributo su una nota dove avete inserito in bozza un post da scrivere a quattro mani.

Dropbox

`http://www.dropbox.com`

Un disco esterno con i vostri file, di qualsiasi formato, sempre disponibile, da qualsiasi dispositivo, tutto sincronizzato in tempo reale. Dropbox è il sistema di archiviazione cloud più popolare al mondo per una ragione precisa: è facile da usare e può raccogliere da 2 Gb a 18 Gb di dati gratuitamente (per ogni amico invitato ricevete entrambi 500 Mb, fino a 16 Gb totali).

RICORDA!

Con cloud (letteralmente nuvola, in italiano) si intendono quei servizi che sono accessibili da qualsiasi dispositivo connesso a Internet, perché fisicamente i file si trovano in un computer (per meglio dire, server) sempre raggiungibile, dove sono archiviati in maniera sicura tutti i file di tutti gli utenti, a un prezzo estremamente conveniente.

Per un blogger Dropbox può diventare l'archivio sempre disponibile dove conservare file da pubblicare (documenti PDF, immagini scattate con lo smartphone, video da caricare su YouTube) online o utili per elaborare i post del blog. Ogni volta che caricate un file dal vostro smartphone, automaticamente viene scaricato su tutti i dispositivi connessi con lo stesso profilo utente. In caso di necessità, ogni singolo file può essere condiviso con altri utenti o pubblicamente con un link.

Google Trends

`https://www.google.com/trends/`

Google Trends è l'oracolo che consente di vedere dentro Google e scoprire le tendenze su qualsiasi parola chiave che i navigatori possono aver cercato su Google. Dalla home page del servizio potete conoscere quali sono i temi più caldi nelle ultime 24 ore, che hanno subito un notevole incremento di ricerche, probabilmente per qualche fatto legato all'attualità. Le stesse informazioni sono suddivise in sei categorie: prima pagina, affari, benessere, intrattenimento, sport, scienza e tecnologia.

La funzione che interessa di più ai blogger è quella che permette di analizzare l'andamento della ricerca di una parola chiave negli ultimi giorni, mesi o anni, con un grafico che non ci dice esattamente il numero di ricerche, ma ci mostra come sono cambiate nel tempo. La stessa analisi si può ottenere ponendo a confronto più parole chiave. Potrete quindi capire, all'interno dei temi che vi stanno più a cuore, quali parole sono più cercate e quanto. In questo modo potrete dedicare maggiore attenzione a un argomento che ha più prospettive di attrarre l'attenzione dei navigatori, utilizzando le parole più calde.

Le informazioni acquisite hanno lo scopo di affinare i vostri contenuti e renderli più efficaci, non di scrivere di ciò che gli utenti cercano di più, senza attinenza con il vostro blog, altrimenti rischiate di offrire un cattivo servizio a chi vi legge e perdete di rilevanza rispetto ai vostri obiettivi di medio termine.

Canva

`http://www.canva.com`

Non bisogna essere un grafico professionista per creare immagini efficaci e originali per il vostro blog. Canva è il servizio online gratuito pensato per guidare i meno esperti nella creazione di contenuti visuali di alta qualità con il minimo sforzo. Che si tratti di una copertina per la testata del blog o una grafica per un post, Canva contiene soluzioni preconfezionate da personalizzare con suggerimenti ed esempi comprensibili per tutti.

Un vantaggio notevole, nell'ottica di promuovere i contenuti del blog sui social network è adattare quanto già creato nel formato ideale per Facebook, Twitter o Pinterest, con un click. Con Canva potete creare lo stile dell'ebook con dentro il meglio del vostro blog, un invito per un evento di presentazione. Per imparare a far meglio, compresa nel prezzo (sempre gratis!) una scuola di design. L'ispirazione non viene mai meno, andando a sbirciare tra i contenuti creati e condivisi dalla comunità degli utenti.

Google Calendar

`http://calendar.google.com`

La costanza e la perseveranza fanno parte del bagaglio del blogger di successo. Non sempre però ci alziamo la mattina pieni di entusiasmo e di voglia di fare, è naturale. Per questo uno strumento come Google Calendar vi aiuterà a vincere l'apatia di questi giorni e a mantenere il vostro blog sul giusto binario. Un'agenda sincronizzata su tutti i vostri dispositivi, dal computer allo smartphone, vi ricorda il vostro impegno del giorno, ma questo non basta. Il nostro consiglio è di andare oltre, bloccando in agenda il tempo necessario per il vostro blog, nell'orario più indicato. In genere le prime ore della mattina o le ultime della sera sono le preferite dai blogger più assidui.

Con Google Calendar potete creare un calendario parallelo a quello degli impegni personali o professionali, dedicato soltanto alle attività del vostro blog: creazione e pubblicazione di contenuti, aggiornamento tecnico, relazione con altri blogger, gestione dei feedback dei lettori, promozione dei contenuti sul Social Web. Tracciate ogni singola attività, specie se ricorsiva, prendete un appuntamento con voi stessi e il rischio di non aggiornare il vostro blog si ridurrà ai minimi termini.

Google Search Console

`https://www.google.com/webmasters/tools/`

Lo strumento richiede alcune competenze tecniche, ma non può mancare nella cassetta degli attrezzi del blogger. Google resta il motore di ricerca preferito dagli italiani con una quota di mercato superiore al 95%. Per questo è importante che il blog sia bene indicizzato e non ci siano problemi tecnici a minacciarne la visibilità. Pensato per tutti i possessori di un sito, Google Search Console segnala eventuali problematiche tecniche, con i consigli su come risolverle. Se avete un blog sul vostro dominio, potrete dormire sonni tranquilli controllando che tutto sia in regola.

Dallo stesso pannello di controllo, una volta che avete assicurato che voi siete il vero e unico proprietario del dominio che volete analizzare, Google vi informerà sulle chiavi di ricerca più usate da chi arriva sul vostro sito e vi aiuterà a migliorare le performance di caricamento, con alcuni suggerimenti tecnici.

Irfanview

`http://www.irfanview.com/`

Gestire con velocità un'immagine, ridimensionarla per ridurne i tempi di scaricamento, ritagliarla per eliminare una parte inutile è un gioco da ragazzi con Irfanview. A differenza dei programmi di fotoritocco che trovate precaricati sul vostro computer, Irfanview è leggerissimo, con tempi di apertura delle immagini misurabili in centesimi di secondo. In un attimo potete aprire tutte le immagini che volete modificare, senza compromettere le prestazioni della vostra macchina.

CONSIGLIO

Irfanview ha molte scorciatoie da tastiera che semplificano il lavoro. Quelle che non potete non conoscere sono CTRL+R per ridimensionare un'immagine, CTRL+Y per ritagliarle la parte che avete selezionato e CTRL+S per salvare subito la nuova immagine che avete creato e pubblicarla così online sul vostro post.

A differenza di altri software ingombranti e costosi, come Adobe Photoshop, Irfanview è gratuito ed essenziale. Non abbiamo avuto modo di provarlo per Mac, ma dal sito ufficiale è consigliato il download di WineBotler, applicazione gratuita che vi consente di far girare su Mac alcune app sviluppate per Windows, Irfanview inclusa. Provate e fateci sapere!

Pocket

`http://getpocket.com`

Se c'è una sola app a cui entrambi non potremmo mai rinunciare, questa è Pocket. Non è un servizio per soli blogger, ma è utile in realtà a tutti coloro che, per lavoro o per passione, si trovano a consumare un elevato volume di informazioni, articoli, video online. Spesso capita di non aver subito il tempo di leggere un articolo interessante, o perché troppo lungo o perché siamo stati seduti fin troppo davanti al computer e non vogliamo continuare a leggere oltre: Pocket viene in vostro aiuto e con un click vi consente di salvare l'articolo o il video in una coda a cui potrete accendere quando meglio preferite, per ritornare a leggere dallo smartphone o dal tablet (o perfino da Kobo, un ebook reader a schermo che non stanca la vista, con inchiostro elettronico).

Se preferite usare lo smartphone dal divano, o in treno, o in fila, non è neanche necessario avere una connessione a Internet disponibile perché Pocket salva gli articoli per poterli leggere anche offline.

Una volta letti (o anche quando li salvate per la prima volta), potete etichettarli con le parole chiave preferite e archiviarli o condividerli con i vostri amici. Per un blogger Pocket diventa l'archivio di contenuti da approfondire per trarre ispirazione per il proprio blog, da leggere offline, pronti per essere citati riprendendo il link sul computer, nel momento in cui scrivere il post in cui li discutete. Ottimo inoltre l'utilizzo per l'aggiornamento professionale, in cui gli articoli che contano restano nel vostro archivio, etichettati con le giuste parole chiave e facili da ritrovare.

Feedly

`https://feedly.com/`

Una volta che avete preso gusto a informarvi attraverso i blog, raccogliendo nuove fonti da cui trarre ispirazione, diventa difficile tenerne traccia e consultarle senza perdere troppo tempo, se non usate un aggregatore di feed RSS.

Feedly è un aggregatore in cui inserire i feed (o gli indirizzi del blog o della home page) dei siti d'informazione che più preferite. Vi siete praticamente "abbonati" a questi siti e ogni volta che pubblicheranno un nuovo contenuto, voi lo potrete leggere all'interno di Feedly, risparmiando tempo ed energia. Non sarà più necessario girare di sito in sito per vedere se qualcuno ha pubblicato un aggiornamento ma saranno questi, quando disponibili, a venire da voi. Ogni minuto che avrete a disposizione per informarvi sarà ben speso, con le fonti che nel tempo avrete filtrato e deciso di seguire.

RescueTime

`https://www.rescuetime.com/`

Il tempo è un fattore chiave nel determinare il successo di un blogger. Lo abbiamo ripetuto più e più volte e non ci stancheremo di ripeterlo. Il tempo è una risorsa finita, uguale per tutti. Spesso diciamo a noi stessi che non ne abbiamo abbastanza, a volte anche per attività che reputiamo importanti e prioritarie.

RescueTime ci viene in aiuto per acquisire consapevolezza del tempo passato online, da computer (Mac, PC, Linux) e Android. Con un piccolo programma da installare sul computer o una app per smartphone, RescueTime traccia tutti i siti e le applicazioni che abbiamo usato e ci fornisce gratuitamente un report con i siti su cui abbiamo passato più tempo, le relative categorie e il livello di produttività.

Saprete così finalmente quanto tempo avete dedicato al vostro blog e ai servizi che usate per renderlo più professionale, confrontando il tempo passato in attività ludiche e ricreative, sui social network e sui siti di informazione generalista. Con vostra sorpresa, ne siamo certi, vi renderete conto di quanto tempo potreste recuperare per attività più produttive e più soddisfacenti per voi, semplicemente riflettendo sul resoconto settimanale di RescueTime. La consapevolezza e la misurazione sono gli elementi base per cambiare il vostro comportamento e fare di voi un blogger di successo.

La nostra selezione di attrezzi è ancora più ricca. Per motivi di spazio ci siamo limitati a dieci suggerimenti. Per continuare a crescere stiamo curando una lista ancora più estesa, che intendiamo tenere aggiornata, e che vi invitiamo a consultare online, non appena sarà disponibile, a questo indirizzo: `http://www.pandemia.info/attrezzi`.